KB163515

스필버그 엄마처럼
비욘세 엄마처럼

자녀를 성공시킨 엄마들의 비밀

스필버그 엄마처럼
비욘세 엄마처럼

자녀를 성공시킨 엄마들의 비밀

행복
포럼

그날 오후의 일을 생생하게 기억한다.

자녀를 낳아 생활이 극적으로 바뀐 사람들에게 일어날 수 있는 일이었다. 아들 헌터를 낳은 후 처음으로, 나는 어떤 자의식을 경험했다. 한동안 나는 매우 힘든 외로움의 시간을 보내야 했다. 헌터를 키우고 기저귀를 가는 대신 깊은 회의에 빠져 있었다.

한 순간 나는 '스티븐 스필버그의 엄마는 어떻게 했을까'에 대해 골똘히 생각했다.

그녀는 다재다능한 아들을 어떻게 키웠을까?

자신의 분야에서 정상에 오르고, 무한한 박애 정신을 보여주었으며, 아빠로서 행복한 결혼생활을 하는 그를 어떻게 키웠을까?

스티븐 스필버그의 엄마 애들러 부인은 강인함과 넓은 마음, 확신에 찬 용기 등 훌륭한 성품을 가진 그런 위인을 어떻게 키웠을까?

나는 그것을 알아야만 했다.

그러나 레아 애들러는 빙산의 일각에 지나지 않았다. 나는 알고 싶었다. 사실은 알아야만 했다.

성공한 사람들-자기 세대의 중심이 되고, 세계 신기록을 갈고, 자신의 분야에서 남이 따라잡을 수 없는 업적을 남기는 명사들-의 엄마들은 자녀의 성공을 위해 무엇을 했나?

내가 질문하고 싶은 모든 엄마들에 대해 생각하기 시작했다.

랜스 암스트롱의 엄마 린다 암스트롱 켈리는, 암 투병에도 불구하고 투르 드 프랑스에서 7번이나 우승한 아들을 키우면서 무엇을 했나?

「엘모」 캐릭터를 만든 케빈 클래시의 엄마 글래디스 클래시는, 아들의 예술적 재능에 어떻게 기여했나?

다이앤 소여의 엄마 진 헤이스는 켄터키주 지역 방송 기자인 딸이 ABC 〈굿모닝 아메리카〉의 앵커로 성장하는 데 어떤 공헌을 했나?

나는 다른 새내기 엄마들과 마찬가지로 일과 가족에 많은 시간을 쏟고 있었다. 따라서 이런 질문들에 대한 대답을 간절히 원했다. 나는 자녀교육에 대한 질문들과 씨름하고 있었다.

설탕 함유 씨리얼이 정말 자녀의 평생 식습관에 영향을 미칠까?

주말에 TV를 많이 보게 하면, 자녀가 3학년 때 읽기를 잘 못할까?

자녀가 가장 바람직한 유년기를 보내기 위해, 현실적으로 내가 할 수 있는 일은 무엇인가?

어떻게 하면 자녀 미래를 위해 가장 훌륭한 기초를 다져줄 수 있을까?

나는 무수히 많은 자녀교육 서적들을 일일이 읽어볼 시간이 없었다. 더구나 자녀교육에 관한 가설들에는 흥미가 없었다. 나는 성공한 사람들의 엄마들은 실제로 어떻게 자녀들을 키웠는가에 대한 구체적 사례들을 알고 싶었다.

그래서 이 책을 쓰기 시작했다.

인종, 종교, 사회경제적 지위가 무엇이든 우리는 모두 엄마이다. 우리 모두는 부모로서 동일한 목표를 가지고 있다. 우리는 자녀가 인생에서 성공하기를 원한다. 성공은 모든 사람에게 서로 다른 의미를 가질 수 있다.

자녀의 성공은 가급적 최상의 교육을 받고, 노력해서 좋은 경력을 쌓고, 결혼해서 자녀를 낳고, 사회에 봉사하는 것일지도 모른다. 성공에 대한 정의가 무엇이든, 부모로서 우리 모두는 자녀를 위해 최선을 다하기를 원한다.

물론 자녀교육은 교육의 일부분에 지나지 않는다. 이 책은 엄마의 도리에 대한 과학적, 심리학적, 사회학적 연구는 절대 아니다. 심리학 개론조차 무시했다는 생각이 든다.

나는 이 나라에서 가장 깊은 뿌리를 내렸고, 창조적이고, 박애적인 사람들의 엄마 50여 명과의 대화를 통해 얻은 것을 전해 주고자 한다. 그것이 내가 주는 선물이다.

나는 이 책 집필을 통해 21세기 부모들이 알아야 할 것을 잘 알게 됐다. 부모의 역할―자식의 역할에 대해 언급하는 것이 아니다―은 근본적으로 변했다. 일회용 기저귀에서부터 전자레인지로 요리할 수 있는 치킨 너겟, 범람하는 교육용과 놀이용 DVD들에 이르기까지 많은 발전 덕분에 오늘날 엄마의 역할은 더 쉬워졌다. 하지만 한편으론 훨씬 더 복잡해졌다.

이 엄마들과 많은 대화를 하면서, 우리는 잘 고안된 놀이 같은 것이 없었고, 교육용 TV가 〈세서미 스트리트〉에 한정돼 있었으며, 심화학습이 발레 수업이나 방과후 스포츠였던 시절에 대해 이야기를 나누었다.

오늘은 그 반대이다. 만약 내가 헌터에게 쿠키를 주면, 헌터가 설탕중독증에 걸려 비만이 되지 않을까를 걱정한다. 내가 헌터에게 지속적인 자극을 주지 못할까 봐 걱정한다. 헌터가 TV만 봐서 나중에 게으르고 의욕 없는 사람이 될까를 걱정한다.

남편과 나는 헌터가 원하는 모든 것을 주려고 열심히 일한다. 그러다 보니 가끔 헌터가 가장 절실히 원하는 것 즉, 부모와 함께 있는 것을 제대로 해주지 못하는 것이 아닌가 하는 걱정을 할 때도 있다.

이 책은 방법론 서적이 아니다. 자녀를 야구선수나 변호사, 의사, CEO로 만들기 위한 로드맵도 아니다. 대신 여러분이 이 책에서 어떤 가능성을 얻기를 희망한다.

아마도 여러분은 우마 서먼 엄마의 불교식 교육법에서, 메어리 에이그너-베이비 아인슈타인의 설립자 줄리 에이그너 클라크의 엄마-가 매주 금요일 딸을 도서관에 데리고 간 것에서, 매들린 맥켈빈-미국적십자사 회장 보니 맥켈빈의 엄마-이 딸에게 가르친 창의적인 도로 횡단법에서 영감을 얻을 것이다.

이 책이 여러분에게 끊임없이 뭔가를 주는 좋은 선물이 될 것으로 기대한다.

차례

자녀를 성인으로 대접하고
친구처럼 대화했다

레아 애들러
영화제작자 *스티븐 스필버그*의 엄마

할리우드에서 가장 탁월한 영화제작자의 한 사람인 스티븐 스필버그(Steven Spielberg)의 엄마 레아 애들러(Leah Adler)는 '아들의 성공을 예상했느냐?' 는 질문에 대해, "결코 그런 생각을 해 본 적이 없다. 배달소년으로 슈퍼마켓에 취직할 것이라고만 예상했다."라고 말했다.

실제로 당시 대부분의 15살짜리가 배달소년으로 일했지만, 스티븐은 13살 때 자신의 첫 영화 〈이스케이프 투 노웨어〉(Escape to Nowhere)를 완성했다. 그리고 16살에 그가 제작한 〈불꽃〉(Firelight)이 지역 영화관에서 상영됐다. 수년 뒤 〈앰블린〉(Amblin) 덕분으로 메이저 할리우드 영화사와 장기 계약을 체결한 가장 젊은 감독이 됐다.

1970년대에 스티븐은 자신의 상업적 영화 데뷔작 〈슈가랜드 특급〉

(The Sugarland Express)을 만들었다. 이후 〈죠스〉(Jaws)와 〈미지와의 조우〉(Close Encounters of the Third Kind)로 세계적인 슈퍼스타가 됐다. 그는 〈E.T.〉, 〈레이더스〉(Raiders of the Lost Ark), 〈쥐라기 공원〉(Jurassic Park), 〈쉰들러 리스트〉(Schindler's List) 등 영화 역사상 최대 블록버스터에 속하는 작품들의 제작을 책임졌다. 〈쉰들러 리스트〉로 인해 아카데미 감독상과 최우수 작품상을 받았다.

계속해서 그는 〈아미스타드〉(Amistad), 〈라이언 일병 구하기〉(Saving Private Ryan), 2차 세계대전 미니시리즈 〈밴드 오브 브라더스〉(Band of Brothers), 〈에이아이〉(AI : Artificial Intelligence), 〈마이너리티 리포트〉(Minority Report), 〈캐치 미 이프 유 캔〉(Catch Me If You Can), 〈뮌헨〉(Munich)을 만들었다. 〈뮌헨〉으로 인해 5개 부문 아카데미상 후보에 올랐으며 6번째로 감독상 후보에 지명됐다.

또 그는 미국영화연구소(American Film Institute)로부터 평생업적상을, 영화예술과학 아카데미(Academy of Motion Picture Arts and Science)로부터 어빙 G. 탈버그 상(Irving G. Thalberg Award)을 받았다.

스티븐은 정의로운 사람들 재단(The Righteous Persons Foundation, 〈쉰들러 리스트〉 수익금으로 설립), 남가주대학 쇼아 재단 연구소(USC Shoah Foundation Institute, 5만 명이 넘는 홀로코스트 생존자들의 증언 채취) 등 많은 자선 운동에 헌신했다.

그는 여배우 케이트 캡쇼와 결혼해 7자녀를 두었다.

엄마 레아의 설명을 참고하면, 13살 때 첫 영화를 만들 정도로 창의성이 뛰어난 스티븐의 역할 모델이 누구였는가는 명백하다. 자신의 부모와 성장에 대한 레아의 얘기가 그것을 시사한다.

"우울한 어린 시절이 될 수 있었음에도 불구하고, 나는 화려한 어린 시절을 보냈다. 내 아버지는 러시아인으로 예술에 정통했으며 음악을 사랑했다. 그는 결코 걸어서 방으로 들어가지 않았다. 바리시니코프(Baryshnikov, 무용가)처럼 뛰어서 들어갔다. 우리는 가난했지만 행복했다."

레아는 종교뿐 아니라 즐거움이 가득한 성장기를 보냈다. 그녀는 "안식일은 우리 집에서 가장 영광스러운 날이었다."라고 말했다. 또 전통에 따라 종교는 그녀의 집안에서 중요한 역할을 했다. "우리는 항상 촛불을 켜고 안식일 저녁 식사를 했다. 우리는 신앙심이 돈독하지 않았지만 아이들을 전통적 방식으로 키웠다."

처음으로 스티븐에게서 뭔가를 발견한 사람은 레아의 엄마(스티븐의 할머니)였다. 레아는 "내 엄마는 매우 지적인 사람이었다. 그런데 내게 '스티븐을 지켜 봐라. 놀라운 아이다'고 말하곤 했다."라고 말했다. 레아처럼 정신적으로 자유로운 사람이 자녀의 추상적 자질을 찾아 계발하는 것은 힘든 일이었다. 그녀는 "나는 엄마와 같은 생각을 하지 못했다. 만약 나였다면 그것을 깨닫지 못했을 것"이라고 말했다.

시대를 앞서간 아이답게 스티븐은 생후 1년 만에 또렷한 발음으로 말했다. 레아는 대부분의 또래 아이들이 트럭을 가지고 놀거나 운동을 할 때, 스티븐은 뒤뜰에서 영화를 만들었다고 했다. "그는 그런 이상한 것들을 만들었다. 그래도 나는 그의 괴상한 아이디어를 사랑했다."

이 때문에 다른 엄마들은 차로 자녀들을 리틀 리그(Little League) 야구에 데려다 주었지만, 레아는 다른 곳으로 가야 했다. "나는 스티븐이 영화를 찍기 위해 가고자 하면 어디든지 데려다 주었다. 12살 때에는 사막에서 영화 찍기를 원해 그곳까지 갔다." 자기 세대의 가장 유명한 영화감독이 되고자 하는 사람답게, 스티븐은 어려서부터 항상 감독이었다.

레아는 "나는 스티븐에게 본보기를 보여 주지 않았다. 아주 어려서부터 오히려 스티븐이 나를 이끌었다."라고 말했다. 스티븐에게 책을 읽어 주었느냐, 언제 읽어주었느냐고 물어 보았다. 레아는 "스케줄을 정해 놓지는 않았다."라고 말했다. 이것은 그녀의 자녀교육 스타일을 대변하는 것이다. 그녀는 "나는 '언제든지'가 가장 좋은 때라고 생각했다."라고 했다.

스티븐의 엄마가 된다는 것은 영화에 대한 열정을 공유하는 것이었다. 레아는 "나는 항상 이런 종류의 창의성으로 불타올랐다. 이런 창조를 매우 좋아했다."라고 말했다. 그녀는 아들을 젊은 영화 신동으로 만들기 위해 지나치게 간섭하거나 강요하는 엄마가 전혀 아니었다.

다른 어떤 것에 앞서, 레아는 자신의 자녀교육 스타일은 스티븐에 대한 관심만큼이나 자신의 관심사를 키우는 것이라고 정의했다. "나는 내 자신의 계획이 있었으며 내 일 때문에 바빴다. 내가 내 일 때문에 집을 떠나야 할 때에는 아이들에게 '서로 죽이지는 말라'고 말하곤 했다."

그러나 레아는 중요한 때에는 항상 자녀들과 함께 있었다. 그녀는 "스티븐은 너무나 생생한 상상력을 가지고 있었기 때문에 종종 깜짝 놀라곤 했다. 그래서 그가 진정될 때까지 안아 주었던 기억이 난다." 라고 말했다.

레아는 자신의 모든 일에 열정을 가지고 있었다. 이 특성은 확실히 아들에게 유전되었다. 레아는 자신의 열정을 몰아치는 폭풍우에 비유했다. 그리고 성취를 몹시 좋아했다고 했다. "나는 흥분을 무척 좋아했다. 폭풍우가 밀려올 때 내 모습이 어떤지를 생각해 보라." 그녀는 자신의 자녀교육과 삶에 대한 접근법을 잘 형상화한 것이 바로 이 이미지라고 지적했다. 그녀는 "나는 현재를 위해서 산다. 내일이나 그날 이후는 결코 생각지 않는다."라고 했다.

스티븐의 어린 시절에 특별한 에너지가 있었던 것은 확실하다. 하지만 일상생활은 평범하고 정상적인 감각으로 임했다. 레아는 "우리는 매일 저녁 식사를 함께 했다. 한 가족으로서 서로에게 불을 지피는 역할을 했기 때문에, 그것은 매우 중요했다."라고 말했다.

레아는 스티븐의 직업 경력을 위해서라면 무엇이든 했으며, 또 할 것이라고 했다. 심지어 이를 위해 새로 설치한 부엌의 수납장까지 부수었다고 했다.

"우린 나무 수납장을 갖춘 멋있는 집을 새로 지었다. 스티븐이 영화 〈불꽃〉 작업을 하면서, 이 집은 사실상 영화 프로덕션이 됐다. 체리 한 다발이 압력솥 안에서 폭발하는 장면이 있었다. 나는 모든 체리 캔들을 나무 수납장에 던져 넣었다. 체리 캔들에서 액체가 서서히 새어 나왔으며 스티븐은 그 장면을 찍었다. 아주 멋진 장면이었다. 나는 이후 8년간 매일 아침 스폰지를 들고 일어나 수납장 밖으로 새어 나온 체리 액체를 닦았다. 결국에는 수납장을 부숴 버렸다. 그러나 그가 찍은 장면에 스릴을 느꼈다."

아들의 학교생활에는 어떻게 관여했느냐고 물어 보았다. 레아는 "나는 학부모 · 교사 모임에 가입하지 않은 유일한 엄마라는 세계 신기록을 가지고 있다. 회원 규칙을 100% 깨 버렸다."라고 말했다. 레아는 학부모 · 교사 모임에서 시간을 소비하지 않은 대신 아이들과 여행을 했다. "우리는 여행을 많이 했으며, 캠핑도 많이 했다. 그래서 나는 야영에 대해 기본이 잘 갖춰져 있었으며 실전에도 밝았다."

그녀는 스티븐의 엄청난 성공에 어떤 역할을 했을까. 레아는 자녀를 성인으로 대접한 자신의 방법을 높이 평가했다. "나는 자녀에게 설교하지 않고 친구처럼 대화했다. 그래서 내 충고는 자녀에게 성가시다는 느낌을 주지 않았다. 그 때문에 자녀들은 내 충고를 진심으로 받아들였다. 많은 아이들이 단지 부모가 말했다는 이유만으로 부모의 말을 들으려 하지 않는다. 나는 자녀들과 친구 관계에 더 가깝다. 나는 그들이 나를 그들의 동료로 생각해 주기를 바랐다."

자녀들이 자라서 10대가 됨에 따라, 레아는 특별히 '자녀를 이해한다'는 느낌을 자녀들에게 전했다. "나는 자녀들에게 항상 '만약 네가 파티에 가서 즐거운 시간을 보내고 있다면, 그때 파티장을 떠나야 한다. 그들은 더 많은 것을 원하게 될 것이기 때문'이라고 말해 주었다." 레아는 자신의 자녀교육 스타일의 특징은 바로 이런 능력—다른 면에서 자녀에게 필요한 충고를 하는 것—이라고 말했다.

레아는 "나는 항상 스티븐에게 죄의식은 감정의 낭비라고 말했다. 우리는 죄의식을 부모로부터 물려받는다. 그것이 유대인의 일부이기 때문"이라고 설명했다. "나는 자녀들이 학교 밖으로 나가 초콜릿 아이스크림을 사 먹게 하는 타입의 엄마였다. 내가 슬슬 시간 보내는 것을 원했기 때문이다. 무엇보다도 나는 아이들에게 어떤 일을 하라고 강요하지 않았다. 심지어 그들에게 자신의 침대 정리조차 시키지 않았다."

그렇다고 해서 모든 일이 부드럽게 잘 넘어갔다는 뜻은 아니다. 레아는 "우리는 싸우고 고함질렀다. 하지만 건강한 방법으로 그렇게 했다."라고 말했다.

또 레아는 스티븐에게 이 세상의 복잡성과 인간성을 경험하게 했다. 이런 경험들은 그의 영화의 숨결과 깊이에 확실히 반영되었다. "우리는 가정부든 알코올 중독자의 자식이든 모든 종류의 사람들을 받아들이고 찾았다. 우리는 계급의식이 강한 사람들이 아니었다. 우리는 사람의 계급을 보지 않았다. 만약 계급을 본다면, 우리는 상류층보다 하류층에 더 끌렸을 것이다. 우린 하류층에서 더 편안함을 느꼈다."

레아는 이런 것들이 스티븐의 삶의 방식이라고 지적했다. "스티븐

부부는 검소하며, 중산층의 가치관을 가지고 있다. 그들은 자녀도 그런 가치관을 갖기를 원한다. 그러기 위해서는, 특히 부모가 10억 달러 자산가라면 절제가 필요하다. 스티븐은 중산층이든, 싸우는 사람이든, 잃어버린 아이든 상관없이 타인의 견해를 이해하는 사람이다."

창의적 렌즈를 통해 세상을 해석하는 사람의 엄마답게, 레아는 한 장의 사진이 자신의 부모 경험을 잘 표현한다고 했다. 레아와 딸 수가 파자마 차림으로 거실에 있는 모습이다. 레아는 "저 사진은 너무나 극적이다. 나는 저 순간에 매우 열중해 있었으며, 저것이 바로 내 모습이다. 나는 매우 현재적인 사람"이라고 설명했다.

무엇보다도 레아는 자기 자신이 되려고 노력했다. 이것은 그녀가 자녀들에게 확실히 물려준 특성이다. "나는 단지 내 자신이 되는 것을 좋아했다. 삶에서 내 역할을 좋아했다." 그것은 어느 정도까지 영원한 젊음을 간직한다는 의미이다. "내가 자녀교육에서 성공한 것은 상당 부분 내 안의 어린 아이를 잃어버리지 않았기 때문이다."

레아처럼, 아들이 꿈을 실현하도록 돕는 엄마는 더 큰 일련의 사건들을 유발한다. 도움이 도움을 낳는 것이다. 레아는 "스티븐은 항상 젊은 영화제작자들을 도왔다."라고 언급했다.

레아는 그 모든 것을 비유적으로 압축했다. "자녀교육은 마치 자녀와 함께 춤을 추는 것과 같다. 그러나 반드시 자녀가 리드하도록 해야 한다."

자기 일을
스스로 챙기게 했다

린다 암스트롱 켈리
사이클 황제 *랜스 암스트롱*의 엄마

 투르 드 프랑스(Tour de France, 프랑스 도로 일주 사이클 대회)
에서 7번이나 우승한 랜스 암스트롱(Lance Armstrong)의 엄
마 린다 암스트롱 켈리(Linda Armstrong Kelly)는, 여러 인터뷰에서
"아들은 나를 '강인한 여성'이라고 생각한다."라고 말했다. 그 강인
함은 랜스 암스트롱이라는 뛰어난 인물을 키운 엄마에게 기대할 수
있는 자질일 것이다.

랜스는 17살 때 사이클 청소년 국가대표팀과 함께 훈련하도록 초
청받았다. 그는 1992년 바르셀로나 올림픽 이후 아마추어 선수 1위
가 되었다. 1990년대 중반까지 투르 디퐁 대회에서 2번 우승했으며,
미국서 가장 훌륭한 선수라는 찬사를 받았다.

그러나 랜스의 인생에 메달과 행운만 가득하지는 않았다. 1996년

그는 전립선암이 광범위하게 퍼져 있다는 진단을 받았다. 방사선치료와 수술 후 1997년 사이클에 복귀했으며, 2년 뒤 투르 드 프랑스 대회 첫 우승을 거머쥐었다.

운동선수로서의 성공, 암에서의 극적인 회복, 자선활동 덕분에 1997년 자선단체인 랜스 암스트롱 재단이 설립됐다. 랜스는 나이키사와 함께 「특수 사이클 패션 컬렉션 10/2」(10/2는 랜스가 암 진단된 날을 의미)를 시작했다. 수익금의 일부는 랜스 암스트롱 재단에 기부했다.

이 재단은 암 희생자와 생존자들을 돕고 암에 대한 인식을 제고하기 위해, 2004년에 나이키사와 공동으로 리브 스트롱(Live Strong) 손목밴드를 개발했다. 이 손목밴드는 2006년 초반까지 5,800만 개가 팔렸다.

랜스는 스포츠 일러스트레이티드(Sports Illustrated)지에 의해 올해의 스포츠맨으로 선정됐다. AP통신에 의해 4년 연속 올해의 남자선수에, BBC에 의해 올해의 해외 스포츠 인물에 선정됐으며, ESPN으로부터 ESPY 최우수 남자선수상을 받았다. 그는 루크, 이사벨, 그레이스 등 3자녀를 두었다.

전체적으로, 랜스의 인생은 악운을 물리치고 역경을 극복한 것이라고 할 수 있다. 그런데 이미 랜스의 엄마가 그 모범을 보여주었다.

17살에 랜스를 낳은 린다는 매우 젊은 엄마였다. 그녀는 아버지가 알코올 중독자인 저소득층 가정에서 자랐다. 린다는 어린 시절에 대해 "우리는 아주 어린 나이에, 근로가 불법인 나이에 일하는 법을 알았다. 나는 그 상황에서 두 가지를 깨달았다. 야망을 갖는 법과 생존하는 법이다. 나는 이것들을 통해 성공할 수 있다는 희망을 가지게 됐다."라고 말했다.

결국 린다는 자신의 예상보다 더 많은 일들을 해냈다. 이 원칙들을 실천한 것이다. "내가 랜스를 가졌을 때 우리는 아무런 보험이 없었다. 나는 한밤중에 신문을 돌려야 했다. 낮에는 학교에 가 있곤 했는데 그렇게 해서 집세를 해결했다. 나는 어떤 공공 지원도 받지 못했다."

10대 싱글맘으로서 아들을 키우는 일은, 린다가 꿈꿨던 도나 리드(Donna Reed, 미국 여배우)의 인생과는 판이하게 달랐다. 린다는 이 때문에 역경에 유연하게 대처하는 태도를 익히게 됐다고 말했다. 그리고 결국 역경을 극복했다.

이런 린다를 보면 랜스의 긍정적인 태도와 시련 극복의 힘이 어디서 비롯됐는지 명확해진다. 아무런 기술도 없는 린다가 어떻게 직장에 다녔으며 검정고시를 쳤을까. 린다는 "나는 늘 사무실에서 일했으며 최저 임금을 받았다. 그것이 무엇이든 일할 수 있다는 데 대해 감사했다."라고 말했다.

상황은 더 나빠졌지만, 린다는 자신이 '혹사'라고 표현한 상황에서 벗어날 수 있는 주도권을 잡았다. 랜스와 자신에게 더 나은 삶이 있다는 생각을 '항상'한 것이다. "나는 내 아들이 혹사당하는 가정에서 자라기를 원치 않았다." 린다는 당시 자신의 태도에 대해 과거 수천 번도 더 되풀이한 문장으로 설명했다. "어떤 난관이 있더라도 반드시 극복할 것이다."

랜스를 가졌을 때 린다는 어렸지만, 자녀 양육의 철학은 나이에 비해 성숙했다. "내 자신이 나와 내 아기의 운명을 책임지고 있다는 사실을 잘 알았다. 그것은 단지 아기에게 물질적인 것을 주는 것만 의미하지 않았다. 내가 아기에게 줄 수 있는 다른 무엇이 있어야 한다는 것을 의미했다." 하지만 린다는 자녀 양육에서 큰 만족감을 얻었다고 했다. "엄마가 된다는 것에는 큰 기쁨과 행복이 있었다."

많은 싱글맘처럼 린다는 랜스를 풍족하게 키우지 못했다. "우리는 방 1개짜리 아파트에 살았다. 그리고 랜스 양육에 매달 400달러를 썼다."

세계에서 가장 유명한 사이클 선수라는 명성에 걸맞게, 랜스의 성장 속도는 항상 남보다 빨랐다. "랜스는 생후 9개월 만에 걷고 18개월 만에 대소변을 가렸다. 2살 때 스스로 신발 끈을 묶었다."

린다는 직장에서 열심히 일했지만 랜스에게 더 헌신적이었다. "나는 직장 일을 하면서도 저녁 시간과 주말 시간은 고스란히 랜스를 위해 썼다. 우리는 운동을 많이 했으며, 아파트 수영장에 가곤 했다. 랜스는 운동을 무척 좋아했다." 린다는 운동 소질을 계발하기 위해 6살 때부터 랜스를 럭비와 축구 교실에 등록했다.

린다는 랜스에게 특정 종목을 강요하지 않았다. 대신 그가 잘하는 종목을 찾는 데 신경을 썼다. "나는 자녀가 자신의 열정을 발견하도록 도와주어야 한다고 생각한다. 일단 발견하면 그것에 집중해야 한다. 랜스는 훌륭한 미식축구 선수나 야구 선수는 아니지만, 달리기와 수영을 잘 한다는 사실을 스스로 깨달았다. 나는 랜스가 3종경기를 시작한 14살 때가 되어서야 이 사실을 알았다."

랜스가 달리기 선수와 수영 선수로 크는 것을 돕기 위해, 린다는 매 주말 그를 경기장에 데려갔다. 린다는 경기에서 이기는 것보다 목표를 설정하는 데 더 신경을 썼다. "누구든 항상 이길 수는 없기 때문에, 항상 이겨야 한다고 강조하는 것은 바람직하지 않다고 생각했다." 그녀는 승부보다 윤리, 도덕, 가치관, 사람을 대하는 방법 등을 중시했다.

린다의 자녀교육 방법은 크게 랜스의 독립심을 키우는 것이라고 정의할 수 있다. 린다는 "나는 랜스가 3종경기에 나갈 때 가방을 챙겨 주지 않았다."라고 말했다. "랜스에게 고글, 수영복 등 경기용품들을 잘 챙기라고 말하지도 않았다. 만약 랜스가 이런 것들을 챙기지 않아 출전하지 못한다면, 그것은 그의 문제라고 생각했기 때문이다. 나는 그 점에서는 랜스를 애지중지하지는 않았다. 랜스도 스스로 책임져야 한다는 사실을 깨달았다. 내 역할은 운전하고, 호텔 잡고, 음식 챙겨 주고, 응원하는 것이었다."

오늘의 랜스가 있도록 도우면서, 린다가 가장 중시한 것은 바로 이런 주인의식이었다. "우리가 서로 다른 경기장으로 가야 했다면, 나는 '랜스야, 그곳으로 가는 길을 네가 알아 두도록 해라'고 말했을 것이다. 15살 때에는 나와 동승했지만 랜스가 운전해서 오클라호마주 툴사까지 갔다가 온 일도 있었다. 나는 자녀를 잘 키우려면 어떤 편의도 베풀어서는 안 된다고 생각한다."

린다는 랜스 양육의 우선 순위를 정하는 데 실수를 하지 않았다. 그녀는 "아들은 내 헌신 대상 1호였다."라고 말했다.

랜스는 성장 과정에서 강력한 남성 롤 모델을 가지지는 못했다. 하지만 린다는 모자간에 친밀한 가족적 분위기를 확실하게 만들었다. "나는 엄마였고 아빠였으며 친구였다. 그리고 기댈 대상이기도 했다. 매일 저녁 함께 식탁에 앉아 저녁을 먹는 것이 중요하다고 느꼈다. 우리는 매일 저녁 함께 앉아 그날 있었던 일, 주말에 할 일에 대해 대화했다. 10살 때 랜스는 자신이 배우고 싶은 다른 종목에 대해 말하기도 했다."

어린 시절 랜스는 규율을 매우 잘 지켰다. 린다는 "랜스는 절도 있는 생활을 하며 성장했다. 9시면 항상 잠자리에 들었다."라고 말했다. 그녀는 10대 자녀 교육의 중요한 원칙을 이해했다. 랜스와의 다툼에서도 신중해지는 방법을 분명히 알고 있었다. "나는 잔소리꾼은 아니었다. 하지만 항상 랜스에게 '삶에는 네가 선택할 수 있는 것들이 있다. 동시에 그 선택에는 결과가 따른다'고 말해 주었다. 우리는 많은 대화를 했다."

랜스의 거대한 잠재능력 계발에 린다가 무슨 도움을 주었을까. 이를 생생하게 보여주는 한 가지 사례가 있다. 랜스에게 자신의 목표를 직접 적게 한 것이다. "그 방법을 통해 그는 많은 것을 배웠다. 그리고 나는 랜스에게 명함 정리기 롤로덱스(Rolodex)를 사주고 사람들의 명함을 모으게 했다. 랜스가 14살 때의 일이다."

랜스를 오늘의 위치에 이르게 한 핵심 요인과 관련, 린다는 삶의 역경에도 불구하고 항상 긍정적인 자세를 유지했다고 말했다. 이 긍정적인 자세가 랜스의 몸에 배어 있다는 것은 의심의 여지가 없다. "나는 항상, 정말로 항상 삶의 낙관적인 부분을 언급하며 격려했다."

이것이 랜스에게 어떤 영향을 미쳤을까. 린다는 "랜스는 암에 걸렸을 때 자신을 암 통계치의 일부로 여기지 않았다. 자신은 남과 다르다고 생각했기 때문에, 사람들이 암으로 죽는다는 사실에 유념할 필요가 없었다. 랜스는 암에 굴복하지 않겠다고 다짐했다."라고 말했다.

과거에도 그랬고 지금도 그렇지만, 린다는 자녀교육에서 무엇보다도 주변 사람을 흉내 내거나 남과 보조를 맞추려고 하지 않았다. "우리는 결코 '저 사람처럼 되고 싶다'고 느낀 적이 없다. 그것은 우리 현실이 아니었기 때문이다."

린다는 랜스가 성공에 더 많은 신경을 쓰도록 격려했다. "나는 항상 랜스에게 '기대치와 목표를 현실적으로 높게 설정하라. 그러면 그것을 성취할 수 있는 방법을 찾게 될 것이다'고 말했다. 그리고 '오늘을 네 남은 인생의 첫날이라고 생각하며 살라'고 말했다."

오늘날 린다는 랜스가 성취한 모든 것을 자신의 공이라고 말하지 않는다. 린다는 젊은 시절 랜스가 열정을 발견하고 그것에 집중하도록 도왔으며, 그가 다음 단계로 나아가도록 밀어주었을 뿐이라고 말한다. 자녀의 성공적인 삶을 돕고자 하는 모든 엄마들에게 린다는 조언한다. "너무 쉬운 일이다. 그것에는 세 가지 일이 있다. 사랑하고, 지지하고, 잘 키우는 것이다."

집에 TV 없애고
독서·토론 즐겼다

에바 발라즈
호텔업계 거물 *앙드레 발라즈*의 엄마

호텔업계의 거물 앙드레 발라즈(André Balazs)의 엄마 에바 발라즈(Eva Balazs)는, 어린 시절 아들이 여러 분야에서 두각을 나타내는 바람에 '장차 무슨 일을 하며 살게 될까' 하고 늘 생각했다고 했다. "그러나 앙드레가 과학자는 되지 않을 것이라고 확고하게 생각했다."

그 점에서 에바는 확실히 옳았다. 앙드레는 세계에서 가장 혁신적이며 가장 많이 모방되는 호텔들을 만들었다. 그 중에는 뉴욕 시내의 고급스러운 머서(Mercer) 호텔, 할리우드의 유명한 샤토 마몽(Chateau Marmont), 할리우드와 로스앤젤레스 시내에 있는 스탠다즈 호텔(Standards Hotel)들, 마이애미 해변의 스탠다드 스파(Standard Spa), 쉘터 아일랜드(Shelter Island)의 바닷가 은밀한 곳에 위치한 선셋 비

치(Sunset Beach) 등이 포함된다.

최근 그는 마이애미 소재 해변에 위치한 1940년대 고급 호텔 롤리 (Raleigh)를 완전히 개조했다. 그 호텔에 있는, 프랑스 왕가 백합 문양 모양의 풀(pool)은 콘데 나스트 트래블러(Condé Nast Traveler) 잡지에 의해 '미국에서 가장 섹시한 호텔 풀 중 하나' 라는 평가를 받았다. 그리고 뉴욕 시내 타임 스퀘어의 중심부에 위치한, 초현대적이면서 가격이 비싸지 않은 호텔 QT를 개장했다.

앙드레는 자신의 왕국을 주택 개발 분야로까지 확장했다. 그 사업을 위해 장 누벨, 리처드 글룩크만, 캘빈 차오 등 세계에서 가장 유명한 건축가들과 공동 작업을 했다. 앙드레 발라즈의 호텔들은 국내 · 국제적으로 최고 명성을 얻었으며 베너티 페어(Vanity Fair), 트래블 앤 레저(Travel & Leisure), 뉴욕타임스, 아키텍취럴 다이제스트(Architectural

Digest), 보그(Vogue) 등 모든 주요 출판물에 대서특필됐다.

앙드레는 두 딸을 두었으며 뉴욕시 맨하탄에서 살고 있다.

에바는 자신에 대해 "헝그리 부다페스트에서 대학을 다녔으며 교양과목을 공부했다. 두 아이(앙드레와 딸 매리앤)를 가졌을 때 직장에 다니지 않았다."라고 소개했다.

에바는 "독서가 내 생활에서 가장 즐거운 시간이었다. 나는 〈바바〉(Babar)에서 〈샬롯의 거미줄〉(Charlotte's Web)에 이르기까지, 모든 어린이용 고전들을 앙드레에게 읽어주었다."라고 회상했다. 사실 발라즈 집안에서 독서는 TV를 대신한 밤의 행사였다.

지적이며 대화를 많이 하는 집안 분위기는 에바의 '노(no) TV 원칙'에서 비롯됐다. "TV가 없었기 때문에 독서와 대화를 더 많이 할 수 있었다고 생각한다. 우리 셋은 항상 저녁을 함께 먹었다." 에바는 "학교에서 무슨 일이 있었는가에 대해, 각자 읽은 책에 대해 우리가 토론한 것은 바로 가족이 함께 한 저녁식사 시간이었다."라고 말했다.

발라즈 가족은 모든 일에 유기적으로 대처했다. '성장 과정에서 앙드레가 특별한 계획이나 목표를 갖기를 원하지 않았느냐'는 질문에 대해, 에바는 "어떤 계획을 세우고 열망한다는 생각 자체가 없었다."라고 말했다.

엄격한 '노(no) TV' 원칙에도 불구하고, 발라즈 가족이 엔터테인먼트를 전적으로 삼간 것은 아니었다. 에바는 "나는 피아노를 자주 쳤다. 음악은 앙드레의 성장에 중요한 일부분이었다."라고 회상했다. 그녀는 자녀의 과외 활동과 스케줄 관리에 대해 심사숙고하지는 않았다고 강조했다. "나는 자주 자전거를 타고 호숫가를 돌았다. 그때 앙드레에게 크레용을 주었는데, 그는 앉아서 내가 하는 것을 뭐든 그리곤 했다."

에바는 앙드레에게 과외 활동을 강요하지 않았으며 단지 제안했다고 했다. 그러나 운동 같은 것들은 스케줄을 짜주었다. 에바는 "우리는 운동을 무척 즐겼다. 남편과 나는 지역의 공영 테니스장에서 테니스를 했고 스퀘어 댄스(square dance)를 즐겼다. 당시 스포츠는 또 다른 세상이었다."라고 말했다. "자녀를 스포츠 강좌에 일부러 등록할 필요가 없었다. 바로 이웃에 그런 것들이 있어서 우리는 마음이 느긋했다."

에바는 자신에게 친구는 가족과 다름없었다고 했다. "내 친구들은 내 삶에서 가족처럼 큰 존재였다. 나는 그들을 있으나마나 한 존재로 생각지 않았다."

에바의 자녀교육 스타일은 일상사를 활용하는 방식이었다. 한 예로, 자녀에게 삶의 교훈을 주기 위해 개를 키웠다고 했다. "앙드레가 개를 기르게 되었을 때, 나는 '너는 이 작은 생명의 안위를 책임져야 한다. 개에게 친절하고 잘 대해 주어야 한다. 그것은 자연에 대해서도 마찬가지이다. 나무가 곁에 있다고 해서 잘라서는 안 된다. 그것도 하나의 생명체이다. 너를 필요로 하는 모든 것에 대해 존경심을 가져야 하고, 친절해야 하며, 그것들을 보호해야 한다'고 말해 주었다."

칭찬과 격려도 에바 자녀교육 방식의 주요한 요소였다. "나는 항상 '사랑한다'고 말하는 타입의 엄마는 아니었다. 그러나 많이 안아주고 키스해 준 것은 분명한 사실이다." 오늘날 아들이 자기 분야의 정상에 서 있음에도 에바는 칭찬과 격려를 아끼지 않는다고 했다.

앙드레는 어려서부터 재능이 많았기 때문에, 에바는 아들의 재능을 특정화하는 것이 어렵다고 느꼈다.

에바에 따르면, 앙드레의 자신감은 항상 돋보였다. "앙드레는 자기 확신에 차 있었다. 그러나 그것 때문에 가끔 부모인 나는 어려움을 느꼈다. 꾐이나 위협으로 그를 구스를 수가 없었다." 에바는 항상 책임감을 강조함으로써 아들의 강한 의지를 다독였다. "그런 경우에는 지금도 마찬가지이지만, 자녀에게 책임감을 강조하는 것 외에는 별로 할 일이 없다."

에바는 오늘의 앙드레를 만든 것은 앙드레의 자기 확신이었다고 말했다. "아주 어려서부터 앙드레에게서 이런 특성을 보아왔다. 4살인 앙드레가 모래상자 속에서 혼자 놀고 있었을 때, 7~8살 돼 보이는 두 남자애가 다가와 그를 내려다보며 말하기 시작했다. 앙드레도 지지 않고 한 녀석의 눈을 뚫어지게 올려다보면서 뭔가를 말했다. 그러자 두 녀석이 물러난 일이 기억난다." 앙드레의 강한 자기 확신과 결단성을 알고부터, 에바는 이런 특성을 짓밟지 않으면서 제한하기 위해 줄타기를 해야 했다고 말했다.

앙드레가 16살 때 부모가 이혼했다. 에바는 "힘든 시기였다. 특히 한창 청소년기에 있던 앙드레는 더 힘들었다."라고 말했다. '아들이 부모 이혼을 잘 견디도록 어떻게 도왔느냐'는 질문에 대해, 에바는 "무엇보다도 나는 시간이 위대한 치유자라는 사실을 깨달았다. 그리고 우리의 밀접한 관계가 그 아픔을 극복하도록 도왔다고 생각한다. 우리는 서로를 매우 사랑한다. 가장 중요한 것은 내가 아들을 위해 살았고 지금도 그렇다는 사실을 그가 잘 알고 있다는 점이다."라고 말했다.

늘 안아 주고
키스해 주고 칭찬했다

낸시 골든
인테리어 디자이너 *네이트 버커스*의 엄마

세계적으로 유명한 인테리어 디자인 회사인 네이트 버커스 어소시에이츠(Nate Berkus Associates)의 설립자 네이트 버커스(Nate Berkus)는 "나는 8살 때 가구의 크기에 대해 안 유일한 꼬마였다."라고 말했다. 그는 24살에 그 회사를 설립했으며, 그 길로 성공했다.

이에 대해 네이트는 엄마 낸시 골든(Nancy Golden)에게 감사한다. 인테리어 디자이너인 낸시는 현재 DIY 네트워크의 디자인 쇼 호스트이다. 낸시는 네이트가 자신의 분야에 뛰어들 것이라고는 상상도 못했다. 하지만 자신의 전철을 밟았을 때 결코 놀라지는 않았다고 했다. "그는 내가 인테리어 디자이너로서 얼마나 행복한가를 보았다. 사람들을 잘 살게 돕는 일이 나와 내 고객에게 얼마나 긍정적인 영향

을 주는가를 보았다."

오늘날 네이트의 영향력은 광범위하다. 그의 회사는 울프강 퍽(Wolfgang Puck)의 레스토랑 스파고(Spago), 바니(Barney)의 뉴욕, W 호텔들 등 다양한 프로젝트를 맡아 일했다. 2001년 네이트는 〈오프라 윈프리 쇼〉에 작은 공간을 만들어 달라는 요청을 받았다. 그 일을 계기로 네이트는 유명한 쇼 디자인 전문가가 되었다.

네이트는 오앳홈(O at Home) 잡지의 고정 기고가로 활동하고 있다. 최근에는 자신의 심미안을 대중과 공유한다. 리넨엔싱즈(Linens' n Things)사가 네이트 버커스의 가정용 전 제품을 생산하기 시작한 것이다.

네이트는 첫 번째 책 〈가정의 법칙〉(Home Rules)을 2005년에 출간했다. 자신의 멀티미디어 제국을 건설하려는 듯 그는 XM 라디오의 오프라와 친구들(Oprah & Friends) 채널에 데뷔했다.

낸시의 3자녀 중 첫째인 네이트는 계획된 임신이 아니었다. 낸시는 "네이트가 태어났을 때 나는 23살이었다. 애기가 애기를 낳은 꼴이었다."라고 말했다. 네이트가 아기였을 때 낸시의 삶은 격변기였다. 이혼하고 같은 해에 재혼한 것이다. '이혼이 당신과 네이트의 관계에 어떤 충격을 주었느냐'는 질문에 대해, 그녀는 "결과적으로 나는 네이트에게 더 많은 관심을 쏟았다."라고 했다. "나는 이혼에 대해 죄책감을 느꼈다."

3자녀를 두었음에도 낸시는 항상 일을 했다. 스스로의 수입과 정체성을 갖고 싶었다는 것이다. 낸시에게 인테리어 디자인은 단순한 일이 아니라 열정이었다. "나는 그 일을 사랑했다. 임신 중에도 인테리어 디자인을 공부하러 야간 학교에 다녔다. 일주일에 3일씩 독립적으로 일하기 시작했다."

낸시는 주변의 도움 덕분에 직업에 매진할 수 있었다고 말했다. "자신의 아파트에서 나오고 싶어 하는 7손자의 할머니를 만났다. 그 할머니가 20년 동안 우리 가족 일을 돌봐 주었다. 그 할머니 부부는 우리에게 대리 조부모가 되었다."

어린 시절 네이트의 성장에 대해, 낸시는 언어 구사 능력이 놀라웠다고 했다. 그러나 그를 그 방향으로 유도하려고 하지는 않았다. "네이트가 명석하고 조숙하다는 것을 알았다. 매일 낯선 사람들로부터 그런 얘기를 들었다."

네이트처럼 명석한 사람은 성장기에 엄격하게 계획된 교육을 받았을 것이라고 생각하기 쉽다. 하지만 낸시는 책 읽어 주는 일도 하지 않았다고 말했다. "우리가 우연히 책 읽기를 했을 때 그것은 대표적인 어린이용 책들이었다. 오늘날 네이트는 다독가이다. 계속 그럴 것이라고 생각한다."

낸시는 네이트의 양육에 느긋했으며, TV에 관해서도 엄격한 규칙을 강요하지 않았다. 그러나 TV를 많이 보게 했다는 의미는 아니다. 낸시는 "우리는 자전거를 타고 근처 호수에 놀러 가는 데 많은 시간을 보냈다."라고 회상했다. "그는 리틀 리그(Little League) 야구에서 뛰려고 했다. 하지만 우익수 자리에서 내게 손 흔드는 것이 고작이었다."

네이트는 매주 3일씩 유대교 학교에 다녔다. 하지만 낸시는 그의 양육은 종교보다 문화적인 측면에서 유대교 방식이었다고 말했다. 그녀는 네이트와 유대교와의 관계에서 가장 기억에 남는 것은 유대교 성인식에서 입을 그의 옷을 고르며 함께 보낸 시간이라고 했다.

네이트가 모델 오디션을 보는 것이 좋겠다는 말하는 사람들이 많았다. 하지만 낸시는 "매니저 역할 하는 엄마가 되고 싶은 생각은 추호도 없었다."라고 말했다. "네이트가 13살 때 한 번 오디션에 데려 갔다. 이후 만약 그가 모델이 되기를 원했다면, 스스로 운전해서 오디션장에 갈 수 있을 때까지 기다려야만 했다."

어떻게 네이트의 인생에서 서서히 발을 뺄 수 있었는가에 대해, 낸시는 "네이트가 스스로 자신에 대해 큰 기대감을 가졌기 때문"이라고 말했다. "그는 적극적으로 나서는 엄마를 필요로 하지 않았다."

낸시는 전체적으로 자신의 자녀교육 스타일을 '모듬 요리' 방식이라고 설명했다. 처음에는 관대하고 풍족하고 동정적이었지만, 나중에는 공격적이고 간결한 방식으로 바뀌었다고 했다. 이 때문에 아마도 스포크(Spock, 미국 소아과 의사 겸 육아 이론가) 박사가 알았다면 자신을 퇴학시켰을 것이라고 말했다.

그럼에도 항상 변하지 않은 것은 아들에 대해 가졌던 믿음과 자부심이었다. "나는 그에게 가장 중요한 치어리더였다." 낸시는 대부분의 유대인 엄마들과 마찬가지로 자녀에게 사랑과 칭찬을 꾸준하게 주었다. 그녀는 "나는 키스하고 안아주길 멈춘 적이 없다."라고 말했다.

낸시는 네이트와의 밀접한 유대감 때문에 요즘도 그에게 작별 인사를 하는 것이 무척 슬프다고 말했다. 마치 그를 처음으로 비행기에 태워 보냈을 때나 기숙형 학교에 보냈을 때, 대학에 데려다 주었을 때와 같은 감정을 느낀다는 것이다. "성인이지만 아직도 나는 네이트와 헤어질 때 눈물을 흘린다. 우리가 다시 만날 시간이 너무나 길게 느껴진다."

낸시는 오늘의 네이트가 있게 된 데에는 4가지 요소(재능, 노력, 너그러운 마음, 약간의 행운)가 있었기 때문이라고 설명했다. 네이트는 늘 인테리어 디자인에 대해 관심을 보였다. 낸시는 그가 어려서부터 자기 방을 개조했다고 했다. 하지만 낸시는 그 관심이 유행처럼 끝날 것이라고 생각했다.

네이트의 뛰어난 재능은 결국 세상을 그의 뜻대로 움직였다. 낸시는 "그는 자신에 대한 믿음이 확고했다. 자기 사람들의 기술을 연마시켰으며, 유명하지 않다는 것에 자극받았다. 또 놀랄만한 협동 기술과 훌륭한 상식을 가지고 있었다."라고 말했다.

네이트는 어디를 가든 성공했으며 빛났다. "네이트는 항상 학교 성적을 중시했다. 그 때문에 성적이 좋았다. 만약 성적이 엉망이었다면, 그것은 그가 그것을 선택했기 때문일 것이다." '그가 잘못했을 때 어떻게 했느냐'고 묻자, 낸시는 "당연히 벌을 주었다."라고 강조했다. "그를 외출금지 시키고 동생들을 돌보게 했다. 그렇게 할 만한 충분한 이유가 됐다."

네이트는 고등학교에서 늘 좋은 성적을 받았지만 학교를 옮겨야 하는 힘든 시기도 있었다. 낸시는 "인근 학교가 마음에 들지 않아 네이트는 기숙형 학교에 가기로 결정했다. 모두 세 학교에 응시해 입학 허가를 받았다. 그리고 훗날 졸업식 연설을 하는 유일한 학생이 되었다. 말할 필요도 없이 나는 졸업식 내내 눈물을 흘렸다."라고 말했다.

낸시는 네이트 인생의 결정적 순간에 대해 설명하면서, 돌출적인 행동을 했다고 털어놨다. "네이트가 오프라 쇼에 처음 나왔을 때, 나는 여자 친구 11명과 함께 거실에서 TV를 보고 있었다. 나는 환호하며 웃고 울었다. 바로 우리 앞에서 태어난 스타를 바라보고 있다는 사실을 깨달았다. 마치 현실이 아닌 것 같았다."

오늘의 네이트가 있도록 어떻게 도왔을까. 낸시는 지나친 기대를 하지 않는 것이 중요했다고 말했다. "자녀를 상자에 가둘 수 없다. 만약 자녀가 당신이 심사숙고해서 계획한 길을 따라주지 않는다면, 새 지도를 준비하라. 또 예측할 수 없고 종종 위험하지만 희망적인, 멋있는 여행을 위해 안전띠를 매어야 한다."

네이트는 가족, 친구, 일을 사랑한 엄마를 지켜보면서 자랐다고 낸시는 말했다. "나는 역경과 실망감을 겪어야만 했다. 하지만 항상 유머 감각을 가지고 스스로 유쾌해졌다."

2004년 네이트의 사랑하는 남자친구(네이트는 동성애자로 알려졌다) 페르난도가 태국에서 쓰나미로 사망했다. 네이트는 이 일로 인해 큰 슬픔과 충격에 빠졌다. 그때 낸시가 의지했던 것이 바로 이런 성격이 었다.

그녀는 그 절망적인 시기에도 "결코 엄마로서 더 이상 쓸모없는 존재라고 느끼지 않았다."라고 말했다. "자녀가 아파하는 것을 바라보면서 그 상처에 반창고를 붙여줄 수 없다면 정말 가슴 아픈 일이다."

오늘날 엄마의 역할은 어떤 것이어야 하는가. 이 물음에 대해 낸시는 극심한 상실의 시기에 받은 건설적 조언에서 지워지지 않는 인상을 받았다고 말했다. "한 치료사가 내게 '당신은 숨 쉴 때 산소를 들이마시지만, 그걸 의식하지 않고 단지 숨을 쉰다. 당신은 네이트에게 산소'라고 말했다. 그는 '당신은 단지 함께 있어주는 것 외에 어떤 일도 할 필요가 없다. 말이 필요 없다. 그에게 도움을 주고 힘이 되는 것은 바로 당신의 존재'라고 충고했다."

최근 네이트가 회복하고 있다고 낸시는 말했다. "그는 멋있고 사랑스러운 관계를 맺고 있다. 그의 상처는 치료되고 있다."

강한 아버지상을
심어 주었다

글래디스 베티스
미식축구 스타 *제롬 베티스*의 엄마

글래디스 베티스(Gladys Bettis)는 미식축구 리그(NFL) 역사상 가장 훌륭한 러닝백의 한 사람으로 꼽히는 제롬 베티스(Jerome Bettis)의 엄마다. 그녀는 8명의 남자형제들과 함께 자랐다. 남자형제들이 자신의 인형을 미식축구 공처럼 가지고 노는 것을 보고선, 아들을 낳는다면 절대 미식축구를 시키지 않겠다고 맹세했다고 했다.

그녀는 "오늘 제롬에게 생긴 일을 생각해보면, 아이러니하고 믿을 수 없다."라고 말했다. '믿을 수 없다'는 말은 확실히 진실처럼 들린다. 제롬은 1993년 NFL 1차 드래프트에서 로스앤젤레스 램스(Los Angeles Rams)팀에 뽑혔다.

같은 해 그는 올해의 신인선수, 램스팀의 MVP, 스포츠 뉴스 전문

채널인 스포팅 뉴스(Sporting News)에 의한 올해의 신인선수로 뽑혔다. 또 피츠버그 스틸러스(Steelers)팀 선수로 슈퍼볼에서 우승했으며, 최근에는 방송 〈풋볼 나이트 인 아메리카〉(Football Night in America)에서 최고 스포츠 해설자로 등장했다.

제롬은 걸출한 미식축구 경력에 이어 1997년 스포츠 마케팅 회사인 제롬 베티스 엔터프라이시즈(Jerome Bettis Enterprises)를 설립했다. 그 회사는 나이키, 포드, EA스포츠 등의 수많은 전국 규모 마케팅에 참여했다.

그는 자신의 경험을 바탕으로 제약회사 그락소스미스클라인과 협력, 천식에 대한 인식을 제고하는 캠페인을 시작했다. 특히 이 캠페인에 강연자로 나서기도 했다. 제롬의 사회활동은 그 정도에 그치지 않았다. 그는 비영리 단체인 버스 스톱스 히어 재단(Bus Stops Here Foundation)을 설립했다.

그는 자신의 모교 맥켄지 고등학교 상급생을 위한 장학금 프로그램을 개설했다. 전설적인 레기 맥켄지(Reggie McKenzie) 미식축구 캠프를 주최하기 위해, 과거 자신이 몸 담았던 캠프를 매년 찾는다. 제롬은 아내 트라메카와의 사이에 2자녀 제이다와 제롬 주니어를 두었다.

글래디스는 제롬이 3남매 중 막내였기 때문에 그의 성장 과정에 대해 크게 걱정하지 않았다고 말했다. "제롬 위에 두 명이 더 있었기 때문에 나는 제롬의 성장 과정을 예상하고 있었다. 제롬은 생후 11~12개월 정도에 걷기 시작했으며, 1년 반 정도에 말하기 시작했다. 사내아이 치곤 매우 정상적인 성장이었다."

글래디스는 자녀와 앉아서 같이 놀아주는 타입의 엄마는 아니었다고 했다. 그녀는 "애들끼리 놀게 했다. 나는 부모가 놀이시간의 계획을 짜주어야 한다고 생각지 않았다."라고 말했다.

베티스 가족이 계획한 놀이는 볼링이었다. "우린 매주 볼링을 하기 위해 가족 단위로 외출했다. 자녀들 모두 볼링 하는 법을 배웠으며 특별히 볼링을 잘 했다." 볼링은 안전하기 때문에 그녀가 자녀에게 처음 권한 스포츠였다. 그런데 볼링은 자녀들에게 많은 삶의 교훈을 주었다. "제롬의 전기 일부를 읽어봤다. 제롬은 자신이 볼링에서 많은 것을 배웠다고 했다. 득점을 기록하기 위해 배워야만 했던 수학은 말할 것도 없고, 팀을 이뤄 활동한 경험에 대해서도 언급했다."

그녀는 성장기 제롬에게 어떤 기대를 했을까. 글래디스는 그의 능력에 대해 항상 확신을 갖고 있었다고 했다. 그래서 장차 제롬이 어떤 사람이 될 것인가에 대해 오랫동안 그리고 깊이 생각지는 않았다고 했다. "제롬은 전국우수학생회(National Honor Society)의 멤버일 정도로 매우 우수했다. 그래서 나는 그의 능력에 의문을 가진 적이 없었다."

목표 달성이라는 관점에서 글래디스는 제롬에게 구체적인 기대를 하지 않았다. 하지만 평상시 자녀교육에서는 깐깐했다고 했다. "베티스 가족의 일원이라면 누구든 매일 늦지 않게 학교에 가야만 했다. 몸이 불편해도 학교에는 가야 했다. 그리고 나는 자녀가 좋은 성적을 받도록 독려했다." 글래디스는 '어떻게 하면 신사가 될 것인가'도 가르쳤다고 말했다. "나는 제롬과 형제들에게 여성을 위해 문을 열어

주라고 가르쳤다."

글래디스는 결혼생활 41년째인 남편이 제롬의 인생에 중요한 역할 모델이었다고 했다. "남편은 늘 집에 있었기 때문에 제롬에게 아주 중요한 역할 모델이었다. 그는 담배를 피우지도, 술을 마시지도, 남을 저주하지도 않았다. 그는 직장에서 퇴근한 후에는 신문을 읽었다."

게다가 남편은 매일 자녀 양육의 일부를 떠맡았다고 그녀는 말했다. "그는 아이들과 놀아주고 아이들이 필요한 곳이면 어디든 운전을 해 주었다. 종종 나는 장거리 운전을 꺼렸다. 그래서 항상 그가 운전해 나와 자녀들을 필요한 장소로 데려다 주었다."

어떻게 제롬에게 강한 아버지상을 심어주었을까. 글래디스는 "제롬이 늘 곁에서 아버지를 지켜봐 왔기 때문이다. 아버지가 가족을 위해 일하는 모습은 자녀들에게 소중한 교훈이 되었다."라고 말했다.

그러나 사소한 불일치는 있었다. "우리는 매일 저녁을 함께 먹었다. 그러나 대부분의 경우 나와 애들만 같이 하는 식사였다. 남편은 일해야 했기 때문에 함께 할 수 없었다. 그는 전기 감독관이 되기 전까지 제강공장에서 일했다. 거기서 남편은 낮 근무조, 오후 근무조, 밤 근무조로 번갈아 가며 근무했다."

함께 할 수 없었던 시간들을 보상하기 위해 주말은 반드시 가족이 함께 했다. "우리는 공원에 가기도 하고, 자전거를 타기도 했다. 나와 남편은 뒷마당에 애들을 위해 아이스링크를 만들어 주었다."

글래디스는 자녀를 곁에서 지켜보는 타입의 부모는 아니었다. 자녀와 함께 롤러스케이트를 타고 야구를 함께 했다고 했다. "나는 늘 아이들을 매우 활동적으로 만들었다." 활동적이라고 함은 운동 이상을 의미했다. 그녀는 제롬을 박물관에, 도서관에 데려가고 심지어 새를 관찰하는 장소에 데려가기도 했다.

글래디스는 종교에 관해서는 교육에서만큼 엄격하지는 않았다고 했다. 자녀가 몸에 열이 있는데도 반드시 주일학교에 가게 하지는 않았다는 것이다. "나는 아이들이 매주 일요일 교회에 가는 것을 깐깐하게 챙기지는 않았다." 그러나 종교를 자녀들의 삶에 접목시키기 위해 나름대로 노력했다. 그녀는 "대신 덜 형식적인 방법을 채택했다. 우리는 함께 성경을 읽었다."라고 말했다.

제롬이 미식축구 선수로 눈부신 성공을 거뒀지만 글래디스는 제롬의 성장기에는 스포츠에 관해 얘기할 것이 많지 않다고 말했다. "나는 제롬에게 프로 미식축구 선수의 꿈을 가지라고 말한 기억이 없다. 단지 최선을 다하라고 말한 기억만 난다. 미식축구에 대한 그의 열정은 다른 곳에서 나오지 않았나 싶다."

제롬에게 다음 단계의 미식축구 경력을 쌓게 해주라고 권한 사람은 글래디스의 남동생이었다. "우리는 제롬이 미식축구를 하는 것을 보고 있었다. 그때 남동생이 '제롬은 미식축구 재능이 탁월하다. 제롬에게 뭔가 특별한 일을 해 줘야 한다. 제롬을 루터교 학교에서, 대학 진학에 미식축구 장학금을 받을 기회가 더 많은 공립학교로 전학시킬 필요가 있다'고 말했다."

처음에 글래디스는 그 아이디어에 약간 주저했다. 그러나 제롬과 남편의 강력한 로비 때문에 결국 동의했으며 제롬을 지역 공립학교로 전학시켰다. 그 같은 결정을 내린 날에 대해, 그녀는 "제롬이 정말로 그렇게 하길 원했다. 내가 원한 것이 아니었다."라고 말했다.

글래디스는 오늘날 제롬의 삶에서 자신의 영향이 가장 두드러져 보이는 분야는 자선사업이라고 말했다. "그를 시민문화회관으로 데려가 아이들과 대화하게 했다. 그는 축복받았으므로 그것을 되돌려 줄 의무가 있다는 것이 변함없는 내 철학이었다." 제롬은 엄마의 가르침을 다음 단계로 격상시켰다. 자신의 출신 고등학교를 방문, 대학 진학의 중요성에 대해 연설했으며 많은 다른 자선활동에도 참여했다.

글래디스는 제롬에게 명령하지 않았다. 그것은 글래디스의 자녀교육 방법이 아니었다. 지금도 그녀는 그 방법을 다른 엄마들에게 권하지 않는다. "내 조언의 핵심은 항상 자녀들의 얘기를 경청하라는 것이다. 그것이 항상 내가 했던 일이다."

그녀의 또 다른 자녀교육 원칙은 '노 갭(no gap)'이었다. "자녀들이 나와 세대차를 느끼지 않게 하려고 매우 노력했다. 달리 말하자면, 나는 엄마이기 때문에 자녀들이 소외감을 느끼기를 원치 않았다. 그 규칙은 내가 진실로 자녀들의 삶에 연관돼 있음을 의미하는 것이다."

글래디스는 요즘 한 바퀴를 완전히 돌아 두 번째 자녀교육을 하고 있다. 지금 그녀는 제롬의 2자녀를 포함해 17명의 손자녀를 둔 할머니이기 때문이다. 부모 그리고 조부모로서, 글래디스는 "무엇보다도 나는 선생님이다. 7살짜리 손녀가 내 말을 듣고 이해하기 시작할 때 나는 놀라움을 느낀다."라고 말했다.

스스로 결정하도록
정보를 제공했다

글로리아 알레드
법정TV 해설자 *리사 블룸*의 엄마

법정(Court)TV 해설자 리사 블룸(Lisa Bloom)의 엄마 글로리아 알레드(Gloria Allred)는 자신의 타이틀을 '리사 블룸의 자랑스러운 엄마'라고 소개했다. 그것은 자신이 성취한 것에 비춰 볼 때 훨씬 더 많은 것을 의미하는 이름이다.

글로리아는 미국서 가장 저명한 여권 운동 변호사이다. 그녀는 유에스에이 투데이(USA Today)에 의해 '미국서 가장 중요한 라디오 토크쇼 진행자의 한 사람'이라는 평가를 받았다. 전국여성변호사협회로부터 대통령상을 받았다.

그리고 1986년에는 자녀 양육 강화 운동에 대한 공로를 인정받아, 백악관에서 로널드 레이건 대통령으로부터 대통령 봉사상을 받았다. 또 글로리아는 책 〈반격 그리고 승리〉(Fight Back and Win)의 저자이

기도 하다.

　리사도 엄마의 발자취를 따라 변호사가 됐으며 TV에서 능력을 발휘했다. TV에서 그녀는 〈블룸과 폴리탄-공개 법정〉이라는 프로그램을 공동 진행하고 있다. 리사는 마이클 잭슨의 아동 성추행 사건, 스콧 피터슨 살인 사건, O. J. 심슨 사건 등 세간의 관심을 끈 많은 법정 사건들을 취재했다. 법정 변호사로서 리사의 업적은 수많은 중요한 사회적 이슈들에 대해 법적 선례를 만든 것이다. 여기에는 아동 성적 학대에 대한 억압된 기억 사건뿐 아니라, 에이즈 환자에 대한 많은 첫 결정들이 포함돼 있다.

　리사는 〈나이트라인〉, 〈프라임타임〉, 〈투데이〉, 〈얼리 쇼〉(Early Show), 〈래리 킹 라이브〉, 〈앤더슨 쿠퍼 360〉 등 거의 모든 주요 뉴스와 잡지 프로그램에 등장했다. 그녀는 코트TV닷컴에서 「브룸 블로그」의 필자이면서 정글 로 매거진(Jungle Law Magazine)의 칼럼니스트이기도 하다.

또 그녀는 〈내셔널 로 저널〉(National Law Journal), 〈NYU 법과 사회 변화 저널〉(NYU Journal of Law and Social Change), 〈패밀리 서클〉(Family Circle) 등에 수많은 대중·학술 논문을 발표했다. 그리고 뉴욕타임스, TV가이드, 워싱턴포스트, 버라이어티, 헐리우드 리포터 등 신문·잡지에 대서특필 됐다. 또 〈후즈후 인 아메리칸 로〉(Who's Who in American Law)에 등재돼 있다.

리사는 뉴욕 케어스(New York Cares), 아킬레스 트랙 클럽(Achilles Track Club), 유대인 양로원(Jewish Home for the Aged) 등 많은 자선단체에서 활발한 활동을 하고 있다. 그녀는 두 자녀와 함께 뉴욕에서 살고 있다.

글로리아는 저소득층 가정에서 자랐다. 리사는 그것이 딸을 키우는 방식에 큰 영향을 미쳤다고 말했다. "나는 생계를 위해 도전해야 한다는 사실을 잘 알았다. 그런 인식이 내게 영향을 미쳤다고 생각한다. 그 때문에 리사를 스스로 생존할 수 있는 사람, 삶의 고난을 극복할 수 있는 사람으로 키우고 싶었다. 솔직히 그것은 경제적 능력이 없으면 몹시 힘든 일이다."

일하는 엄마인 클로리아는 리사가 1살 때 직장으로 복귀했다. "그것은 쉽지 않은 결정이었다."라고 그녀는 말했다. "나는 가난했다. 그러나 싱글맘이었기 때문에 보수 좋은 직장을 구하기 위해서는 학업을 마쳐야 한다고 느꼈다. 나 혼자 가족을 부양해야 할 것이라고 느꼈다. 실제로 그랬다. 나는 딸에게 근사한 삶을 제공할 능력을 갖고 싶었다."

글로리아는 리사를 '아주 말이 많고, 발음이 매우 정확하고, 항상 사람을 놀라게 하는 아이'라고 표현했다. 그것은 결코 놀랄 일이 아니다. 리사는 전국 토론 챔피언이 되었으며, 예일대 로스쿨에서 모의법정 챔피언이 되었다.

이런 빠른 성장은 글로리아의 독려에 의한 것이 아니었다. "항상 나는 독서, 혹은 독서와 관련된 것을 가르치는 가장 좋은 방법은, 아이가 즐겁게 할 수 있도록 격려하는 것이라고 생각했다. 아이들은 본래 호기심이 많아서 그 호기심을 자극하기만 하면 독서를 원한다. 스케줄을 짜는 등의 일은 필요하지 않다고 생각한다."

리사에게 엄마의 자녀교육 방법에 대해 물었다. 리사는 "엄마는 기본적으로 내 일에 끼어들지 않았다. 내가 원하는 일은 스스로 하도록 했다."라고 말했다. "물론 그것이 합리적인 경우에."라고 단서를 달았다. 리사는 이런 방임형 교육법은 자신의 능력에 대한 엄마의 확신을 반영한 것이라고 말했다.

"예를 들면 학교에서 나는 전 과목 A학점을 항상 원했고 대체로 그렇게 했다. 그러나 그것은 절대 엄마가 열심히 공부하도록 강요해서 된 일이 아니었다. 나 스스로 동기부여가 매우 잘 되어 있었고 내가 그것을 원했기 때문이었다. 나는 경쟁심이 강했으며 나 자신에 대한 높은 열망과 높은 기준을 가지고 있었다. 그래서 만약 A⁻나 B가 하나

있는 성적표를 받는다면 나는 당황할 것이다. 하지만 엄마는 '네가 모두 A를 기대했겠지만 A⁻가 하나 있다고 속상할 필요는 없다'고 말할 것이다."

글로리아는 자신의 공포심을 딸에게 물려주지 않으려고 의식적으로 노력했다. 그것이 자녀교육 방법의 하나였다는 것이다. "나는 항상 딸을 격려해주는 역할을 하고 싶었다. 가령 나는 공포심 때문에 승마나 스키를 하지 못하고 자랐다. 그래서 리사에게는 원하는 일을 과감히 시도하게 하고 싶었다. 공포심 없이, 위험에 대한 교육을 받고 그것을 감당하게 하고 싶었다. 실제로 리사는 공포심, 경제적 이유, 시간 부족 등 여러 가지 이유로 내가 하지 못했던 많은 것들을 할 수 있었다."

변호사인 글로리아는 "나는 규칙에 관해서는 거물이다. 아이들은 한계가 있어야 한다. 그것은 아이들 사회화의 일부이다. 나는 아이들이 원하는 것을 무엇이든 다 하거나 다 말할 수 있다고 생각지 않는다."라고 말했다.

물론 글로리아가 말했듯이 아이들의 시적인 마음까지 짓밟지 않도록 조심해야 한다. 글로리아는 "합리적으로 행동을 제한한다는 것이 상호 의사 표현까지 배제하는 것은 아니다."라고 말했다.

원래 글로리아는 리사에게 모델 학교에 가라고 권했다. 이 사실에 대해 그녀는 요즘도 부정적인 평가를 내린다. "사실 나는 너무 바빠서 그걸 고집하지는 않았다. 직장생활 때문에 딸을 그곳에 데려다 줄 수가 없었다." 그때 리사가 끼어들면서 "그 아이디어 덕분에 어떤 색

깔이 내게 잘 어울리는가와 같은 것을 알게 되었다."라고 말했다.

글로리아는 "리사는 과거뿐 아니라 지금도 사진작가들의 로망이다. 많은 사진작가들이 리사의 사진을 찍기를 원한다. 이는 리사의 TV 경력에 의해 확인된 사실"이라고 말했다. "이런 얘기에 대해 나를 비난하는 사람이 있을지도 모르겠다. 그러나 내가 옳았다는 것이 입증됐다. 리사는 모델은 아니지만 앵커가 된 것이다."

글로리아의 자녀교육 방식에 대해, 리사는 "엄마는 딸의 판단에 대해 확고한 믿음을 가지고 있었다."라고 했다. 글로리아는 "부모는 자녀에게 정보와 교육을 제공해야 한다. 자녀가 어떤 선택들을 할 것인가, 선택의 결과가 무엇인가, 어떤 이익과 위험이 따르는가를 생각하도록 도와주어야 한다. 그것이 나의 확고한 믿음이었다."라고 말했다. 그 교육법은 다음 세대로 계속 전해지고 있다. 리사는 "내 자녀들도 동일한 믿음을 가지기를 원한다."라고 했다.

"내 목표는 엄마도 말했듯이 자녀를 내 판박이로 만드는 것이 아니다. 내 목표는 자녀가 독립적이고 자급자족할 수 있는 사람, 세상에 나가서 좋은 선택을 할 수 있는 사람, 좋은 판단력을 가진 사람이 되는 것이다. 그러기 위해서는 작은 일이나마 가능한 한 자녀가 스스로 선택할 수 있게 하는 것이다. 그리고 성장함에 따라 더 큰 선택을 할 수 있게 하는 것이다."

리사가 10대가 되었을 때, 글로리아는 딸이 귀가시간을 좀 더 늦춰주기를 원한다고 생각했다. "나는 리사에게 가족계획연맹에 가보라고 말했다. 그들은 출산 제한 및 임신과 관련, 10대를 위한 특별 학급을 운영했다. 딸이 가능한 한 최선의 선택을 할 수 있도록 모든 관련 정보를 얻기를 원했다."

리사는 이제 자신의 딸과 같은 대화를 나눈다. "지난 주말 나는 내 딸 그리고 17살짜리 딸 친구들과 출산 통제에 대해 장시간 토론했다. 나 또한 한 사람의 10대가 되어 많은 정보를 얻었다. 그리고 딸이 지식의 이점을 누리게 하고 싶었다. 만약 당신이 10대들에게 올바른 정보를 제공한다면 그들은 좋은 선택을 한다는 것이 내 믿음이다."

글로리아는 잔소리가 아니라 진정으로 리사의 학업을 격려했다. 리사는 엄마를 친밀하게 '내 홍보 담당자'라고 말한다. 글로리아는 "항상 나는 리사가 중요한 이슈에 대해 말하고, 질문하고, 토론하도록 격려했다. 손자녀에게도 같은 식으로 격려한다."라고 말했다.

글로리아는 이것이 리사의 타고난 재능을 계발하는 길이라고 느꼈다. "나는 그것이 자녀가 성공하도록 돕는 핵심적인 일이라고 생각한다. 즉, 자신들의 힘을 인식하고 약점을 최소화하도록 돕는 것이다."

글로리아는 '탯줄은 출생 시에 끊어진다'는 사실을 들어 비유적으로 설명했다. "자녀교육은 자녀를 부모처럼 만드는 것이 아니라는 점을 깨닫는 것이다. 자녀는 그들 자신이 되는 것이다." 그리고 글로리아는 자녀와 손자녀에게 높은 정직성을 보여 주었다. "아마도 그것은 좋은 것일 수도 있고, 그렇지 않을 수도 있다. 그러나 내 손자녀들은 내가 그렇게 생각지 않는 한 그것이 훌륭하다고 말하지 않는다는 것을 안다."

글로리아는 리사를 '디자이너 아이(designer child)'라고 불렀다. 이 말에 대해 글로리아는 "리사는 매사를 곧이곧대로만 하는 아이가 아니다."라고 설명했다. 가령 엄마가 걸었던 길을 그대로 따르지는 않았다는 것이다.

"나는 만약 네가 시간을 투자하려면, 서비스보다는 사회 변화에 투자하는 것이 더 중요하다고 항상 말했다. 달리 말해서, 전쟁 중단을 위해 노력하는 것과 전쟁 부상자들에게 붕대를 감아주는 것 사이에는 명백한 차이가 있다. 만약 네가 전쟁을 멈출 수 있다면 장차 전쟁 부상자들에게 붕대를 감아줄 필요가 없을 것이다."

리사는 이 철학의 영향을 크게 받았으며 자신의 직업 경력도 이 철학에 기초하고 있다고 했다. "엄마는 나를 평등권 수정 집회, 동성애자 권리를 위한 행진 대회, 노조 행사 등에 데려갔다. 엄마는 항상 나에게 '사회 변화'라는 가치를 경험하게 했다. 한 사람 한 사람에게 붕대를 감아주는 것보다 사회 변화를 위해 일하는 것이 더 중요하다는 가치를 경험하게 했다."

글로리아는 "자녀교육은 무엇보다도 공동체의 다른 사람들을 도와야 한다는 정신을 자녀에게 직접 보여주는 것이다."라고 말했다. 그 가치는 리사의 DNA에 흐르고 있으며 리사의 일상적인 삶에서도 잘 나타나고 있다.

글로리아는 자녀교육을 정원 가꾸기에 비유했다. 자녀교육은 꽃이 자라서 아름다운 어떤 것이 되는 것을 지켜보는 것과 비슷하다는 것이다. 그녀는 부모를 태양에 비유했다.

"태양은 꽃에게 긍정적인 강화 작용을 하며, 꽃이 피어날 수 있도록 힘을 준다. 그러면 꽃은 내재된 의미대로 성장할 것이다. 부모는 꽃이 잠재력을 계발할 수 있도록 적절하게 지원해 주기만 하면 된다."

의사소통 창구를
항상 열어 놓았다

헬렌 볼로틴
가수 마이클 볼턴의 엄마

가장 성공한 음악가의 한 사람인 마이클 볼턴(Michael Bolton)의 엄마 헬렌 볼로틴(Helen Bolotin)은, 어렸을 때 자녀들이 자신을 '히피 엄마'라고 불렀다고 했다. 그만큼 그녀의 자녀교육 방법이 파격적이었을 수 있다는 얘기다. 하지만 그것은 아들이 자기 분야의 정상에 오르는 데 장애물이 되지 않았다.

코네티컷주 뉴헤이븐에서 태어난 마이클은 애덜트 컨템포러리 (adult contemporary)·이지 리스닝(easy listening) 분야의 솔로 가수로 30대 중반과 40대 초반에 가장 큰 성공을 거뒀다. 그는 바브라 스트라이샌드, 키스, 케니 로저스, 케니 G, 패티 라벨을 포함한 가수들이 음악 차트의 정상에 오른 곡들을 쓰기도 했다. 1993년 그는 가난, 정서적·육체적·성적 학대로 인해 위기에 처한 여성과 어린이를 돕는 마이클 볼턴 재단을 설립했다.

헬렌은 자신의 부모는 누구나 부러워할 정도로 훌륭했다고 말했다. "내 부모님은 매우 훌륭한 분들이었다. 집안에 활력이 넘쳤으며 항상 음악이 흘렀다." 이런 가족 간의 깊은 유대는 다음 세대로 전해졌다. 마이클과 마이클의 남동생 오린은 외할아버지와 매우 긴밀한 사이였다. 헬렌은 "우린 자주 아이들의 외가를 방문했다. 주말에는 내 엄마가 종종 우리 집으로 와 아이들을 돌봐 주셨다."라고 말했다.

헬렌도 말했다시피, 이런 어린 시절을 거친 마이클이 스타덤에 오른 것은 당연한 귀결인 것 같다. 그녀는 "아이들은 항상 집에서 노래를 들었다. 아이들 셋이서 노래 부르기도 했으며, 전 가족이 함께 노래 부르기도 했다."라고 말했다.

헬렌은 자신의 부모를 세상에서 매우 훌륭한 부모라고 했지만, 자녀교육 방식은 부모와 달랐다. "모든 사람이 내가 자녀들에게 너무 관대하다고 말했다. 그것은 부모님이 내게 특정한 것들을 허용하지 않으려고 했기 때문에 생긴 반작용이었다."

사실 마이클 양육의 상당 부분은 '책에 따른 것'이었다. 헬렌은 "우리는 매일 함께 저녁 식사를 했다. 자녀들과 함께 볼링 하러 갔으며 아들은 리틀 리그에서 운동하게 했다."라고 말했다. 그러나 헬렌은 마이클이 성장함에 따라 스케줄에 따라 키우는 것이 힘들었다고 했다. 그녀는 마이클의 유년시절에 대해 "운동클럽에서 운동하고 오후 3시에 집으로 돌아와 저녁을 먹었다."라고 회상했다.

헬렌은 "우리 모두는 행복한 시간을 함께 했다."라며 집안의 즐거

움을 강조했다. "그러나 내가 '즐거움'이라고 생각하는 것에 대해, 요즘은 동의하지는 않는 엄마들도 많은 것 같다." 자신의 파격적인 자녀교육 스타일에 대해 "내 방법은 나와 내 자녀들에게 효과가 있었다. 내 조언에 감사한 엄마들도 상당수 있었다."라고 말했다.

헬렌의 집은 항상 사교의 중심이었다. "아이들이 모두 우리 집으로 놀러 왔다. 우리 집은 3자녀와 친구들의 중심이었다. 나는 그것이 즐거웠다. 어떤 엄마들은 내게 전화를 걸어 자기 자녀가 뭘 하고 있는지 묻곤 했다. 나는 '재미있게 놀고 있어요'라고 대답하곤 했다." 헬렌은 평범한 단계를 넘어섰다는 말을 들을 정도로, 자녀들과 함께 놀아주었다고 말했다. "나는 자주 그들 또래가 되었다. 함께 즐거운 시간을 보냈다. 나는 매우 자애로운 엄마였다."

마이클이 현재 위치에 오르는 데 헬렌은 구체적으로 어떤 도움을 주었을까. 헬렌은 "항상 마이클에게 '네가 하고 싶은 일을 찾아서 그 일에 집중하라'고 말해주었다. 그리고 '진실로 네 신념과 일치하고 네가 몰두하고픈 일을 해야 한다'고 강조했다."라고 말했다.

그러나 그녀는 마이클에게 음악가보다 구기 종목 운동선수가 되라고 강하게 권유했다. "마이클은 교회에서 노래 부르기 전까지는 음악에 몰두하지 않았다. 그때 한 신사가 내게 '그는 목소리를 어디서 타고 났나요?' 하고 물었다. 바보스럽게도 나는 '잘 모르겠어요'라고 대답했다. 그 후에 비로소 마이클이 음악적 훈련을 받았다."

종교는 마이클의 인생에서 아주 중요한 역할을 했다. 헬렌은 "우린 하나님을 믿는 가족이었다. 그리고 나는 자녀들이 필요로 하고 원하는 모든 자유를 허용했다."라고 말했다.

의사소통의 창구를 항상 열어 놓은 것도 헬렌의 자녀교육 방식의 핵심이었다. "나는 엄격한 엄마가 아니었다. 내가 자녀들을 무척 사랑한다는 사실을 그들이 알아주기를 원했다. 또 그들이 한 일은 무엇이든 내게 말할 수 있기를 원했다. 더 중요한 것은 비록 의견이 서로 다른 경우에도 내가 그들을 이해하려고 노력한다는 점이다."

어린 시절은 안전하게 뭔가를 탐색하는 시기라는 것이 헬렌의 신념이었다. "나는 그것이 배움의 과정인 한 아이들이 원하는 것을 항상 하도록 격려했다."

그러나 다른 엄마들과 마찬가지로, 헬렌은 아들의 결정 능력을 깊이 신뢰하면서도 마이클에게 조심하라는 말을 잊지 않았다고 했다. "마이클은 종종 내가 염려하는 장소로 놀러 가곤 했다. 나는 마이클이 똑똑해서 위험을 피하는 방법을 알고 있을 것이라고 생각했다. 그러나 신뢰가 중요했기에 마이클이 엄마의 이런 마음을 알아주기를 원했다."

마이클이 현재 위치에 오른 데 대해, 헬렌은 느긋하고 마음을 여는 교육으로 도움을 주었다고 말했다. "나는 마이클을 세상으로부터 격리시키지 않았다. 그는 놀라운 장소들을 많이 경험했기 때문에 매우 지적이다." 그 증거가 헬렌에게 현실로 나타났다. 마이클이 자신의 CD 〈틸 디 엔드 오브 타임〉(Till the End of Time)을 엄마에게 헌정한 것이다.

성공 법칙을 어떻게 가르쳤을까. 헬렌은 엄마들에게 조언한다. "자녀가 무슨 일에 관심을 갖든 격려해 주라고 말하고 싶다. 자녀의 얘기를 경청하고 '내년에는 애가 다른 일에 관심을 갖겠지' 하고 생각지 않는 것이 무척 중요하다. 경청이야말로 정말로 중요하다. 내가 그렇게 했다. 자, 내 아들을 보라! 어떤 결과가 나왔는지를."

매년 올해의 목표를
적어 놓게 했다

로버타 쉴즈
가수 크리스토퍼 브릿지 아카 루다크리스의 엄마

음악팬에게 루다크리스로 알려진 크리스토퍼 브릿지 (Christopher Bridges Aka Ludacris)의 엄마 로버타 쉴즈 (Roberta Shields)가 엄마들에게 주는 중요한 조언은 다음과 같다. "자녀들로부터 배워라. 그들은 당신에게 가르쳐 줄 것이 많기 때문이다." 그녀는 아들이 운영하는 재단의 회장이며 부동산 소유 회사와 항공 회사를 포함한 크리스 벤처 기업들의 최고운영책임자이다.

1999년 크리스는 첫 독립 앨범 〈인코그니그로〉(Incognegro)를 발표했다. 이 앨범은 5만 장 이상 팔렸다. 1년 뒤인 2000년에는 데프잼 레코드(Def Jam Recordings)사와 계약을 맺고, 유명세를 안겨준 〈백 포 더 퍼스트 타임〉(Back for the First Time)을 발표했다. 또 그는 미시 엘리어트(Missy Elliott), 50 센트(Cent), 부스타 라임스(Busta Rhymes),

에미넴(Eminem) 등 여러 힙합 스타들과 함께 공연했으며 공연여행을 하기도 했다.

2001년 12월에 크리스는 젊은이들이 꿈을 실현하도록 돕는 비영리 단체 루다크리스 재단을 공동으로 설립했다.

그는 〈로 앤 오더〉(Law & Order), 〈새터데이 나잇 라이브〉(Saterday Night Live), 〈레잇 나잇 위드 코난 오브라이언〉(Late Night with Conan O'Brien), 〈투나잇 쇼 위드 제이 레노〉, 〈레잇 쇼 위드 데이빗 레터먼〉, 〈오프라 윈프리 쇼〉, 〈지미 키멜 라이브〉(Jimmy Kimmel Live), 〈토털 리퀘스트 라이브〉(Total Request Live), 〈데일리 쇼〉 등에 특별 출연했다.

그리고 영화 〈분노의 질주〉(The Fast and Furious), 〈허슬 앤 플로우〉(Hustle N' Flow), 오스카상을 받은 〈크래쉬〉(Crash) 등에 주연으로 출연했다. 잡지 틴 피플(Teen People)은 2002년에 크리스를 '25세 이하에서 가장 인기 있는 25인의 스타' 중 한 명으로 꼽았다.

또 2007년 베스트 랩 앨범 〈릴리스 세러피〉(Release Therapy), 베스트 랩 송 〈머니 메이커〉(Money Maker) 외에도 2005년 어셔(Usher), 릴 존(Lil Jon)과 함께 만들어 그래미상을 받은 히트 앨범 〈예〉(Yeah)로 음악적 찬사를 받았다.

그는 외동딸의 자랑스러운 아버지이다.

로버타에게 자녀교육은 언행일치를 가르치는 것이었다. 부모가 자녀에게 요구하는 것과 부모 자신에게 요구하는 것이 일치함을 보여주는 것이다. 부모는 진실로 자녀들의 생각과 감정을 존중해야 한다.

그러면 그에 상응하는 보답이 따른다는 것이다.

이를 위해 로버타는 아들이 어떤 결론을 내리기 전에, 아들의 생각을 공유할 수 있도록 기회를 주었다. "나는 항상 정확성을 요구하는 질문 대신 자유 해답식 질문을 하려고 노력했다. '여기서 무슨 일이 있었니?' '네가 이 일을 했니?' 와 같은 질문 대신 '내가 도착하기 전에 여기서 무슨 일이 있었는지 좀 말해 다오' 라는 식으로 말했다."

또 로버타는 크리스에게 성공은 성취뿐 아니라 끈기와 관련 있다는 점을 보여주려고 노력했다고 말했다. "아버지는 내게 실패는 좌절이 아니라 재기하는 것이라고 가르쳤다. 그래서 나는 위험을 무릅쓰는 것이 매우 중요하다는 믿음을 가지고 있었다."

로버타가 배운 자녀교육의 소중한 교훈 중 하나는 자녀가 스스로 자신의 날개를 시험해 보고 스스로 실수해 보게 하는 것이었다. "크리스가 6살 때 내게 와서 '엄마, 이번 대회에서 우승할래요' 라고 말했다. 나는 '크리스가 질 경우에는 어떻게 해야 하나' 라는 생각에 불안감을 느꼈다. 그런데 4일 뒤 크리스가 다시 와 '맨디도 좋은 아이디어를 가지고 있어요. 그녀가 우승할지도 몰라요' 라고 말했다. 부모가 느끼는 불안감을 반드시 자녀가 갖게 할 필요가 없다는 사실을 깨달았다."

크리스가 자신감을 키우고 오늘날 차트의 정상에 오른 것은 자신을 독자적 개인으로 이해한 덕분이었다. "나는 아들이 그 점을 잘 이해하리라고 확신했다. 가끔 부모들은 자녀가 상처 받을 일에 대해서도 준비하기를 원한다. 마찬가지로 아프리카계 미국인 부모는 자녀가 추잡한 상황에 대비하기를 원할 것이다. 그러나 나는 시간적 여유를 갖고 듣기만 하는 법을 배웠다. 내 경험이 내 자녀의 경험이 되지 않을 수도 있기 때문이다."

로버타는 자녀에게 추상적인 것보다 구체적인 목표와 꿈을 적극 권장했다. "우리는 항상 목표에 대해 얘기를 나눴다. 그리고 크리스가 8살 이후 대학 2학년생이 될 때까지 매년 올해의 목표를 적어 놓게 했다."

이런 행동은 확실히 좋은 결과를 낳았다. 특히 크리스가 성장함에 따라 더욱 그랬다는 것이다. 로버타는 "그는 잘 훈련되고 목표 의식이 확실했다. 그는 계획을 가지고 있었다. 많은 젊은이들이 어떤 것을 원하지만 그것을 성취하는 방법을 모른다. 하지만 크리스는 일찍부터 그 방법을 알았다."라고 설명했다.

로버타는 크리스가 원하는 곳으로 갈 수 있는 구체적 방법을 찾도록 도왔다. 그것이야말로 그녀가 생각한 엄마의 역할이었다. "나는 단순히 음악가가 되라고 격려하지 않았다. 대신 '이제 음악 수업을 받아 볼래?' 하고 말했다. 그의 재능을 계발해 주는 활동에 참여하도록 격려하고 지원했다." 오늘의 크리스가 있게 된 데에는 여러 요인들이 있다. 로버타는 그 중에서도 특히 이 방법의 힘이 컸다고 밝혔다. "그는 음악에 집중했으며 비슷한 친구들을 사귀게 되었다." 그리고 그것은 우연이 아니었다.

10대 자녀를 둔 다른 엄마들과 마찬가지로, 로버타는 자녀의 삶에서 친구가 갖는 중요성을 재빨리 간파했다. 그녀는 아들이 다닌 학교 교장 선생님의 말을 가슴 깊이 새겼다고 말했다. "당신 자녀의 인생에 가장 큰 영향을 미치는 사람은 친구들이다."

로버타는 아들의 친구들에 대해 알기 위해 많은 노력을 했다. "나는 매달 아들의 친구 모두에게 점심을 대접했다. 우리는 그들의 관심사와 생활에 대해 얘기 나누곤 했다." 로버타는 "친구의 중요성을 이해했으며 이를 크리스도 알게 했다. 친구는 자녀가 목표와 꿈을 인식하도록 도와준다. 그들은 모든 면에서 자녀에게 도움을 주는 사람들이다."라고 말했다.

사실 그녀가 아들의 장래 성공에 대해 뭔가를 구체화했던 것은, 아들의 친구들과 함께 있었을 때였다고 말했다. "크리스가 11살 때 그의 친구들과 함께 스튜디오에 갔다. 그때 나는 아들이 음악과 깊이 관련된 예술가 겸 제작자이며, 그 방향으로 가고 있다는 사실을 깨달았다.”

로버타는 포춘지가 선정한 100대 기업에 속하는 프레디맥(Freddie Mac)사의 여성 사업가이다. 그녀는 자신을 타인의 재능을 잘 계발하는 사람이라고 했다. "많은 직원들을 거느렸을 때에도, 나는 부하 직원의 승진 비율이 가장 높은 사람이었다. 나는 동기부여자라고 생각한다. 특히 사람들이 내면으로부터 동기를 계발하도록 가르쳤다.”

로버타는 그렇기 때문에 자신을 가장 잘 표현하는 말은 ‘엄마’ 보다는 ‘계발자’ 라고 했다. “자녀교육은 계발, 동기부여라고 생각한다. 그리고 우리가 살면서 가장 많이 이기는 동시에 가장 많이 져야 할 대상은 책임이 가장 많은 사람 즉, 자기자신이다. 자녀가 이 사실을 깨닫도록 돕는 것이 매우 중요하다.”

크리스가 삶의 많은 부분을 자선사업에 할애한 것은 별로 놀랄 일이 아니다. 어떤 사람은 필연이라고 말할지도 모른다. 자선사업은 크리스의 가족 모두에게 친근한 일이기 때문이다. 로버타는 “내 할머니가 가게를 했다. 할머니는 돈 없는 사람에게 외상을 주기도 했으며, 다음 번에 그들이 옥수수 한 되를 가져 오기도 했다. 이 사례는 능력있는 위치에 있는 사람은 그렇게 해야 한다는 것을 보여주는 것이다. 오늘날 크리스의 모든 팀이 그렇게 하고 있다. 크리스 재단은 젊은이들에게 기회를 주기 위해 설립됐다.”라고 말했다.

로버타는 크리스가 지금 갖고 있는 모든 것이 없어도 변함없이 지금처럼 자선활동을 할 것이라고 말했다. “돈은 단지 크리스가 자선활동을 다음 단계로 발전시키게 해 주었을 뿐이다.”

로버타는 크리스의 성공에는 종교의 영향이 컸다고 했다. "우리는 신앙심이 강했으며, 매주일 교회에 나갔다. 종교는 우리 생활의 일부였다." 이는 로버타의 성장과정에서 비롯된 것이기도 하다. 로버타는 "내 부모님은 내게 신의 중요성, 도덕적 가치, 교육의 중요성 등을 가르쳤다. 그것은 우리의 가족적 가치였다. 나는 '사람은 약한 마음 때문에 약해지는 것이다' 는 말을 항상 들었다."라고 말했다.

로버타는 성공과 성취에 대해 유연한 생각을 가지고 있다. "나는 항상 크리스가 최선을 다하기를 기대했다. 나는 'A를 받아라' 고 말하곤 했다. 하지만 '힘들게 받은 C' 가 '어느 날 쉽게 받은 A' 보다 더 낫다는 사실을 가르쳐 주었다." 그러나 그것은 로버타가 평범함을 인정하고 수용했다는 뜻이 아니다. 그녀는 "부모님이 내게 말했던 것처럼 나도 크리스에게 '우리는 평균적인 사람이 아니다. 나는 네가 평균 이상의 일을 하기를 기대한다' 고 말했다."라고 설명했다.

그녀에게는 항상 개인적 성숙과 발전이 학교 성적보다 훨씬 중요했다. "나는 크리스가 질문하고 관련 정보를 얻도록 격려했다. 그런 뒤 결론을 내리라고 말했다." 동시에 그녀는 개인적 책임감을 중시했다. "물론 나는 크리스가 다른 사람들의 기대를 이해하기를 원했다. 그러나 그보다는 자신의 기대에 따라 행동하기를 원했다."

로버타가 아들에게 준 지혜의 핵심은 무엇일까. 그녀는 "그것은 크리스에게 시각화하고 나서 실천하라고 말한 것이었다. 그리고 항상 네가 하는 일을 사랑하고, 사랑하는 일을 하라고 말했다."라고 압축했다. 독립심을 매우 중시한 엄마답게 로버타는 모든 것을 자신의 공로로 돌리지 않았다. "크리스는 스스로 책임감을 가지고 자신의 미래를 만들며 꿈을 실현하고 있다." 그러나 로버타는 아들이 그린 큰 그림의 어딘가에 자신의 역할이 있다고 본다. 그녀는 "사랑 받고, 부모의 지원을 잘 받고, 기름진 토양에서 자란 아이는 성공할 확률이 훨씬 크다."라고 말했다.

부모로서 자신을 한 문장으로 표현해 달라고 요청했다. 로버타는 "보호자, 교사, 멘토이며 아들이 자신의 미래를 스스로 만들어 가도록 돕는 엄마"라고 말했다. 이 말은 엄마의 역할에 대한 로버타의 생각을 압축한 것이다.

9

운동과 음악을
다양하게 체험하게 했다

마지 브링클리
배우 겸 모델 *크리스티 브링클리*의 엄마

마지 브링클리(Marge Brinkley)-슈퍼모델, 작가, 사진작가, 여배우이자 스타의 엄마인 크리스티 브링클리(Christie Brinkley)의 엄마-는 딸에게 "인생은 축복"이라고 가르쳤다. "나는 '유머를 갖고 겸손하게 원하는 대로 인생을 탐험하라. 그리고 실패를 두려워하지 말라'고 말했다." 이 현명한 엄마의 말을 내면화했기 때문에, 크리스티는 오늘날 자신의 모습인 '만능 교양인'이 될 수 있었다.

크리스티는 미국과 유럽의 500여 잡지에서 특집으로 다뤄졌다. 스포츠 일러스트레이티드지는 그녀를 모델로 한 달력을 만들어 판매 신기록을 세웠다. 그녀는 거의 모든 TV토크쇼에 출연했으며 커버걸(CoverGirl), 마스터카드(MasterCard), 다이어트 코크(Diet Coke)와 큰

계약을 맺었다.

또 그녀는 베스트셀러 책을 쓰고 디자인했으며, 100만 장 이상 팔린 빌리 조엘의 앨범 〈리버 오브 드림스〉(River of Dreams)의 표지 그림을 그렸다. 돈 킹(Don King, 권투 프로모터)의 권투 경기들 중 많은 경기에서 링 내부 사진작가로 활약했다.

크리스티는 단순히 얼굴이 예쁘다는 것 이상의 존재임을 보여 주었다. 마치 오브 다임스(March of Dimes, 아기들 건강을 위한 단체)와 메이크 어 위시(Make-a-Wish, 어린이를 위한 자선 단체) 재단에서 활발히 활동하고 있는 것이다. 그녀는 슬하에 세 자녀가 있다.

마지는 자신의 자녀교육 스타일과 관련, 딸을 전적으로 신뢰했다고 강조했다. 마지는 젊은 엄마였을 때부터 크리스티의 독립심을 키워주었다. 그 독립심은 크리스티의 성공에 결정적 요소가 되었다.

"18살 때 크리스티는 파리로 이사하기를 완강히 원했다. 남편과 나는 심사숙고한 끝에 이를 악물고 허락했다. 그 때문에 우린 거의 초죽음이 됐다. 그러나 결과는 아름다웠다. 크리스티는 파리에서 8년간 공부하며 일했다. 그 8년은 즐겁고 생산적인 시간이었다." 크리스티가 사진작가에게 '발굴' 된 것도 바로 그 시기, 파리에서 일러스트레이터로 일하는 동안에 일어난 일이다.

크리스티는 '발굴' 되기 전까지 캘리포니아주 말리부에서 부모, 오빠 그렉과 함께 살았다. 가족은 유대가 강하고 매우 친밀한 관계를 유지했다. 이는 크리스티의 성장 과정에 중요한 구성요소가 됐다.

마지는 매일 저녁 가족이 아늑한 식탁에 모여 함께 저녁 식사를 했다고 말했다. 그 자리에서 웃으면서 자신들의 최근 경험담을 서로 나누었다는 것이다. 또 마지는 "아이들은 거의 예상을 못해 놀라기도 했지만, 우린 자녀들을 샌프란시스코나 멕시코로 데리고 가 주말을 보내곤 했다. 우린 항상 사랑하는 가족 단위로 함께 여행을 했다."라고 말했다.

마지는 크리스티가 스스로의 속도에 따라 성장하도록 했다는 점을 강조했다. 그녀는 "크리스티는 생후 9개월에 걷고, 1년 만에 완전한 문장을 말했다."라고 했다.

그녀는 독서에 관해 "매일 낮잠 시간이나 잠자는 시간에 아이들에게 책을 읽어 주었다. 그리고 아이들이 책에 대해 건강한 생각을 갖도록 했다."라고 말했다. 마지가 강조한 또 다른 분야는 운동. "내 독려 덕분에 오늘날 딸이 A급의 수영 실력, 뛰어난 스키 능력, 최고 수준의 테니스 실력, 정열적인 암벽 등반 능력을 갖게 됐다. 돌차기 놀이도 아주 잘한다."

TV와 관련해서는 매우 엄격했다고 마지는 말했다. "남편은 수상 경력이 있는 TV 작가 겸 제작자로 일했고 지금도 일하고 있다. 따라서 아이들은 TV에 관해서는 독보적인 시각을 가졌다. 우리는 매우 신중하게 선택적으로 TV쇼를 보게 했다."

그러나 음악 등 다른 종류의 오락에 대해서는 훨씬 관대했다. 그녀는 "음악은 아이들의 삶에 중요한 요소였다. 재즈에서 포크, 클래식에 이르기까지 아이들이 모든 장르를 경험하도록 했다."라고 말했다.

크리스티가 자신의 길을 찾아가게 한 엄마의 자녀교육 철학은 무엇이었을까. 마지는 절대 크리스티의 놀이시간을 통제하지 않았다고 했다. "나는 놀이는 창조성의 한 형태라는 믿음을 가지고 있다. 그렇기 때문에 놀이는 절대 엄격하게 구성돼 있어서는 안 된다고 생각한다."

그 결과 크리스티는 성장하면서 매우 사교적이 되었다. 마지는 "크리스티의 친구들은 방과 후 많은 시간을 우리 집에서 보냈다. 주로 쿠키와 푸딩을 만들며 결국 부엌을 어지럽혔다. 모든 재료들이 준비돼 있었고, 아이들이 나머지 일을 한 것이다."라고 말했다.

마지는 그런 일들을 대수롭지 않게 받아들였다. 크리스티가 학교에서 집으로 돌아왔을 때, 빵 만드는 재료가 그냥 있었던 것과 같은 일로 생각했다. 혹은 학교의 모든 오픈 하우스 행사나 교사와의 비공식 미팅에 참석하는 것과 같은 일쯤으로 치부했다. 마지는 이런 것들이 평소 자신의 자녀교육 스타일의 중요한 구성요소라고 믿었다.

마지의 주요 관심사는 전문 분야보다는 인간으로서 크리스티의 성장이었다. "나는 크리스티가 어떻게 정직성과 신뢰, 자존감, 유머를 가지고 세상에 대처할 수 있을 것인가에 더 많이 신경을 썼다." 마지는 이 목표를 달성하기 위해 크리스티가 아침 잠자리에서 일어났을 때 박수 치는 그런 타입의 엄마는 아니었다.

실제로 마지는 칭찬을 조절했다고 했다. "정직성과 신뢰, 자존감을 북돋우기 위해, 칭찬이 절대적으로 필요할 때에만 크리스티를 칭찬했다. 그런데 크리스티가 너무 뛰어나 칭찬이 필요한 경우가 잦았다." 마지는 오늘날 크리스티의 성공과 관련해 "크리스티는 삶을 축복으로 여기는 확고한 열정을 가지고 있었다. 내가 아는 한 지금도 그렇다."라고 말했다.

마지 부부는 가치문제에 대해서는 엄격했다. 마지는 "우리는 우리 판단에 일치하는 행동을 하려고 노력했다. 이 점 때문에 자녀들이 우리를 존경했다."라고 말했다. 하지만 종교는 크리스티의 교육에서 비교적 '온건한' 역할─브링클리 가족은 전통적인 기존 종교를 따르지 않았다─을 했다. 대신 마지는 자녀들에게 "신은 우리 마음속에 있으며, 서로의 대한 우리의 사랑에 있다."라고 가르쳤다.

마지 부부는 크리스티가 재능을 계발하도록 항상 적극적으로 격려했다. "우리는 크리스티가 그림, 음악, 언어에 특별한 재능이 있다고 느꼈다. 우린 크리스티의 재능에 자극 받아 프랑스에서 고등학교를 다니도록 했으며 모든 유럽 여행비용을 부담했다. 지금 크리스티는 5개

국어를 말할 수 있으며 전 세계 어디를 가도 집에 있는 것처럼 편하게 지낼 수 있다."

마지는 크리스티를 '항상 크게 꿈꾸고 꿈을 실현하는 과정을 즐기는 사람'이라고 표현했다. "하지만 크리스티는 보호자가 필요할 때 우리에게 도움을 요청할 수 있다는 사실을 잘 알고 있었다." 크리스티가 놀랄만한 것들을 성취한 것은 바로 이 불간섭적인, 약간 특별한 자녀교육 스타일 덕분이었다.

마지는 요즘도 크리스티와의 믿을 수 없을 정도로 밀접한 관계를 유지하고 있다. 이 점에서 마지는 자신의 자녀교육법이 옳았다고 확신한다. "자녀들로부터 얼마나 많은 사랑과 존경을 받았는가 생각해보면, 내가 괜찮은 부모였다는 사실을 짐작한다."

10

항상 좋은
상담자가 됐다

산드라 케인
메이컵 예술가 *바비 브라운*의 엄마

바비 브라운(Bobbi Brown)—메이컵 예술가이자 바비 브라운 코스메틱스(Bobbi Brown Cosmetics)사의 설립자—의 엄마 산드라 케인(Sandra Cain)은, 딸에겐 특별한 뭔가가 있다는 것을 알고 있었다고 말했다. "바비는 분명히 창조적 재능이 있었다. 항상 노래하고 춤췄다. 그리고 오래된 내 화장품으로 인형과 자신을 화장하는 것을 무척 좋아했다." 산드라는 바비가 이 예술적 재능으로 전 세계 20개국 이상, 400개 이상의 가게에서 팔리는 제품의 생산라인을 만들 것이라고는 상상도 못했다.

바비는 자신의 메이컵 혁명을 한 움큼의 립스틱과 한 가지 간단한 철학을 가지고 1991년 시작했다. 그 철학은 '여성은 단지 더 예쁘고, 더 자신만만하게 보이기를 원한다'는 것이다. 그녀는 자신의 화장품

(단지 10개의 갈색 계통 립스틱) 진열대를 뉴욕시의 버그도르프 굿맨 (Bergdorf goodman) 백화점에 처음 개설함으로써 꿈의 구현에 나섰다.

바비는 〈투데이〉, 〈뷰〉(View), 〈오프라 윈프리 쇼〉와 같은 TV 프로그램에서 자신의 화장법에 대해 조언하고 강의했다. 이로써 최고 미(美) 전문가의 한 사람으로서 자신의 입지를 확고히 했다.

그녀의 막후 활동은 뉴욕시의 패션쇼에서도 드러난다. 배즐리 미슈카(Badgley Mischka)에서 매튜 윌리엄슨(Matthew Williamson)에 이르는 디자이너들과 함께 하는 「붉은 옷과 진실된 마음」(Red Dress "Heart Truth", 미국 여성들의 심장병 인식 제고 행사)의 패션쇼에서 런웨이 메이컵을 담당하고 있다.

바비는 메이컵 브러시만큼이나 펜에도 익숙하다. 10대에서 그들의 할머니에 이르는 고객들을 위해, 뉴욕타임스를 통해 베스트셀러 책과 조언 칼럼들을 썼다. 바비가 가장 최근에 쓴 뉴욕타임스 베스트셀러 〈바비 브라운 리빙 뷰티〉(Bobbi Brown Living Beauty)는 2007년에 출간됐다.

또 그녀는 혜택 받지 못한 여성들을 돕는 제인 애덤스(Jane Addams, 미국 여성 최초 노벨평화상 수상자) 실업고등학교와 드레스 포 석세스(Dress for Success) 활동에도 참여하고 있다. 바비는 결혼해 슬하에 세 아들을 두었다.

산드라는 자신이 중상류층 가정 출신이라는 점이 바비의 교육 방식에 영향을 미쳤다고 말했다. 그 같은 성장 배경이 자신의 끈기를 길러 주었으며, 자녀교육 스타일도 정했다는 것이다. "내가 가졌던 것보다 더 나은 것이 아니라 해도, 적어도 그것과 동일한 기회와 물건들을 바비가 갖기를 원했다."

이를 위해 산드라는 임신 중에도 아버지 회사에서 비서로 일했다. 그녀는 "바비를 낳기 전에 2주 반 정도 쉬고, 출산 후 2달 반 정도 휴가를 가졌다. 당시 아버지는 사업이 기울고 있어 내 도움을 필요로 했다. 나는 결국 직장으로 복귀해야 했다."라고 말했다.

오늘날 많은 부모들과 마찬가지로 산드라는 요술쟁이처럼 분주한 생활을 했다. 산드라는 "아침 6시에 일어나 바비에게 젖을 먹이고, 남편 아침상을 차렸다. 그리고 운전해서 남편은 학교로 보내고, 바비는 친정에 데려다 주었다. 그리고 9시까지 출근했다."라고 말했다.

산드라는 바비가 정상적인 성장속도를 보였으나 걸음이 늦었다고 했다. 이 때문에 걱정하기도 했다는 것이다. "바비는 생후 9개월 정도에 기기 시작했다. 12개월 정도에 말했으나 14개월 정도까지 걷지 못했다. 그래서 의사들에게 문의했더니 걱정하지 말라고 했다. 의사들은 '바비가 걸으려고 할 때 손을 잡아줘서 도와주라' 고 말했다."

이 말은 그들 모녀 관계를 설명하는 하나의 비유가 되었다. 산드라는 바비가 성장한 뒤에도 장애물을 극복할 수 있도록 손을 잡아 주곤 했다.

독서는 중요한 일과였으며 바비와 엄마를 묶어주는 행사였다. 산드라는 "자기 전까지 바비에게 가능한 한 많은 책을 읽어 주었다. 딸이 가장 좋아한 책은 디즈니 책들과 모든 고전 전래 동요였다."라고 말했다. 독서는 음악으로 연결됐다. "바비는 2살 때 스스로 전래 동요들을 부르기 시작했다. 모든 멜로디를 따라할 줄 알았다." 이것이 산드라가 바비와 뭔가를 함께 하는 방법이었다.

이 방법은 놀이시간에도 적용됐다. "가끔 나는 놀이를 만들었다. 우린 마루에 앉아 공을 앞뒤로 돌리는 놀이를 하곤 했다. 바비는 성장함에 따라 카드놀이, 막대 뽑기 놀이, 슈츠 앤 래더스(Shoots and Ladders) 게임, 모노폴리(Monopoly) 게임을 무척 좋아했다."

산드라는 딸의 놀이에 대해 크게 신경 쓰지 않은 편이었다고 했다. "바비가 어렸을 때 우리 집 뒤뜰에 철제 놀이시설과 회전목마가 있었다. 딸 친구들도 놀러와 오후 시간을 보내곤 했다." 산드라는 학원 교습도 딸에게 강요하지 않았다. "9살 때 바비를 발레 교습에 등록했다. 그러나 선생님이 방송에 나온 대로 신데렐라 부분을 취보라고 하자 바비는 그만두어 버렸다."

산드라는 아주 특정한 분야에서는 바비를 격려했다. 그녀는 "바비에게 사교적이 되라고 격려했다. 그래서 바비는 이웃에 친구들이 많았다. 바비는 항상 주위 사람들과 잘 지냈다."라고 설명했다.

바비는 좋은 학생이어서 산드라는 그녀에게 좋은 성적을 받으라고 독려할 필요가 없었다. "바비는 스스로 높은 기준을 가지고 있었다. 항상 이례적으로 좋은 성적표를 받아 왔다. 내가 유일하게 해 준 말은 그녀의 삶을 무엇인가로 만들라는 것이었다."

그러나 산드라는 딸을 응석받이로 기르지 않았다. 대신 도전적인 태도를 가지도록 했다. "바비가 당황스러운 일을 당했을 때, 나는 그것을 기회로 삼아 그녀를 성숙시키려고 노력했다. 약간 격려해 준 뒤 그것이 무엇이든 그 일을 다시 시도하게끔 내보내곤 했다." 바비는 온순한 사람이 하기 힘든 사업을 하면서 이 가르침으로부터 큰 도움을 받았다.

산드라는 "나는 항상 자녀 일에 깊이 관여했다. 자녀의 성적을 알아보기 위해 학교를 찾아가 교사와 대화하는 부모였다."라고 말했다. 또 그녀는 점심시간에 학교 식당 일을 돕기 위해 자녀 학교를 방문했다. 그녀는 "그때 자녀들에게 예의바르게 행동하라고 말하곤 했기 때문에 그들이 당황해 했다."라고 말했다.

산드라 부부는 결혼 15년 만에 이혼했다. 그러나 그녀는 자녀들이 두 집을 오가야 했지만 안정감은 유지됐다고 했다. "자녀들이 학교 가는 날이면 우리는 거의 매일 저녁식사를 함께 했다. 주말은 나와 아빠를 번갈아 가며 함께 보냈다. 자녀들이 나와 함께 할 때에는 뒤

뜰에서 수영하고 바비큐 요리를 하면서 많은 시간을 보냈다."

산드라는 이혼 후에도 가족관계가 손상되지 않은 것은 자녀들이 새 남편 노티와 매우 좋은 관계를 유지했기 때문이라고 했다. "우린 매우 견고한 가족 유대를 지탱할 만큼 운이 좋았다. 자녀들은 노티와 좋은 관계를 유지했다."

바비가 나이 듦에 따라 모녀 관계도 본질적으로 변했다. 산드라는 바비가 행복하지 못할 때 문제 해결에 도움을 주는 공명판 역할을 했다고 했다. "대학생 때 바비가 자퇴를 심각하게 고려한 시기가 있었다. 바비는 학생들이 파티를 너무 자주 하는 것을 좋아하지 않았다. 자신의 학급도 좋아하지 않았다. 나는 바비에게 '오늘이 네 생일이이어서 원하는 것은 무엇이든 할 수 있다면 무엇을 하고 싶으냐?'고 물었다. 바비는 '메이컵 일을 해보고 싶다'고 말했다. 상당한 검토 끝에 바비는 보스턴의 에머슨 대학에 다니기로 결정했다."

자녀와 열린 대화 통로를 잘 닦아 놓는 것은 자녀교육의 중요한 요소였다. 그것은 딸이 자신의 목표를 실현하도록 돕는 길이기도 했다. "하루는 바비가 전화를 걸어왔다. 비키니를 입은 소녀들과 국부 보호대를 한 남자들에게 바디 메이컵을 해야 하는데 마음이 썩 내키지 않는다는 것이었다. 나는 바비에게 단지 그들은 마네킹에 지나지 않는 것처럼 행동하라고 말해 주었다."

산드라의 자녀교육 신조는 바비가 관심사를 찾도록 도와주고, 그 관심사를 추구하도록 격려하는 것이었다. 그럼에도 불구하고 산드라는 바비가 지금처럼 유명해질 것이라고는 꿈도 꾸지 못했다고 말했다. "나는 자주 바비에게 좋은 일을 지속적으로 하라고 말했다. 또 진정으로 하고 싶은 일을 하면 모든 일이 제 자리를 찾을 것이라고 말했다."

11

독서와 운동을
열심히 시켰다

바바라 부시
조지 W. 부시 전 대통령과 젭 부시의 엄마

미국서 가장 존경 받는 여성의 한 사람인 바바라 부시 (Barbara Bush)는 자신이 위대한 엄마라고 생각해 본 적이 없다고 했다. 그러나 그녀는 가장 성공한 다섯 자녀의 엄마로서 올바른 뭔가를 했음이 분명하다.

가장 주목 받는 아들은 텍사스 주지사와 제43대 미국 대통령을 지낸 조지 W. 부시(George W. Bush)이다. 이밖에 플로리다 주지사를 2번이나 한 저명한 정치인 젭(Jeb Bush), 성공적인 사업가 닐과 마빈, 자선사업에 헌신해 온 딸 도로시가 있다. 이들은 모두 결혼해 자녀를 두고 있다.

21살의 젊은 엄마였던 바바라는 둘째 로빈(딸)을 4번째 생일 전에 백혈병으로 잃는 비극을 겪었다. "비록 그녀를 아는 사람은 조지 W.

뿐이었지만 딸의 죽음은 5자녀 모두에게 영향을 미쳤다."

바바라는 그 경험을 동정심의 원천으로 삼았다. 그녀는 "로빈 때문에 조지와 나는 살아 있는 모든 것을 더 사랑한다."라고 말했다. 그런 동정심을 보아온 조지 W.가 '온정적 보수주의'를 자신의 정치 강령으로 삼은 것은 결코 우연이 아니었다.

바바라는 자신의 자녀교육 방식에 대해 '무조건적인 사랑과 열정적인 격려'처럼 단순했다고 말했다. 그녀는 종교적 시각을 통해 삶, 특히 자신의 가족을 바라보았으며, "부모로서 우리는 자녀가 주는 축복이 무엇인가를 알았다."라고 말했다. 부시 가족에게 종교는 삶의 핵심이었을 뿐 아니라 조지 W.의 성격과 정치 경력을 형성한 가치였다.

바바라는 "우리 식구들은 비록 열렬한 신자는 아니었지만 종교는 우리에게 큰 도움이 되었다. 가끔 아이들의 불평도 있었지만 매주 일요일 우리 식구는 모두 교회에 다녔다."라고 말했다. 그녀는 종교는 자신들의 일상생활과 결합돼 있었다고 설명했다. "어린 시절 나와 남편 가족이 그랬듯이, 우리는 한 가족으로서 식사를 함께 했다. 그리고 식사 전에 감사 기도를 올렸다."

식구들이 함께 하는 것은 부시 가족에게 가장 중요한 것이었다. 아버지 부시가 했던 것처럼 매년 여름 워커스 포인트로 조부모를 방문할 때에도, 매일 저녁 함께 식사할 때에도, 가족은 부시 가문의 중심이었다. 바바라는 "자녀들은 항상 그들을 위해 존재하는 거대한 확대가족과 함께 성장했다."라고 말했다.

그녀는 둘째 로빈이 사망한 뒤부터 주중에는 다른 사람의 도움을

받았다고 했다. "46년 전 우리 집에 들어온 멕시코 출신 아줌마가 아직도 우리와 함께 산다."

엄마는 자녀들의 진로 선택에 어떻게 영향을 미쳤을까. 바바라는 "정치가 자녀들의 삶의 최전선에 있었다. 하지만 나는 그들이 정치에 입문하도록 어떤 압력도 행사하지 않았다."라고 말했다. 아버지 부시는 44년의 정치 경력을 상원의원, UN 대사, 공화당 전국위원회 의장, CIA 국장, 그리고 부통령과 대통령으로 보냈다. 그녀는 "우리는 자녀들에게 자신이 원하는 것이면 무엇이든 좋다고 말했다."라고 설명했다.

바바라는 성공과 공적 봉사에 대한 자신의 생각을 실천하며 자녀들에게 모범을 보였다. "내게 성공은 자신의 일에서 행복을 얻고, 다른 사람을 배려하며, 다른 사람을 돕고, 가진 것을 공유하는 것이다." 따라서 그녀의 두 자녀가 공직 봉사를 하고 한 명이 자선사업에 헌신한 것은 당연한 논리적 귀결이다.

바바라가 특히 적극적으로 자녀들에게 권한 것은 독서였다. 읽고 쓰기는 바바라가 좋아하는 일이어서, 그녀는 매일 밤 자녀들이 자러 가기 전에 책을 읽어 주었다. 그리고 조지 W.와 다른 세 아들에게 운동을 시켰다. 그것은 단지 놀이만을 위한 것은 아니었다. 그녀는 "아이들은 친구들과 함께 많이 운동하고 인근 지역에서 달리기를 했다."라고 말했다.

그러나 부시 집안이 전적으로 자유로웠던 것은 아니었다. 바바라는 집에서의 생활은 스케줄에 따라 이루어졌다고 말했다. "아이들은 잠자는 시간이 정해져 있었다. 어린 시절에는 남편과 나 둘 중 한 사람이 책 읽어주기를 마치면 불을 껐다."

엄마는 자녀들에게 어떤 기대를 했을까. 바바라는 "5자녀 모두 부모가 학교에서, 그리고 타인과의 관계에서 잘 하기를 기대한다는 사실을 알았다. 그들은 남편과 내 인정을 받으려고 열심히 노력했다."라고 말했다.

또 그녀는 자녀들의 독립심을 키워 주려고 노력했다고 했다. "아이들은 학교 숙제를 해야 했다. 그들이 요청하지 않으면 우린 도와주지 않았다."

바바라는 매사를 확실히 하는 방법—조지 W.가 백악관까지 가지고 간 관리법—을 사용했으며 짧고 핵심을 찌르는 미팅을 즐겼다. "텍사스주 미들랜드에서 휴스턴으로 이사했을 때, 나는 호루라기를 가지고 있었다. 식사 시간에 아이들이 이웃에서 놀고 있으면 그것을 불었다. 내 어머니와 마찬가지로 나는 엄한 엄마였고 남편은 아이들이 좋아하는 아빠였다."

가족이 항상 옮겨 다녔기 때문에 바바라는 엄한 엄마였을 뿐 아니라 가족의 중심이었고 균형자였다. 44년에 이르는 남편의 정치 경력 기간 동안 바바라와 가족은 29번이나 이사를 했다.

그 와중에 바바라는 강한 뿌리와 친구와의 유대를 지키려고 항상 노력했다고 했다. "우리는 아주 친한 친구들이 많았으며 지금도 그들과 친하게 지낸다." 사실 바바라 부부가 중국에 가 있었을 때 자녀들 중 일부를 데리고 있었던 사람도 친구들이었다. 그 덕분에 그들은 무사히 학기를 마칠 수 있었다.

최고로 성공한 다섯 자녀를 어떻게 길렀을까. 바바라는 "무조건적인 사랑을 주고, 우리가 할 수 있는 최상의 교육을 제공하며, 우리가 가능한 한 가장 좋은 본보기가 되려고 노력한 것"이라고 간단히 설명했다. 그 본보기는 바바라의 말대로 '우리와 서로에게 매우 친밀한, 사랑할 줄 알고 사려 깊은 다섯 아이들'을 키우는 데 도움이 되었다.

항상 이웃 아이들이
집에 와 놀게 했다

마샤 체리
〈위기의 주부들〉 제작자 *마크 체리*의 엄마

〈위기의 주부들〉(Desperate Housewives)의 제작자 마크 체리 (Marc Cherry)의 엄마인 마샤 체리(Martha Cherry)는, 극중 인물 브리(Bree)는 어느 정도 자신을 모델로 했다고 말했다. 그녀는 "가령, 우리는 둘 다 매너를 강요하며 사람들에게 사회적으로 올바르게 처신하라고 독려한다."라고 말했다.

마크는 시트콤 〈디자이닝 위민〉(Designing Women)의 개인 조수로 출발해, 1991년 히트한 시트콤 〈골든 걸스〉(Golden Girls)의 작가 겸 제작자가 됐다. 이후 마크는 1994년에 〈파이브 미시즈 뷰캐넌스〉 (Five Mrs. Buchanans)를 제작했으며 1995년 〈크루〉(Crew), 2001년 〈섬 오브 마이 베스트 프렌즈〉(Some of My Best Friends) 같은 다른 시리즈물에서도 일했다.

2004년 ABC방송이 그의 시리즈물 〈위기의 주부들〉 방영을 결정했다. 이 프로그램은 즉각적인 성공을 거뒀으며, 미국 시청자들로부터 늘 1, 2위에 꼽혔다. 〈위기의 주부들〉은 영화배우조합상(Screen Actors Guild Award), 관객상(People' s Choice Award), 골든 글로브와 에미상을 받았다.

그는 최근 동성애자들의 정치단체인 로그 캐빈 리파블리컨스(Log Cabin Republicans)로부터 표창을 받았다. 또「로스앤젤레스 게이 앤 레즈비언 센터」에서 활발히 활동하고 있다.

세 자녀 중 맏이였기 때문에 마샤는 마크에게 가장 엄격했다고 말했다. "그런데 오래지 않아 내가 지나치다는 사실을 깨달았다." 마샤는 "나는 모든 전래 동요들을 읽었으며 우린 어린이용 성경책을 가지고 있었다. 집에 큰 안락의자가 있어 아기는 내 무릎에, 나머지 둘은 안락의자에 앉히곤 했다. 그리고 그들에게 성경책의 이야기를 읽어주었다."라고 말했다.

마샤는 마크에게는 더 많은 옥외 활동이 필요하다는 것을 직감적으로 알았다. 그래서 마크를 탁아 시설에 등록했다. 마샤는 마크의 어린 시절에 대해, 자신의 절친한 친구들 사이에 굳건한 상호 지원 시스템이 형성돼 있었다고 했다. "나와 친구들은 모두 같은 시기에 아기를 가졌기 때문에 자녀들은 함께 놀면서 함께 자랐다. 우리는 이런 관계를 수년간 지속했다."

마샤는 자신의 집을 인근 아이들의 사교 중심지로 활용하도록 권장했다. "한번은 마크가 내게 '주변에 아이들이 너무 많으면 귀찮지

않느냐'고 물었다. 나는 '그러면 네가 누구와 함께 있는지 알기 때문에 절대 그렇지 않다'고 답했다."

마샤는 자녀교육 방법과 관련, 강압은 자신의 스타일이 아니라고 했다. "나는 마크에게 '무엇을 하든 그것은 네 선택에 달렸다'고 말했다. 나는 모든 사람은 어떤 재능을 가지고 있다고 믿는다. 따라서 나는 마크에게 '네가 잘하는 것을 찾아내라, 그러면 다른 것들은 앞뒤가 들어맞을 것'이라고 말했다." 이 모든 일들은 칭찬과 격려로 이루어졌다. "나는 무슨 일이든 마크를 억누르는 것은 옳지 않다고 믿었다. 부모의 목표는 자녀의 자존감을 키워주는 것이다."

아들의 경력에 비춰 볼 때 놀랍게도, 마샤는 자신은 물론 자녀들도 TV를 보지 않았다고 했다. 그녀는 "낮에는 너무 바빴다. 그리고 결코 멜로드라마를 보지 않았다."라고 말했다.

유대가 긴밀한 다른 가족과 마찬가지로 체리 가족은 주말을 함께 보냈다. "우리는 영화 보러 가기도 하고, 교회가 끝난 뒤 식사 하러 아이들을 데리고 나가기도 했다. 주중에는 저녁 먹으러 나가곤 했다. 마크는 좀 크면서 리틀 리그에서 운동했다. 나는 그가 테니스를 배우도록 배려했다. 그는 우리와 함께 모든 곳을 다 다녔다."

마샤는 비록 〈위기의 주부들〉에서 가장 엄격한 캐릭터인 브리가 어느 정도 자신을 모델로 했지만, 자신은 훨씬 더 관대했다고 했다. "나는 일일이 통제하려고 하지 않았다. 자녀가 셋이어서 그것이 불가능했을 것이다. 나는 그들이 싸우지 않게 하려고 애썼다. 마크와 딸 메간은 내가 가장 좋아하는 표현은 '즐겁도록 노력하자' 라고 항상 말한다."

마샤는 엄마로부터 물려받은 가치 있는 지혜를 자녀들에게 전했다고 했다. "나는 엄마가 내게 말한 것을 항상 마크에게 말해 주었다. 엄마는 '질투란 헛수고다. 나보다 더 잘 나고, 돈이 더 많고, 더 똑똑한 사람은 항상 있게 마련이다. 따라서 네가 잘 할 수 있는 재능을 찾아라, 그러면 다른 것들은 다 제자리를 찾아갈 것이다' 고 말했다."

마샤는 남편의 직장 때문에 가족이 홍콩, 이란, 기타 해외로 이사해 살았다. 이런 사실에 비춰 봐도 마샤가 '위기의 주부들' 이었다고는 하기 힘들 것이다. 11살, 12살, 13살짜리와 함께 한 이란 생활에 대해 마샤는 "나는 이란에서 애들을 태우고 운전한 첫 여성이었다. 나는 아이들을 수영 연습 하는 곳까지 차로 데려다 줄 수 있기를 원했다."라고 말했다. 마크는 홍콩, 이란 등 전적으로 다른 곳에서의 생활로 문화적 다양성을 경험했다.

마샤는 박물관 방문과 다른 활동으로 이런 경험들을 보강하게 했다. 마샤는 "그것은 결코 강요에 의한 것이 아니었다."라고 말했다. "우린 매일 박물관에 가지는 않았다. 그리고 우리 집에는 항상 책이 있었다. 사실 우리 집은 책이 가득했다." 마샤는 "마크가 자신을 가장 많이 성숙시킨 것을 미스터리 책들 덕분으로 생각한다."라고 했다. 따라서 〈위기의 주부들〉의 구성에 미스터리 요소가 있다는 것은 놀랄 일이 아니다.

학교생활과 관련해서도 마샤는 마크에게 강요하지 않았다고 했다. "우린 항상 숙제를 반드시 하도록 했으며, 마크가 잘한 일에 대해서는 많은 칭찬을 했다."

그녀는 마크가 약간 어두운 이야기를 썼을 때에도 그의 창조적 능력을 억압하지 않으려고 항상 신경을 썼다. "마크는 10살 때 나와 남편이 서로를 독살하는 내용의 이야기를 썼다. 나는 단지 재밌다고 생각했다. 다른 얘기지만 남편은 유머 감각이 탁월했다. 나도 유머 감각이 좋았다. 그래서 우린 항상 웃었다. 어떤 일도 심각하게 받아들이지 않았다."

결론적으로 마샤는 "나는 마크에 대한 신뢰를 잃지 않았다. 무슨 일이 생기든 그것은 한 번의 충돌에 지나지 않으며 모든 일이 잘 풀릴 것이라고 믿었다."라고 말했다.

'자녀의 창조성 계발과 관련해 다른 엄마들에게 어떤 조언을 해 주겠느냐?'고 물었다. 마샤는 "그것이 운동이든, 미술이든, 음악이든 모든 어린이는 누구나 재능을 가지고 있다. 부모는 그들에게 각각 가장 적합하면서 단 하나뿐인 방법으로 아이의 재능을 드러나게 해 주기만 하면 된다."라고 말했다.

마샤에게 그 일은 가끔 마크가 쓴 어두운 이야기를 격려해 주는 것이었다. 더 큰 것을 위해 단련 받고 있는 작은 새의 이미지에 사로잡힌 엄마, 마샤는 자신의 역할을 그런 엄마라고 생각했다.

"당신은 작은 새에게 나는 방법을 가르친다. 그런 다음 날게 한다. 나는 지나친 통제는 끔찍한 일이라고 생각한다. 자극을 주는 것이 아니라 질식시키는 것이라고 생각한다. 부모는 자신을 다스려야 하며 동시에 안정되어 있어야 한다. 나는 항상 안정적이기 위해 노력했다."

이에 덧붙여, 마샤는 "매너가 중요하다고 생각한다."라고 말했다. 이 말에는 브리도 확실히 동의할 것이다.

역경에 유연하게
대처하도록 가르쳤다

글래디스 클래시
「엘모」 제작자 *케빈 클래시*의 엄마

케빈 클래시(Kevin Clash)—〈세서미 스트리트〉(Sesame Street)의 가장 사랑 받는 캐릭터인 「엘모」(Elmo)를 만든 사람—의 엄마 글래디스 클래시(Gladys Clash)는, 케빈이 어렸을 때 운동을 매우 잘 해서 사람들이 "왜 그는 밖에 나가 공놀이를 더 많이 하지 않느냐?"라고 물었다고 했다. 그러나 그녀는 "나는 그가 그림 그리기와 창조에 재능이 있다고 보았다. 그래서 그 재능을 계발하도록 했다."라고 말했다.

케빈은 어려서부터 자기 방에서 꼭두각시들을 만드는 등 인형극 제국을 건설하기 시작했다. 케빈은 믿기 힘든 재능을 발휘해 〈캡틴 캥거루〉(Captain Kangaroo, 어린이용 TV 시리즈물), 〈세서미 스트리트〉 등의 작품을 만들었다. 〈세서미 스트리트〉에서 그는 붉은 털을 가진 자신의 친구 「엘모」를 수백만 가정에 선보였다.

케빈은 에미상 후보에 여러 번 지명된 뒤 1990년 어린이 시리즈물의 탁월한 공연자로 그 상을 받았다. 그는 2001년 〈세서미 스트리트〉의 공동 책임 제작자로 다시 그 상을 받았다. 최근 그는 저서 〈붉은 털의 괴물로서의 내 인생〉(My Life as a Furry Red Monster)을 출간했다. 그는 슬하에 9살짜리 딸 섀넌 엘리스 클래시를 두었다.

글래디스는 볼티모어 근교에서 4자녀 중 한 명으로 자랐기 때문에 매사를 확실히 했다고 했다. "나는 자녀들에게 옳고 그른 것을 확실히 구분시켰다는 점에서 엄격했다. 그렇다고 자녀들에게 장애물이 되지는 않았다. 자녀들이 몹시 화를 내어도 내 입장을 굽히지 않았다."

글래디스가 자신들의 사회경제적 지위를 '가난하다'(poor)고 분류했다. 하지만 그것은 글래디스 가족의 생활을 제대로 반영한 것은 아니다. 글래디스는 자신들의 생활을 매우 역동적이었다고 표현했다. "우린 정말 행복한 가정생활을 영위했다. 아이들은 아무것도 거부당하지 않았다. 나는 그들을 극장에 데려갔다. 큰 집은 아니었지만 방들은 여러 가지 색칠이 되어 있었다. 케빈은 벽에 우주선을 그려 놓았다."

어린 시절 케빈은 형제나 누이가 아닌 다른 아이들에게 둘러싸여 있었다. 글래디스는 "내가 탁아 시설에서 일했기 때문"이라고 설명했다. "나는 케빈 외에 아이 9명을 맡았다. 우린 함께 노래 부르거나 프랭크 시나트라 등의 음악을 듣곤 했다." 자신의 자녀뿐 아니라 다른 아이들까지 모두 책임지기로 한 데 대해, 글래디스는 "난 단지 아

이들과 함께 하는 것을 무척 좋아했다."라고 말했다.

글래디스는 케빈의 TV 시청 시간에 매우 관대했다. 그것을 나름대로 이점이 있는 자녀교육 방법 중 하나라고 생각했다는 것이다. "나는 케빈이 〈낸시의 롬퍼 룸〉(Nancy's Romper Room, 어린이용 TV 시리즈물) 같은 TV 쇼들을 보게 했다. 과거 TV는 오늘날과 확실히 달랐다." 실제로 케빈은 "「엘모」를 만드는 데 영감을 준 것은 부분적으로 내가 아주 어린 시절부터 〈세서미 스트리트〉 팬이었기 때문"이라고 했다.

글래디스는 케빈이 자라면서 창조성이 조금씩 나타나는 것을 봤다고 했다. "케빈은 공놀이처럼 정상적인 모든 어린이 활동을 했지만 항상 조용한 아이였다. 말하자면 깊이가 있는 아이였다. 케빈은 항상 물건을 그리고 만들어냈다."

그녀는 그의 창조성을 위축시키지 않으려고 조심했다. 그녀는 "케빈이 원하는 뭔가가 확실히 있었다. 나는 일부 부모들이 자녀들이 원하지 않는 일을 하도록, 어떻게 강요하는가를 보았다. 그래서 우린 가능한 한 케빈을 도왔다. 그가 하는 모든 일을 지지해 주었다."라고 말했다.

케빈은 독서를 잘하지 못했다. 그래서 글래디스는 그 어려운 일을 정복하는 방법을 찾기 위해 케빈과 함께 노력했다. "케빈이 TV 가이드를 읽을 것이라는 아이디어가 떠올랐다. 그 방법은 그에게 많은 도움이 되었다."

더 나아가 글래디스는 케빈의 큰 꿈과 결부시켜 격려의 말을 해 주었다. "케빈에게 수학과 독서를 잘하는 것이 매우 중요하다고 말했다. '케빈, 이것을 배워야 한다. 그래야 네가 유명한 인형극 연기자가 됐을 때, 네 돈으로 뭘 할지를 알게 될 것이다' 고 말해 주었다."

글래디스의 자녀교육 스타일은 케빈에게 일방적으로 얘기하는 것이 아니었다. "내 자녀교육 스타일은 케빈이 내게 말하도록 하는 것이었다. 그의 교육을 위해 우리가 뭘 해야 하는가를 그가 말하도록 하는 것이었다. 상호 의사소통에 훨씬 가까웠다." 그녀의 방법은 놀라운 결과를 낳았다. 케빈은 「엘모」를 통해 매일 어른, 아이들과 의사소통 하며 그들을 매료시킨다.

주로 아프리카계 미국인 사회에서 남자로 자랐기 때문에, 케빈의 직업 선택과 창조적 관심은 매우 특이해졌다. 글래디스는 "가끔 이웃집 아이가, 밖으로 나와 공놀이를 하지 않는다고 케빈을 괴롭혔다.

그러면 나는 '사람들이 너에 대해 말하는 것에 대해 신경 쓰지 말라'고 말해 주었다."라고 했다. 글래디스가 케빈에게 한 말의 의미는 "네가 하는 일에서 행복을 느낀다면, 우린 100% 너를 지지할 것이다."였다.

그녀는 자신이 케빈에게 준 모든 지지와 사랑은 남편과의 결혼으로 인해 가능했다고 했다. 그들은 2006년 8월 9일 53회 결혼기념일을 맞았다.

글래디스는 케빈에게 "빅 스타가 되라."라고 말하지 않았다. 대신 그녀는 "네가 할 수 있는 최선을 다 하라."라고 말했다. 글래디스는 이 점은 아무리 강조해도 지나치지 않다고 했다.

그녀는 자신의 교육법이 왜 강압적인 것이 아닌가를 설명했다. "나는 케빈이 자기 인생에 대해 내린 선택과 결정이 그가 진정으로 원하는 것이기를 항상 바랐다."

이를 위해 글래디스는 케빈이 역경에 유연하게 대처하도록 도왔다. "나는 케빈이 한 번의 실패로 좌절하기를 원하지 않았다. 그 점을 그에게 주지시키려고 열심히 노력했다. 그는 인생의 모든 일이 자신이 원하는 방향으로 되는 것이 아니라는 사실을 잘 알았다. 나는 그것이 케빈이 잘해 왔던 이유들 중 하나라고 생각한다."

글래디스는 케빈에게 성공에 관해 이야기해 주고 가치 있는 지혜를 주는 것 이상의 역할을 했다. 그녀는 오늘날의 케빈이 있도록 도운 결정적인 일에 대해 설명했다. "케빈이 뉴욕시로 견학 수업 간다는 사실을 알고, 나는 그곳의 이름난 인형극 워크숍과 접촉했다. 그래서 그에게 정말 중요한 문을 열어 주었다." 바로 이 이유 때문에 글래디스는 오늘날의 케빈이 있기까지 자녀교육이 중요했다고 말한다. "우리는 그의 재능을 보았고, 그가 재능을 실현할 수 있도록 길을 열어 주었다고 생각한다."

현재 자신을 어떻게 평가하느냐고 묻자, 글래디스는 "나는 많은 힘이 되어 주는 엄마라고 생각한다. 하지만 완벽하지는 않다. 가끔 실수를 저질렀지만 전반적으로 일을 아주 잘 처리했다고 생각한다. 그러나 확실히 완벽한 엄마는 아니었다."

14

자녀를 있는 그대로
받아들였다

갈리나 코헨
피겨스케이팅 선수 *사샤 코헨*의 엄마

갈리나 코헨(Galina Cohen)은 세계에서 가장 뛰어난 피겨스케이팅 선수들 중 한 명인 사샤 코헨(Sasha Cohen)의 엄마다. 사샤는 2006년 동계 올림픽에서 많은 전문가들로부터 피겨스케이팅 역사상 가장 훌륭한 퍼포먼스의 하나였다는 극찬을 받으며 자신의 첫 올림픽 은메달을 땄다.

사샤의 성공에 결정적 요인은 갈리나의 자녀교육 스타일이었다. 그녀의 자녀교육 스타일은 딸의 넘치는 에너지를 배출할 출구를 마련해주는 것이었다. 그러나 갈리나는 "그것은 안내이지 결코 강요가 아니었다."라고 강조했다. 이는 사샤 자매 모두가 엄마를 "가장 좋은 친구"로 얘기한다는 사실에서 잘 알 수 있다는 것이다.

올림픽에서의 성공 이후 사샤는 〈라이브 위드 레기스 앤 켈리〉

뿐 아니라 〈투나잇 쇼 위드 제이 레노〉, 〈지미 키멜 라이브〉, 〈엘렌 드제너레스 쇼〉(Ellen DeGeneres Show) 등에 특별 출연했다.

2010년 올림픽 대비 훈련을 하지 않을 때, 사샤는 코네티컷 어린이 병원(Connecticut Children's Medical Center)을 지원하면서 걸스(Girls, Inc., 소녀 교육 보호 단체)와 커버넌트 하우스(Covenant House, 어린이 보호 기관)의 대변인 역할을 한다. 또 솔저스 앤젤스(Soldier's Angels)를 통해 외국에 근무하는 군인들을 지원한다.

러시아에서 자란 갈리나는 "어린 시절 부모님은 내 일과에 깊이 관여하지 않았다."라고 말했다. "러시아에서는 자녀 일에 깊이 관여하는 부모가 없었다. 자녀들이 청소년 활동에 아주 많이 동원되었기 때문이다. 어디든지 부모가 운전해 자녀들을 데리고 다녀야 하는 이 나라 생활과는 달랐다." 이 경험은 갈리나의 자녀교육 방식에 큰 영향을 미쳤다. "내 성장기 경험 때문에 자녀들은 내게 더욱 중요하다고 느꼈다. 나는 이 점을 자녀들이 알기를 원했다."

갈리나는 사샤가 '매우 조숙한 아이'였다고 했다. "사샤는 모든 일을 남들보다 일찍 했다." 그러나 갈리나는 그렇게 하도록 독려하지 않았으며, 자연스럽게 진행되도록 했다. 비록 가끔씩 넘어지더라도 사샤가 자기 속도에 따라 성장하도록 하는 것이 갈리나의 한결 같은 자녀교육 방식이었다. "사샤는 실제로 위험을 두려워하지 않는 아이였다. 걷기 시작한 순간 이마를 부딪히기만 했다. 매일 뭔가에 부딪혔다. 그러다가 걷지 않고 달렸다."

갈리나는 이런 모습에 걱정하기보다 겁을 모르는 사샤의 행동을

즐겼다고 했다. 갈리나는 취학 전 사샤에게 자극을 주는 것이 무엇인가를 조심스럽게 관찰했다. 사샤는 물건 다루는 것을 무척 좋아했다. 그래서 갈리나는 그런 장난감을 사주었다. "책 속에서 종이를 밀거나 당길 수 있는 책을 사주었다. 그리고 단어 대신 그 단어가 의미하는 작은 것이 나타나는 책을 사주었다."

갈리나는 TV에 관해서는 매우 엄격했다. "TV를 켜는 일이 없었다. 실제로 우리 아이들은 '친구들은 모든 TV 쇼에 대해 알았지만 우리는 친구들의 얘기를 이해하지 못했다'고 말한다." 대신 오락의 공백은 음악으로 메웠다. "우린 피터, 폴, 메어리를 무척 좋아했다. 그리고 〈베토벤이 위층에 산다〉(Beethoven Lives Upstaires)를 들었다."

갈리나는 사샤를 항상 독자적으로 행동하는 아이라고 말했다. "사샤는 자신의 일을 스스로 했다." 그것은 올림픽 경기에서 자신의 목표를 달성하는 데 결정적으로 중요한 독립심의 표현이었다.

실제로 사샤가 너무 독자적으로 행동해 부모가 걱정하기도 했다. "선생님이 사샤가 듣는 데 문제가 있다고 확신해, 우리는 사샤를 테스트 해야만 했다. 사샤는 목소리가 아주 컸으며 선생님의 말에 반응하지 않았다는 것이다. 그래서 사샤를 의사에게 데려갔다. 의사는 '청력이 매우 좋은 아이다. 단지 자신이 듣기를 원하지 않는 것은 무시한다' 고 말했다."

갈리나는 그것을 사샤가 고집불통 혹은 문제아라는 신호로 받아들이기보다 사샤가 다른 학교를 필요로 한다는 신호로 받아들였다. "자녀의 행동이 올바르지 못했다는 것처럼 나쁜 말은 없다. 사샤가 잔디밭에서 재주넘기를 했다는 것은 그 이상이었다. 그 다음은 모두 그림 그리기를 중단하라고 했는데도 사샤는 그림 그리기를 마저 마치기를 원했다는 것이었다. 그것은 선생님을 존경하지 않는다는 뜻 외에 다름 아니었다."

갈리나는 사샤의 강한 독립심을 꺾기보다 배려해 주는 편을 선택했다. 그녀는 "사샤는 어렸을 때에도 내 말을 듣지 않았기 때문에, 내가 원하는 것을 시키려고 해 봤자 소용이 없었다. 난 그런 사샤를 그대로 받아들였다."라고 말했다. 사샤를 그대로 받아들였다는 것은 그녀가 제멋대로 행동하게 내버려둔다는 의미가 아니었다.

반대로 갈리나는 사샤에게 지도가 필요한 분야를 찾아냈다. 예를 들면, 사샤가 넘치는 에너지를 가졌다는 사실을 알아차리고 그녀를 놀이터로 데려가곤 했다. 그러나 사샤 본인이 하고픈 것을 하도록 했다. "사샤는 너무 **빨랐다**. 앞뒤로 달리곤 했다. 엄청난 에너지를 가지고 있었다."

사샤가 넘치는 활력과 재능을 가졌기에, 갈리나는 그것을 가능한 한 많은 활동에 쏟도록 했다. "사샤는 발레를 했고 기계체조도 했다. 미술 수업을 듣고 도자기 수업도 들었다. 우린 모든 것을 거의 다 시도해 보았다."

갈리나는 결코 강제로 사샤를 이런 활동에 참가시키지는 않았다고 강조했다. "많은 엄마들이 자녀들에게 어떤 것을 시키면, 자녀들은 울면서 '엄마, 이것 싫어. 가고 싶어'라고 외치는 것을 보았다. 나는 결코 그런 교육 방식에 동의하지 않는다. 나 같으면 '정말 여기 있고 싶지 않니? 그렇다면 나가자'고 말한다. 우리는 그렇게 했다."

갈리나는 사샤가 스스로 더 공격적인 스케이팅 스케줄을 만들고, 올림픽 선수들에게 필요한 동기 부여를 스스로 했다고 말했다. "사샤가 내게 말했다. '일주일에 한 번 더 오고 싶다. 정규 훈련을 받는 것이 아니라 나 스스로 스케이팅 연습을 하고 싶다.' 나는 차로 사샤를 데려다 주고 연습 후 다시 데리러 갔다."

갈리나는 사샤에게 큰 기대를 하지 않았다고 강조했다. 역설적으로 이 덕분에 사샤는 사람들의 기대를 뛰어넘는 성적을 거둘 수 있었다. "내게 스포츠는 아동 발달을 위한 건강한 교육의 일부이다. 그것이 전부다. 코치가 '이제 사샤를 대회에 참가시켜야 한다'고 말한 것이 기억난다. 그때 난 그를 쳐다보면서 황당해 했다. 나는 '왜?'라고 반문하면서 와버렸다."

코헨 가족의 다른 생활과 마찬가지로, 갈리나와 사샤의 밀접한 관계는 유기적으로 발전해 왔다. 그것은 가족이 좋은 시간을 오랫동안 함께 하면서 형성된 관계이다. "우린 가족으로서 항상 주말을 함께 했다. 요리를 함께 했는데 우리는 그것을 무척 좋아했다. 부엌 주변에서 요리하고, 음식 준비하고, 빵 굽고, 트뤼플, 초콜릿 크림 과자, 수플레를 만들었다. 같은 취미 활동을 좋아하는 친구들과 어울렸다."

사샤는 오랫동안 아이스 스케이팅을 잘하지 못했다. 이 사실은 갈리나가 올림픽 메달리스트인 딸에게 큰 기대를 하지 않았다는 것만큼이나 역설적이다. "사샤는 스케이팅에서 빠르지 못했다. 실제로 매우 느렸다. 반면에 그 나이에 많은 아이들이 경쟁으로 내몰렸다. 사샤가 스케이팅을 시작한 그 시기에 많은 아이들이 벌써 여러 가지 점프를 할 수 있었다. 무엇보다도 사샤는 기본이 돼 있지 않았다. 기본을 익히는 데 보통 아이들보다 훨씬 더 많은 시간이 걸렸다."

사샤가 선수 경력을 포기하려고 한 위험한 순간도 있었다. 그때 그녀에게 다가가 인내하라고 격려한 사람은 바로 갈리나였다. "사샤가 내게 그만두고 싶다고 말한 적이 있었다. '난 도저히 안 돼. 모두가 더블 악셀(공중 2회전 반)을 해. 그것이 그들에겐 손쉬운데 나는 안 돼. 이 운동을 그만둬야 할까봐.' 그때 사샤와 많은 대화를 했다."

갈리나는 "네가 그만두고 싶다면 그만둬도 좋아. 하지만 이렇게 흥분된 상태에서 중요한 결정을 내려서는 안 돼. 너도 알다시피 충동적인 순간에 결정을 내려서는 안 되는 거야. 여유를 좀 가져. 넌 벌써 이 운동을 3년이나 했어. 6~8주만 더 여유를 가져 보자. 그래도 네가 그렇게 생각한다면 그때 그만둬."라고 조언했다.

뒷일은 이미 알려진 대로다. 자녀를 언제 앞으로 밀어주고 언제 물러나게 해야 할지를 아는 엄마 덕분이었다.

15

어떤 학원에도
보내지 않았다

플로렌스 코코란
부동산 거물 *바바라 코코란*의 엄마

뉴욕의 코코란 그룹을 50억 달러 사업체로 키운 부동산 거물 바바라 코코란(Barbara Corcoran)의 엄마 플로렌스 코코란 (Florence Corcoran)은, 항상 아이들을 사랑했다고 말했다. 실제로 플로렌스는 자신이 원한 13명에서 3명이 빠지는 10명의 자녀를 가졌다. 10명 중 한 명으로 스포트라이트를 받는 것은 힘든 일이지만, 바바라는 자신의 직업 경력으로 확실히 두각을 나타냈다.

바바라는 부동산 사업의 성공 외에 최근 새 회사 바바라 코코란 (Barbara Corcoran, Inc.)을 통해 TV 프로덕션과 비즈니스 컨설팅업을 시작했다. 그리고 엄마에게 헌정하기 위해 베스트셀러 〈가진 것을 활용하라〉(Use What You've Got)를 썼다. 바바라는 남편 빌, 두 자녀 톰과 케이트와 함께 뉴욕시에서 산다.

바바라의 출생 순서(10남매 중 둘째)는 부모의 관심도에 아무런 영향을 미치지 못했다. 플로렌스는 "바바라는 결코 관심을 원하지 않았다. 그녀는 여왕벌이었다."라고 말했다. 플로렌스는 많은 남매들이 함께 자랐기 때문에 생기 넘치고 가족 중심적인 가정이 되었다고 설명했다. "우리는 매일 저녁 식사를 함께 했다. 매 주말을 가족 단위로 함께 보냈다. 우린 강가의 공원에서 점심을 먹기도 하고 롤러스케이트를 타러 가기도 했다. 반 마일 떨어진 곳에 사는 내 시부모님도 대부분 우리와 함께 했다."

일상적인 가족 행사 외에 종교도 바바라의 일상 생활의 한 부분이었다. 플로렌스는 "자녀들은 모두 가톨릭 계통 학교에 다녔다."라고 말했다.

바바라는 어려서부터 집중력이 강했다. 이 집중력은 그녀가 수십억 달러짜리 회사를 경영하는 데 도움이 되었다. 플로렌스는 어린 바바라를 어딘가에 남겨두고 2시간 후에 다시 가보니 같은 장소에서 그녀를 발견할 수 있었다고 했다. "한 번은 뉴욕에 갔다가 바바라를 이웃과 함께 남겨 두었다. 그 이웃은 바바라가 그 장소에서 움직이지 않았다고 말했다."

플로렌스는 다른 자녀들과 마찬가지로 바바라에 대해서도 걱정할 시간이 없었다. 그녀는 바바라가 일종의 신기록을 세운 것에도 그다지 걱정하지 않았다고 했다. "바바라는 생후 18개월 만에 걸었다. 그리고 그 날로부터 달리기를 멈추지 않았다." 남자친구에게 빌린 1,000달러로 수십억 달러대 사업을 시작한 기업가의 에너지를 아주

어린 시절부터 보여준 것이다.

많은 사람들이 자녀 성공을 위해 자녀를 가급적 많은 학원에 등록시킨다. 하지만 플로렌스는 그럴 필요가 없다는 증거를 보여 주었다. 바바라를 어떤 학원에도 등록시키지 않은 것이다.

플로렌스는 오히려 바바라의 성장과정에서 남매와 가족 사이의 유대가 중요한 즐거움과 자극의 원천이 되었다고 했다. "나는 아이들에게 사교적이 되라고 권장할 필요가 없었다. 그들은 자연스럽게 매우 사교적이었다. 그들은 집안에서 서로 노래하고 춤추곤 했다. 남편이 기타를 치면 아이들은 모두 노래를 불렀다."

플로렌스는 바바라에게 큰 기대를 걸었다. 하지만 전혀 간섭하지 않고 스스로 흥미와 재능을 찾도록 했다고 말했다. "아이들은 각자

하고픈 것을 했다. 자신들의 능력 범위 내에서 자유로웠다. 만약 그림 그리기를 원하면 나는 종이를 갖다 주었다. 만약 어떤 노래를 원한다면 나는 그 레코드를 가져다 주었다."

플로렌스는 어린 시절부터 바바라의 지도력과 창조성이 언뜻언뜻 타오르는 것을 보았다. "바바라는 항상 게임을 조직하고 '너는 이걸 하고, 너는 저걸 해라'고 말했다. 그러면 아이들은 바바라를 존경했다. 바바라는 이미 스스로의 방법으로 사업을 하고 있었던 같다."

10명의 자녀 때문에 플로렌스는 바바라와 많이 대화할 시간이 없었다. 이 또한 바바라의 성장에 중요한 요소가 되었다. 사업을 스스로 시작하는 데 유용한 지모를 풍부하게 만들어 준 것이다. 플로렌스는 "바바라가 역경에 처했을 때에도 나는 걱정할 필요가 없었다. 그녀가 역경 극복을 즐겼기 때문이었다."라고 말했다.

바바라가 스스로의 상상력에 따라 행동하도록 했음에도, 플로렌스의 자녀교육 스타일은 '매우 통제적'이었다. 플로렌스는 "아이들이 지켜야만 하는 규율과 통제가 있었다. 5시 반까지는 집에 와야 했다. 아무도 늦는 것이 허용되지 않았다."라고 말했다. 그것은 단지 시간을 지킨다는 것 이상의 의미가 있었다. 플로렌스는 타인에게 버릇없이 굴어서는 안 된다는 점에서도 자녀들에게 엄격했다.

플로렌스는 자신의 자녀교육 스타일을 "말보다는 행동으로 사랑을 보여주는 것"이라고 설명했다. "나는 '아빠는 애정을 보여줄 시간이 있지만, 나는 너희들의 옷을 만들고, 빨래하는 등 일을 통해 너희들에 대한 사랑을 보여 준다'고 말하곤 했다."

플로렌스는 바바라가 난독증을 가지고 있었기 때문에 성적이 형편없었다고 했다. 그러나 그녀는 그다지 걱정하지 않았다. 그런 태도 덕분에 바바라는 난독증을 극복하고 난독증 극복 운동의 열렬한 지지자가 될 수 있었다. 바바라는 자신의 저서를 통해 얻는 모든 수익금을 난독증 어린이를 위한 특별 교육 기금에 기부한다.

그러나 학교 문제에서만큼은 플로렌스는 전적으로 불간섭적인 입장이 아니었다. "바바라가 모든 숙제를 반드시 하도록 했으며, 우리가 숙제를 도와주었다. 또 나는 학부모·교사 모임에 참여했다. 유치원에 있는 모든 가구에 페인트칠을 해 새것처럼 보이게 했다."

플로렌스는 바바라에게 큰 꿈을 가지라고 말했다. 하지만 그 이상으로, 자녀들에게 무엇보다도 '좋은 사람'이 되라고 강조했다. "아이들은 내가 목소리를 높인다고 말한다. 그러나 나는 아이들을 잘 보살폈다." 플로렌스는 무엇보다 중요한 것은 자신이 항상 유머 감각을 가지고 있었다는 사실이라고 했다.

플로렌스는 자신의 자녀교육에서 가장 두드러진 특징은 '함께 있는 것'이라고 했다. "그것은 아이들이 학교에서 집으로 왔을 때 그곳에 있는 것이다. 그리고 그들이 넘어졌을 때 그곳에 있는 것, 그들이 강해지려고 할 때 그곳에 있는 것이다."

그녀는 자신의 자녀교육 방법에 대해 "좋은 가정을 만들어 주고,

적절하게 먹이고, 인간으로 대우하면, 절반은 훌륭한 인간으로 성장한다."라고 간단하게 표현했다. 바바라의 경우에는 100% 훌륭한 인간이 되었다.

16

늘 저녁식사를
함께 하며 대화했다

이본 코위
스타일 권위자 *콜린 코위*의 엄마

21세기 스타일의 권위자라는 명성을 얻은 콜린 코위(Colin Cowie)의 엄마 이본 코위(Yvonne Cowie)는, 디자인에 대한 시각은 유전자 풀(pool) 속에 있는 어떤 것과 같다고 말했다. 이본은 "나는 항상 디자인에 몰두했다. 콜린도 나처럼 항상 테이블 세트를 똑바로 해 놓아야 했다."라고 말했다. 콜린은 테이블 세트 정리에서 계속 정진해 결국 제국을 건설했다.

콜린은 스타일, 결혼, 오락에 관한 책 7권을 썼다. 그의 회사 콜린 코위 라이프스타일(Colin Cowie Lifestyle)은 아키텍처럴 다이제스트(Architectural Digest, 디자인 잡지)에서 오프라 윈프리, 중부 유럽 왕족에 이르는 고객들을 확보하고 있다. 콜린은 CBS 〈얼리 쇼〉(Early Show), 〈오프라 윈프리 쇼〉의 인기 라이프스타일 상담자로 고정 출연하고 있다.

여기에 그는 전 세계적으로 가장 화제가 되는 수백만 달러짜리 파티와 축제들 중 상당수를 디자인하고 준비했다. 또 존경받는 소비자 생산 디자이너이기도 하면서 레녹스(Lenox), JC페니, HSN의 기념품을 디자인했다.

잠비아 키트웨(Kitwe)에서 태어나 남아프리카공화국에서 교육받은 콜린은 아직도 남아공 공동체에서 살고 있다. 남아공 농촌 지역에 건강 서비스를 제공하는 단체인 페이로페이파 트레인(Phelophepa Train)과 남아공의 다른 지역 자선단체들에 시간과 지원을 아끼지 않고 있다.

이본은 4자녀 중 막내인 콜린이 자라는 동안 충분한 부모 관심을 받았다고 했다. "그는 우리 가족의 아기였다. 자신이 원하는 관심은 모두 받았다." 이본은 아들이 제대로 크는 것이 기뻐서, 걱정하지도 특정 발달 단계에 맞춰 가도록 재촉하지도 않았다고 했다. 그녀는 "자녀가 넷이면 스스로 크는 데 만족해야 한다."라고 말했다.

그렇다고 그녀가 자녀교육에 전적으로 자유방임적인 태도를 취한 것은 아니었다. 이본은 자녀들이 꽉 짜인 스케줄을 따르도록 했으며 TV도 많이 보지 못하게 했다. 그녀는 "TV에 관한 한 나는 엄격했다."라고 말했다.

콜린의 열정에 불을 지핀 이본의 방법은 아주 단순했다고 한다. "진실로 나는 특별한 것을 한 적이 없다. 단지 콜린이 좋아하고 그를 행복하게 만드는 일이면 뭐든지 권장했다. 그는 음악을 좋아했고 우

린 그가 음악을 추구하도록
했다. 15살 때 그를 오르간
교습을 받게 했다. 그래서
남편이나 나 둘 중 한 명은
그를 교습장으로 데려다 주
었다." 이본은 자신의 역할
을 이런 흥미들을 촉진시켜
주는 사람이라고 생각했다
고 했다. "정말이지 그는
스스로 앞서 나갔다."

오늘날 콜린의 다방면에
걸친 경력은 어린 시절 그
가 참여했던 활동들 때문이다. 콜린은 음악을 좋아했을 뿐 아니라 재
능 있는 배우이기도 했다. 이본은 "콜린은 학교에서 공연하는 것을
좋아했다. 그는 〈조셉과 천연색 꿈의 옷〉(Joseph and the Technicolor
Dreamcoat, 뮤지컬)을 공연하기도 했다."라고 말했다.

콜린의 예술적 재능과 관심은 음악과 극장에서 멈추지 않았다. 그
는 15살 때 이미 디자인에 대한 시각과 패션에 대한 열정을 가졌다.
이본은 "콜린은 용돈이 모자라 원하는 옷을 사 입을 수 없자 옷 가게
에서 일했다."라고 말했다. "그것이 그가 원하는 옷을 사 입는 유일
한 방법이었다."

그 직업은 콜린에게 자연스럽게 사업가적 능력과 비즈니스 혁신의

기회가 되었다. 이본은 "콜린은 자신이 그 가게의 창문들을 더 잘 디자인할 수 있다고 생각했다. 그래서 자연스럽게 창문 디자인 사업을 시작했다."라고 말했다.

콜린이 13살 때 아버지가 세상을 떠났다. 콜린은 "그때 엄마는 영혼의 친구를 잃어 버렸다. 그 일을 수습할 사람이 바로 나 자신이라는 사실을 깨달았다."라고 말했다. 콜린에게 그 일은 아버지가 시작한 가족의 전통을 계승하는 것을 의미했다.

이본은 "콜린의 아버지는 항상 크리스마스 저녁 식사를 주재했다. 콜린은 아버지가 시작한 전통을 자신이 계승해야 한다고 느꼈다. 지금도 그는 매년 6, 7월이면 집으로 와서 저녁을 주재한다. 호주는 계절이 반대여서 이때가 크리스마스 휴일이기 때문이다."라고 말했다.

콜린이 어떻게 어린 나이에 그처럼 깊은 책임감을 가질 수 있었을까. 이본은 그것은 전적으로 저녁식사 때문이었다고 했다. "우린 모두 둘러앉아 식사를 함께 했다. 그리고 그날 자기에게 있었던 일들을 얘기하곤 했다. 우린 아주 친밀한 가족이었다. 정말 그랬다." 이본은 유대가 특별히 강했던 요인으로 '사랑'을 꼽았다.

그러나 코위 가족에게 사랑은 또한 경계를 설정하는 것이었다. 이본은 "콜린은 결심이 매우 강한 아이였다. 너무 자기 본위적이라고 말하고 싶을 정도였다. 가끔 자신도 통제하지 못할 정도여서 나는 그에게 제한을 가해야 했다."라고 했다. 아이들이 맘대로 하게 내버려둬선 안 된다고 믿는 이본은 자신의 자녀교육 방법을 '요지부동'이었다고 말했다. "나는 콜린이 학교 숙제와 같은 것들은 반드시 하도록 했다. 그리고 그것을 확인했다."

이본은 학교 숙제 이상으로 콜린의 학교 일에 관여했다. "나는 학부모·교사 모임에 소속돼 있었다. 학교는 기금 조성의 밤 행사를 열곤 했는데 남편과 나는 그 일에 깊이 관여했다."

이본은 콜린이 성취한 모든 일에 대해 생색내기를 망설였다. "나는 콜린이 원하는 일을 하도록 도왔다는 점에서는 영향을 미쳤다고 생각한다. 그러나 결국 콜린 스스로의 힘으로 그 일들을 한 것이다."

이본은 가족을 한 덩어리로 묶은 '사랑' 얘기로 다시 돌아와, 자신의 자녀교육 방법은 100가지 서로 다른 이유로 모든 자녀들을 각각 사랑한 것이 주된 특징이라고 했다. 오늘날의 콜린이 있게 하기 위해 그녀는 잘 디자인된 청사진을 사용했다. 그것은 몇 가지 원칙이 잘 조화를 이룬 사랑과 격려의 강력한 결합이었다.

돈의 중요성을
가르쳤다

제니 크로포드 물로프
슈퍼모델 *신디 크로포드*의 엄마

슈퍼모델의 아이콘인 신디 크로포드(Cindy Crawford)의 엄마 제니 크로포드 물로프(Jenny Crawford-Mulof)는, 신디가 아름다운 아이이기는 했지만 모델이 되기보다 암 치료법을 찾는 데 더 많은 관심을 가졌다고 했다. "신디가 9살 때 남동생 제프리가 백혈병에 걸렸다. 나는 그때 신디가 의사가 되겠다고 하는 것을 분명히 보았다."

신디는 비록 의사가 되지는 않았지만 수많은 다른 방법으로 세상에 자신의 족적을 남겼다. 졸업사를 하는 대표 학생으로 고등학교를 졸업한 신디는 전업 모델로 나서기 전까지 노스웨스턴대학에서 장학금을 받으며 화공학을 공부했다.

1980년대와 1990년대에 신디는 잡지 표지에서 자동차 도로, 패션

캠페인에까지 등장할 정도로 가장 유명한 슈퍼모델들 중 한 명이었다. 신디는 600개가 넘는 잡지의 표지 모델로 등장했으며, 1995년에는 포브스(Forbes) 잡지에 의해 세계에서 출연료가 가장 비싼 모델로 선정됐다.

그녀는 모델 활동 외에 자신의 프로덕션 회사 크로대디(Crawdaddy, Inc.)를 소유하고 있다. 신디는 이 회사를 통해 자신의 성공적인 운동 비디오 〈신디 크로포드가 당신의 몸을 만든다〉(Cindy Crawford Shape Your Body)와 〈넥스트 챌린지〉(The Next Challenge)를 만들었다.

MTV의 〈하우스 오브 스타일〉(House of Style) 프로그램을 진행했으며, 수많은 광고에 출연했다. 책 〈신디 크로포드 베이직 페이스〉(Cindy Crawford Basic Face)를 저술했으며 영화 〈페어 게임〉(Fair Game)에 주연으로 출연했다.

그녀는 남동생 제프리를 추모해 시간, 에너지 그리고 수입을 미국 백혈병협회에 쏟았을 뿐 아니라 유방암, 난소암 연구에도 기부했다. 현재 남편 랜드 거버, 두 자녀와 함께 살고 있다.

제니는 저소득층 가정에서 자랐다. 그녀는 그것이 신디를 키우는 방법에 영향을 미쳤다고 했다. "그로 인해 나는 신디에게 돈을 벌어야 하고, 돈에 대해 신중해야 하고, 우리가 가진 것에 대해 감사해야 한다는 생각을 가르쳤다. 그러나 얼마나 많은 돈을 벌어야 하는가는 특별히 의식하지 않았다."

제니는 신디가 4남매 중 둘째라서 관심을 적게 받거나, 많이 받지도 않았다고 했다. "나는 아주 젊어서 출산을 했다. 신디를 19살 때

낳았다. 그래서 신디는 내게 인형과도 같았다. 나는 신디와 같이 많이 놀았다." 제니는 젊은 엄마였다는 것이 자신에게 이점이 되었다고 했다. "내가 젊은 엄마였기 때문에 다른 엄마들에 비해 두 딸과 더 많이 놀아줄 수 있었다고 생각한다."

놀이·친구 네트워크에 대해, 제니는 다과회와 정장 파티를 자주 열었다고 했다. "신디가 한 살 됐을 때인가, 나는 아기 봐주는 일을 시작했다. 우리 집에서 다른 집 아이 6명을 더 돌봤다. 우린 집안에 미니 도서관 같은 넓은 공간을 만들었다."

제니의 엄마, 신디의 할머니는 신디를 교육하기도 하고 같이 있어주기도 하는 등 신디 양육에 중요한 역할을 했다. 제니는 "내 엄마는 독서의 열렬한 옹호자였으며, 당시 백과사전 〈월드 북스〉(World Books)를 팔았다. 그래서 우린 항상 이 책을 가지고 있었으며 많이 활용했다."라고 말했다. 조부모들이 가까이 살아 긴밀한 관계를 유지한 것도 좋은 점이었다. 제니는 "내 부모는 같은 읍에 살았다. 시부모도 마찬가지였다."라고 말했다.

신디에 대한 제니의 기대-신디가 경제적으로 독립하는 것-는 제니의 성장과정에서 비롯됐다. "나는 고등학교를 다니지 못했다. 그래서 내 딸들은 자신을 스스로 돌볼 수 있을 만큼 배워서, 남에게 의존하지 않기를 원했다. 신디도 그런 방향으로 나가길 기대했다."

제니는 자신이 엄격한 부모라고 했다. 그녀는 자녀들이 아주 어려서부터 아침식사 하러 오기 전에 옷을 제대로 차려 입고 침대를 잘 정리하기를 원했다고 했다. 제니는 "여러 번 나는 아이들이 등교한 후 침대를 정리해 줘야 했다. 그러나 그것은 아이들에게 책임감과 가족의 일부라는 소속감을 심어주는 과정의 하나였다. 나는 아이들이 책임감을 갖게 해주고 싶었다."라고 말했다.

제니는 자신의 아주 엄격한 방법-빠져나갈 구멍이 없게 하는 것-이 가정생활을 안정시킨 한 요인이라고 평가했다. "자녀들은 아주 어린 나이에도 한계가 어딘가를 알았다." 신디가 나이를 먹어도 그 규칙들은 전과 다름없이 여전히 엄격했다. 제니는 "만약 내 자녀들이 놀고 있는데, 누군가가 자녀들이 받아들일 수 없는 어떤 행동을 한다면, 나는 '그건 이 집에서는 안 통해'라고 말했을 것이다."라고 했다.

신디가 10대였을 때 제니는 딸이 누구를 태우고 운전하는가에 대해 신경을 썼다고 했다. "나는 신디에게 '네가 책임감 있는 친구들을 태우지 않는다면, 내가 너를 태우고 다녀야 할 것이다'고 말했다."

제니는 "이 같은 방법은 신디를 반항적으로 만든 것이 아니라, 더 책임감 있게 만들었다."라고 말했다. "내 자녀들은 친구들에게 '이 시각까지 나를 집에 보내줘야 해' 라고 말하는 아이들이었다."

신디는 불치병을 앓은 남동생과 함께 살면서 어떤 영향을 받았을까. 제니는 "자녀들을 칭찬해 준 시간이 많지 않았다. 난 냉정하지는 않았지만 신디에게 매우 중요한 시기에 아들이 아팠기 때문이다. 제프리가 최악의 상황이었을 때 신디는 7살이었다."라고 말했다.

제프리의 병은 온 가족에게 영향을 미쳤다. 제니는 그 일로 인해 신디와 딸아이들이 다른 아이들보다 조속해졌다고 했다. "제프리를 의사에게 데려가는 데 차로 2시간 이상 걸렸다. 진료에 거의 하루가 걸렸으며 나는 지친 몸으로 집으로 돌아왔다. 딸아이들은 내가 엄청난 스트레스와 책임감에 놓여 있다는 것을 잘 알았다."

제니는 자녀교육을 위해 의식적인 노력을 많이 했다고 했다. 하지만 그녀는 자신이 하고픈 대로 한 측면도 적지 않다고 했다. "40년 전 부모로서 우리는 요즘보다 훨씬 더 무의식적으로 일을 처리했다. 요즘 사람들은 종종 지나치게 깊이 생각하는 것 같다."

제니는 자신은 그렇게 매력적이지 않았지만 늘 자녀들과 야간 행사를 했다고 했다. "자녀들은 매일 밤 목욕을 하고 작은 파티를 했다." 일상적인 야간 행사는 클로포드 물로프 집안에서 큰 부분을 차지했다. "일요일 아침 항상 교회에 갔으며 그날은 대체로 성대한 저녁 식사를 했다. 양쪽 집안이 다 같은 지역에 살았기 때문에 이쪽 혹은 저쪽 부모님 집으로 가서 오후 시간을 보내는 일이 많았다. 내게 자녀들보다 나이가 그렇게 많지 않은 여동생들이 있었다. 이 때문에 자녀들은 할머니 집으로 가 그들과 함께 시간 보내기를 좋아했다."

제니는 가족들이 함께 한 이런 시간이 신디의 어린 시절의 중요한 특징이라고 강조했다. "가족이 함께 하는 것은 우리 전체의 의미를 깨닫게 하는 아주 중요한 부분이었다. 우린 진정으로 서로를 보살펴 주었다고 생각한다. 우린 백만 달러짜리 생활을 추구하지는 않았다."

제니는 가족의 영역 밖에서도 신디의 생활에 구체적으로 관여했다. "나는 학부모 · 교사 모임에 적극적이었다. 걸 스카우트의 리더였으며 자원봉사 엄마였고 주일학교 교사였다." 그럼에도 제니는 매우 가족 중심적이었다. 생활의 상당 부분을 자녀들과 함께 했으며 그들과 함께 뭔가를 했다.

제니는 신디의 장래 계획이나 경제적 제약 등 힘든 일에 대해 마음을 활짝 열고 의견을 교환했다고 했다. "우린 신디를 가장 좋은 학교에 보낼 경제적 형편이 되지 않는 것에 대해 얘기하기도 했다. 그래서 만약 신디가 중 · 고등학교에서 좋은 성적을 받는다면 장학금을 받을 수 있다는 얘기도 나누었다. 나는 신디가 원하는 곳으로 나아가는 데 도움이 되고자 했다."

부지런한 여성 기업가인 신디는 대학 공부의 수단으로 모델 일을 시작했다. 제니는 신디의 결정을 지지했지만, 다른 엄마들처럼 그로 인해 받을 수 있는 비난을 염려하기도 했다. 제니는 신디가 탁월한 지성을 가지고 있었기 때문에 많은 도움이 되었다고 했다. "예쁘다는 것만으로는 모델, 영화배우 등에 충분하지 않다. 그뿐 아니라 똑똑해야 한다. 신디는 확실히 과거에 그랬고 지금도 그렇다."

제니는 과거를 되돌아볼 때 자신의 자녀교육 방법이 계속 발전했다고 했다. "실수를 저지르는 것도 교육의 일부라고 생각한다. 아이들조차 가끔 우리가 저지르는 실수에서 배운다고 생각한다. 신디가 '부정적인 일과 맞닥뜨릴 수 있으며 그것이 곧 세상의 끝이 아니다'는 점을 알게 되기를 바랐다."

제니는 오늘날의 신디를 만드는 데 자신은 확고한 사랑, 그리고 더 큰 그림을 보는 눈을 통해 일조했다고 했다. "사람들을 돕고 공동체의 책임 있는 일원이 되고자 할 때, 그런 가치들이 큰 도움이 된다. 하지만 '넌 정말 대단하다'는 방식에 지나치게 집착하면 그것이 강한 사람을 만드는 데 별로 도움이 되지는 않는다."

제니는 단지 신디의 성공을 즐기는 것이 자신의 자녀교육 방법이라고 했다. 딸의 성공을 통해 대리만족을 얻으려고 했던 것이 아니었다는 것이다. "나는 내가 누구인지 느끼지 않고 신디로 인해 행복해질 수 있었다. 그러나 신디가 나 자신이 되어주길 원하지 않았다. 그럴 필요성도 없었다."

제니는 신디의 직업적 성공을 강조하기보다 "신디가 단지 좋은 인간이 되는 것만으로도 내 꿈을 실현해 주었다."라고 말했다. 신디의 인생에서 타고난 본성과 자녀교육이 각각 어떤 역할을 했을까. 제니는 "유전자가 중요한 역할을 하는 것은 사실이다. 그러나 우리의 모든 삶에서 결정적인 역할을 하는 것은 자녀교육"이라고 말했다.

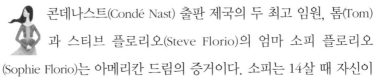

내가 받기 원하는 것을
먼저 주었다

소피 플로리오
출판계 거물 톰과 스티브 플로리오의 엄마

콘데나스트(Condé Nast) 출판 제국의 두 최고 임원, 톰(Tom)
과 스티브 플로리오(Steve Florio)의 엄마 소피 플로리오
(Sophie Florio)는 아메리칸 드림의 증거이다. 소피는 14살 때 자신이
'우드헤이븐(캘리포니아주)에서 가장 좋은 미장원'이라고 표현한 곳
으로 일하러 갔다. 이 결정으로 인해 소피는 두 아들을 오늘날 잡지
출판계의 가장 막강한 지위에 오르도록 키울 수 있었다.

형 스티브는 베너티 페어(Vanity Fair), 보그(Vogue), 뉴요커(New
Yorker), 글래머(Glamour)를 포함해 업계에서 가장 권위 있는 잡지들
중 상당수를 책임진 회사인 콘데나스트의 사장, CEO, 부회장을 지냈
다. 동생 톰은 전통 타파적인 여성들의 패션 잡지 보그(전 세계 수백만
여성의 패션과 옷 구매에 영향력을 행사하는 잡지)의 출판 책임자이다.

두 아들이 수준 높은 문화의 전달자가 된 것과 대조적으로, 소피 부부는 아주 평범한 배경 출신이다. 이는 그들의 자녀교육 방식에 결정적 영향을 미쳤다. 소피는 "우린 아무리 피곤해도 저녁을 함께 먹었다. 내 아버지는 항상 가장 좋은 음식을 제공해 주셨다. 우린 가난했지만 마치 부자인 것처럼 살았다."라고 말했다.

매일 저녁 함께 식사하는 것은 끊임없이 계속된 의식이었다. 소피는 긴장되고 소란스러운 일이 있어도 저녁을 함께 했다고 강조했다. "우리가 함께 앉아서 식사했다는 것은 내게 매우 중요한 일이었다. 가끔은 오해도 있었다. 하지만 그것은 문제가 되지 않았다. 우린 늘 함께 식사를 했다."

소피는 톰과 스티브 둘 다 성장 과정이 다른 아이들에 비해 매우 빨랐다고 말했다. 이는 두 사람이 성취한 것에 비춰보면 그리 놀랄 일도 아니다. "톰과 스티브는 기어 다니고 걷고 생후 10달 만에 말했다."라고 소피는 말했다.

이렇게 조숙한 것은 소피가 유도하거나 재촉했기 때문이 아니다. 실은 그 반대이다. 소피는 자신의 자녀교육 방법에 대해 아이들에게 사랑을 주고, 뒤에 물러앉아 아이들의 열정을 따라주는 것이었다고 했다. "우린 자녀들을 격려하고, 그들을 편안하게 해주고, 그들을 극진히 사랑했다. 우린 그들이 매우 현명하다고 생각했으며, 그들이 스스로 자신을 이끌어 가도록 했다."

소피가 자녀들에게 독려한 단 한 가지는 교육에 관한 것이었다. "난 결코 '이 일을 해라, 저 일을 해라'고 말한 적이 없다. 내가 고집

을 꺾지 않은 유일한 것
은 아이들이 교육을 받아
야 한다는 것이었다."

소피는 남편과의 결혼
생활(50년 이상 지속되고
있다)이 밀접한 가족관계
의 핵심이었다고 했다.
소피는 지금도 그렇지만
자신과 남편이 자녀교육
에 대해 가끔 의견이 일
치하지 않는 경우도 있
었다고 했다. 그러나 결
코 자녀들이 그런 일에 끼어들게 하지 않았다고 했다. "우린 항상 통
일된 의견을 제시했다."

소피는 두 자녀가 누구와 어울리는가에 대해 아주 까다로웠다고
했다. "만약 자녀들이 나쁜 언어를 쓰는 아이와 논다고 생각하면, 나
는 톰과 스티브에게 그와 같이 놀지 말라고 했다." 그러나 이런 일이
톰과 스티브가 친구 사귀는 일을 거의 제한하지는 않았다. 그들은 어
린 시절부터 모든 아이들과 놀이를 함께 했다.

이런 관심은 훗날 그들이 거대한 출판 그룹을 운영하는 데에도 필
요했을 것이다. 소피는 "우린 예술에 관한 책이 많았다. 자녀들이 집
에 친구들을 초대했을 때에도, 남편은 영화를 보여주기도 했다. 그들

은 앉아서 영화를 봤다. 이런 이유들로 인해 그들은 예술에 매우 친숙해졌다."라고 말했다.

소피는 매너처럼 일상적인 것에도 신경을 썼다. 자녀들이 평소에 항상 '땡큐(thank you)'를 말하도록 했다는 것이다. "남편은 아이들에게 '너는 차 태워 준 것에 대해 왜 땡큐를 연발하느냐?'고 묻곤 했다. 나는 아이들에게 모범을 보임으로써 좋은 매너를 갖게 했기 때문이라고 생각한다."

소피는 스티브와 톰이 갑작스럽게 자기 분야의 정상에 선 것은 아니라고 했다. "그들은 어린 시절에도 생각이나 결정, 친구를 선택하는 방법이 매우 날카로웠다." 소피는 두 아들이 현재의 위치에 이른 것은 자신이 출판계로 나가라고 격려했기 때문이 아니라고 말했다. 오히려 자녀들에게 관심사를 찾을 기회를 주었기 때문이라고 했다. 소피는 항상 자신은 의견 교환을 위해 있다는 사실을 두 아들이 알게 했다고 했다. "아이들이 의기소침해 있을 때에도 나는 그들을 위해 그곳에 있었다."

소피는 또한 모범을 보임으로써 자녀교육을 했다고 했다. "난 전 인생을 통해 추진력을 가지고 열심히 일했다." 이런 노동 윤리가 어떻게 자녀들에게 영향을 미쳤을까. 소피는 "항상 열심히 일해야 한다는 정신을 자녀들에게 주입했다."라고 말했다.

스티브는 엄마가 했던 것처럼 모범을 보임으로써 동생 톰에게 귀감이 되었다. "톰은 형을 존경했다. 그는 추진력을 가지고 있었다. 처음에는 재정학을 했지만 행복하지 못했다. 그러자 졸업 후 잡지사에서 일했으며 그 일을 좋아했다. 베너티 페어(Vanity Fair)에 자리가 생기자 바로 거기로 갔다."

소피는 아들에게 귀감이 된 것을 요즘도 자랑스러워한다. 그녀는 "나는 50 몇 살에 대학으로 돌아갔으며 고등학교 교사가 됐다. 고등학교에서 정규직으로 일하고 있다."라고 말했다.

종교는 스티브와 톰에게 일상적인 일은 아니었다. 하지만 그들은 자주 교회에 다녔다. 소피는 "그들을 세례를 받았고, 영적 교감을 하며, 종교적 확신을 가지고 있다. 우린 모두 기도한다. 식사 전에 우린 두 손을 모아 신에게 음식에 대한 축복을 기원한다. 요즘 스티브와 톰이 같은 방법으로 자녀들을 키운다."라고 말했다.

소피는 효과적인 말로써 자녀들을 격려했다. 그것은 '너는 위대하고 똑똑하고 훌륭하다. 난 네가 자랑스럽다. 네가 그것을 할 수 있다고 생각한다. 난 항상 너를 믿는다' 등이다. 소피는 오늘날도 자녀들과 좋은 관계를 유지하는 것은 이런 교육 방식 덕분이라고 했다. "그들은 나를 가장 훌륭하고, 아름답고, 위대한 엄마라고 생각한다. 나는 그들을 절대적으로 사랑하며 그들도 그런 사실을 잘 알았다. 지금도 잘 알고 있다."

존경 같은 추상적 가치를 어떻게 가르쳤느냐고 물었다. 소피는 항상 자녀들의 말에 귀 기울이는 방법을 통해 실천했다고 했다. "나는 듣고, 또 들어 주었다. 그래서 아이들은 어떤 사소한 것이라도 상의하길 원하면 언제든 가능하다는 사실을 잘 알았다."

소피는 자신의 자녀교육 방법의 핵심은 '자녀에게서 받기를 원하는 것을 자녀에게 주는 것'이라고 압축했다. "자녀들로부터 존경 받기를 원하면 당신이 자녀들을 존경해야 한다. 자녀들로부터 사랑 받기를 원하면 당신이 자녀들에게 사랑을 줘야 한다. 그리고 나는 어리석은 짓을 용납하지 않았다. 하지만 매우 공정했다."

19

잘잘못에 대한
반대급부를 확실히 했다

다이앤 파인
스쿠프 부티크 설립자 *스테파니 그린필드*의 엄마

스테파니 그린필드(Stefani Greenfield)—크게 성공한 스쿠프 (Scoop) 부티크 프랜차이즈의 공동 설립자—의 엄마 다이앤 파인(Diane Fine)은, 스테파니는 항상 유행을 선도했으며 어렸을 때에도 그랬다고 말했다. "스테파니는 친구들을 많이 의식하는 시기에도 자신이 원하는 옷을 입었다. 만약 모두가 갈색 재킷을 입고 있으면 스테파니는 노란 재킷 입기를 원했다. 실제로 노란 재킷을 입었으며 더 많이 신경을 썼다."

스테파니가 미국서 가장 성공한 옷가게 체인의 하나를 시작할 수 있었던 것은 자신의 패션 감각과 함께 이 같은 강렬한 독립심이 있었기 때문이었다. 스테파니는 도나 카란(Donna Karan)에서 에스프리(Esprit)로 성장해 나가면서, 알티미트 클라짓(The Ultimate Closet, 나중에 Scoop로 알려졌다)을 처음으로 개념화했다.

　수많은 가게들을 운영하는 것 외에 스테파니는 많은 자선단체에 적극적으로 참여하고 있다. 또 러브 힐스(Love Hills, 자폐아동 생활공동체)와 앨리슨 게르츠 에이즈 교육 재단(Alison Gertz Foundation for AIDS Education)의 공동 설립자이다. 스타일에 관한 최고 권위자의 한 사람이라는 평가를 받고 있는 그녀는 〈투데이 쇼〉의 고정 패션 공급자이며, HSN(홈쇼핑 네트워크)에서 〈스쿠프 스타일〉이라는 쇼를 만들어 진행하고 있다.

　스테파니는 2007년 1월에 남편 미첼과의 사이에 첫 딸 테오도라 수키 실버맨을 얻었다.

　스테파니는 아이였을 때부터 자신이 원하는 인물이 될 조짐을 보였다고 한다. 다이앤은 "스테파니는 생후 9개월 만에 기기 시작했고 1년 만에 걸었다. 8개월이 될 때까지 많은 단어를 말했고 19개월에는 완전한 문장으로 말했다. 그 이후로 멈추지 않았다."라고 말했다. 그런 조숙한 아이를 키웠기 때문에 다이앤은 걱정하기도 했다. 스테파니는 다른 아이들보다 성장속도가 훨씬 빨랐기 때문이다.

　스테파니의 성장속도가 월등히 빨랐음에도, 다이앤은 스테파니에게 책 읽어 주는 일에 열성이었다. 그녀는 "내가 스테파니에 책을 읽어 주었으며 남편도 그랬다. 이는 일상사의 한 부분이었다."라고 말했다. 스테파니는 언어 능력만큼이나 스스로 일하는 데서도 앞서 나갔다. 다이앤은 "스테파니는 선천적으로 독립심을 가지고 태어났다."라고 말했다.

　다이앤은 요즘 부모들이 많이 참여하는 「엄마와 나」(Mommy and Me) 강좌에 다닌 적이 없다고 했다. 그녀는 스테파니의 사회적 · 지적 자극의 주요 원천은 친구들과의 유대관계라고 했다. "우린 아파트에서 살아서 친구 사귀기가 아주 쉬웠다. 그곳에 사는 사람들은 모두 어린 자녀들이 있었다."

　다이앤은 스테파니의 강점을 강화하면서 약점도 부각시키는 자녀교육 방법을 사용했다. "스테파니는 운동을 잘 하지 못했다. 하지만 매우 창조적이고 놀랄만한 기억력을 가지고 있었다. 유치원에서 책 읽기를 유창하게 했다."

　다이앤은 스테파니의 성장속도가 빨랐다는 점에 집중하지 않았다. 대신 훨씬 더 자유방임적인 방법을 사용했다. "난 진정으로 스테파니가 원하는 것이면 뭐든 하기를 원했다. 그녀가 많은 것을 할 수 있다고 느꼈다. 하지만 그것을 그리 대단하게 생각지 않았다." 다이앤은 우선 스테파니가 이미 잘하는 언어 능력을 계발하는 일을 했다. 그녀는 "스테파니가 단어를 공부하고 싶다고 했을 때, 나는 집을 온통 스티커로 도배했다. 모든 단어가 그 스티커들에 다 있었다."라고 말했다.

다이앤의 자녀교육의 핵심은 규제과 이해를 동등하게 사용한 것이다. "나는 스테파니의 방 정리에 엄격했다. 숙제를 반드시 하도록 했으며 정시에 잠자리에 들게 했다. 이처럼 아이들이 해야 할 일들에 대해 엄격했다." 그리고 균형 잡힌 교육법의 일환으로 다이앤은 스테파니가 잘하고 못한 일에 대한 반대급부를 확실히 주었다. 그녀는 "나는 스테파니가 잘한 일에 대해서는 잘했다고 칭찬했다. 하지만 잘하지 못한 일도 반드시 지적해 주었다."라고 말했다.

다이앤은 이혼에도 불구하고 스테파니가 생활의 안정감을 잃지 않도록 공동의 노력을 했다. 그녀는 "우린 주중에 거의 매일 저녁 식사를 함께 했다."라고 말했다. 종교도 가족관계를 손상시키지 않는 데 중요한 역할을 했다. "아이들은 유대인 학교에 다녔으며 우린 유대교의 휴일을 준수했다."

다이앤은 자녀들의 학교 일에도 참여했다. "난 항상 아이들의 학교 생활, 학부모·교사 모임, 교사와의 미팅 등에 적극적이었다." 다이앤은 '단지 함께 있는 것'을 자신이 가장 중시한 것들 중 하나였다고 했다. "아이들이 하교했을 때 내가 집에 있는 것이 중요하다고 느꼈다. 난 그들과 동행했으며 그들이 무엇을 하는지 알고 싶었다. 그래서 난 항상 3시 혹은 4시까지는 집에 와 있었다."

다이앤은 오늘날 스테파니가 크게 성공한 것은 그녀의 독립심, 그리고 삶의 난관을 잘 극복하는 능력 덕분이라고 했다. "부모의 이혼이 매우 부정적인 것임에도 불구하고, 스테파니에게는 오늘의 자신이 있도록 한 요인이 되었을 것이라고 생각한다. 스테파니는 어떤 일이든 항상 스스로 문제를 이해하고, 스스로 해결하고, 스스로 상처를 극복해야 했다. 그래서 그녀는 매우 강하고 독립적인 인간이 되었다."

난관을 극복하고 자립한 것이 스테파니의 성공에 중요한 역할을 했다. 하지만 그것은 여러 요인들 중 하나에 불과하다. 무엇보다도 스테파니는 열심히 일했으며 지금도 열심히 일한다. 이는 항상 일하는 엄마로부터 배운 것이다.

"스테파니가 스타이브센트고(Stuyvesant High School) 상급생이었을 때, 나와 남편은 그녀에게 '빈둥거려서는 안 되며 직업을 가져야 한다'고 말했다. 그러나 우린 '누가 스테파니에게 토ㆍ일요일용 일을 주겠는가'라고 생각했다. 그런데 그날 스테파니가 집에 왔을 때 메디슨 애비뉴에 있는 아메리칸 하이(American High)란 가게에서 직장을 구했다고 했다."

스테파니는 이 일에서도 기지를 발휘했다고 한다. 처음에 그들은 스테파니에게 "학생은 고용하지 않는다."라고 했다. 그러자 스테파니는 "왜 당신은 내일 나를 나오게 하지 않느냐. 난 무료로 일하겠다. 당신도 알게 될 것이다. 난 훌륭하게 일할 것이고 당신은 나를 고용하게 될 것이다."라고 말했다. 스테파니는 그 가게에서 이틀 간 무료로 일했고, 결국 그들은 스테파니를 고용했다는 것이다.

스테파니가 엄마의 삶을 내면화하고 조심스럽게 관찰해 얻은 것은 끈기와 포기하지 않는 자세였다. 다이앤은 "이혼 후 전적으로 내 자신을 새로 계발했다. 나는 학교로 돌아가 일했다. 스테파니는 이 모든 것을 목격했다."라고 말했다. 성공적인 다른 기업가들과 마찬가지로 스테파니는 뒤로 물러나 수동적으로 관찰하는 것에 끝나지 않았다. 대신 그 모든 교훈을 자신의 삶에서 활성화했다.

다이앤은 자신의 자녀교육 방법을 자녀의 음양을 이해하는 것이라고 요약했다. "자녀의 강점과 약점이 무엇인가를 부모가 파악해야 한다고 생각한다. 그런 다음 강점에 집중하되 약점을 극복하도록 도와야 한다. 그것이 부모가 할 수 있는 최선이다."

20

다양한 문화를
체험하게 했다

낸시 호크
스케이트보드 황제 **토니 호크**의 엄마

토니 호크(Tony Hawk)-스포츠 역사상 가장 영향력 있는 독
보적인 스케이트보드 선수-의 엄마 낸시 호크(Nancy Hawk)
는 "자녀교육에 대한 내 조언은 자녀들이 자유롭게 무엇을 잘하는가
를 찾을 수 있게 하라는 것"이라고 말했다. "자녀들에게 위험한 일이
아니라면, 자녀들에게 나쁜 것이 아니라면, 자녀가 그 일을 하도록
격려하라."

이것이 낸시가 토니의 일생을 통해 실천한 신조이다. 동시에 이는
스케이트보드를 넘어서 토니가 성취한 것들을 잘 설명하는 말이기도
하다.

토니는 15살 때부터 스케이트보드 프로 선수였다. 90번 이상 대회
에서 우승했으며 프로 스케이트보드 역사상 가장 우수한 선수라는

평가를 받았다. 2000년 그는 TV에서부터 영화, 음악, 소설에 이르기까지 모든 분야에서 성공했다.

그는 베스트셀러 자서전 〈호크 : 직업 : 스케이트보드 선수〉(HAWK : Occupation : Skateboarder)를 썼다. 토니 호크 재단(저소득층 지역사회에 스케이트보드 공원을 설립하고 재정 지원하는 단체)을 설립해 자신이 얻은 것을 스케이트보드 운동에 되돌려주고 있다.

토니는 세 자녀를 두었다.

낸시의 다른 자녀교육 슬로건은 '쉽게 강요하지 않는다'이다. 그녀는 토니 임신 5개월이던 43살 때 남편이 심장마비를 앓았음에도, 역경에 유연하게 대처했다. 그녀가 아들에게 물려준 유연하고 강인한 태도를 명백히 보여준 것이다.

실제로 낸시는 토니를 '결심이 극단적으로 강한 아이'라고 표현했다. "그는 정말로 착하고 귀여운 마음을 가졌으며 장악력이 있었다. 결심이 단호해서 모든 일을 자기 방식대로 했다." 낸시는 토니가 스스로의 방식으로 사물을 이해할 필요가 있다는 것을 직관적으로 깨달았다. 그래서 토니를 재촉하지 않고 스스로 발전해 나가게 했다.

낸시는 "남편도 나만큼 적극적인 부모였으며 한동안 토니의 농구팀을 지도했다."라고 했다. 그러나 토니는 곧 그 팀을 별로 좋아하지 않게 되었다. "토니는 자신이 좋아하지 않으면 팀을 탈퇴해야 한다고 느꼈다. 남편이 앞장서서 팀을 이끌었지만 토니는 이미 팀의 일원이 아니었다. 그런데 토니가 스케이트를 배우고는 거기에 빠져 버렸다."

스케이트보드가 토니의 존재 이유임이 확실했기 때문에, 낸시는 토니가 스케이트보드를 하도록 격려했다. 그녀는 토니의 스케이트보드 초창기에 대해, "그가 스케이트보드를 할 때만큼 열성적으로 운동하는 사람을 보지 못했다."라고 말했다.

낸시의 전반적인 자녀교육 스타일은 채찍보다 당근을 더 많이 사용하는 것이다. 따라서 그렇게 엄격하지 않았으며 몰아붙이는 스타일이 아니었다. "일반적으로 말해서, 아이들은 한계를 알고 있다고 생각한다. 집에 와서 숙제를 하고, 사람들에게 친절하게 대하고, 거짓말 하거나 속이지 않는다 등의 규칙을 안다."

낸시는 아이임에도 항상 자신에게 엄격한 토니를 격려했다고 했다. "나는 항상 토니에게 '애야, 그 고난도 기술을 어떻게 배웠는지 놀라울 따름이다'고 말했다. 혹은 그가 쏟은 엄청난 시간과 노력에 대해 언급했다." 낸시가 신기록을 수립하게 될 아들에게 사용한 방법은 곁에서 소리 지르고 독려한 것이 아니라, 바로 이런 방법이었다. "우린 결코 토니가 엄청난 스타가 되리라고 기대하지 않았다. 단지 그가 무척 좋아하기 때문에 스케이트보드가 그에게 정말 좋은 운동이라고 생각했다."

스케이트보드는 토니의 생활에서 큰 부분을 차지했다. 가족도 그의 어린 시절에 스케이트보드 이상은 아닐지라도, 그것만큼이나 중요한 역할을 했다. 50년간 결혼 생활을 한 부모 슬하에서 자란 낸시는 "우리 가족은 매일 저녁을 같이 먹었다."라고 말했다. "우린 또한 많은 가족 활동을 함께 했다. 하늘에 태양이 떠 있는 동안 무리를 지어 해변에서 놀면서 다녔다."

　가족 활동 외에도 낸시 부부는 '무슨 일이 있든 그들이 가장 먼저 달려 간다' 는 사실을 자녀들에게 주지시켰다. 토니의 아버지는 그 같은 생각을 더 발전시켜, 토니가 12살 때 미국 스케이트보드 협회를 시작했다. 이 때문에 토니는 과거 야구나 농구팀에서 누렸던 것과 같은 이점을 누릴 수 있었다.

　토니가 스케이트보드 경력을 쌓아감에 따라 공부할 시간은 적어졌다. 하지만 낸시는 그가 평균 B학점은 확실히 유지했다고 했다. 학교 일과 관련해 낸시는 여러 역할을 동시에 수행해야 하는 요즘 부모들과 마찬가지 처지였다. 워킹맘이었기 때문에 시간이 넉넉지 못했다고 했다. "자녀들이 학생이었을 때 나는 학부모ㆍ교사 모임의 회장이었다. 하지만 일을 했기 때문에 시간을 많이 내지 못했다."

낸시에겐 토니를 다재다능한 인간으로 만드는 것이 최우선이었다. 그래서 낸시는 토니에게 다양한 문화를 폭 넓게 접하고, 많은 곳을 경험하게 했다. 이로 인해 토니는 오늘날 다양하고 깊이 있는 관심사를 가질 수 있었다. "내가 토니에게 말한 것 중 하나는, 그가 예술 서적들을 읽었으면 한다는 것이었다. 우린 그렇게 했다. 그리고 그는 항상 예술에 관심을 가졌다."

토니가 스케이트보드 경력과 대학 진학 사이에서 결정을 내려야 했던 시기가 있었다. 낸시는 "토니가 스스로 결정하도록 했다."라고 말했다. "우린 항상 스케이트보드가 끝나면 토니가 대학에 가서 새로운 경력을 시작할 것이라고 생각했다. 그런데 스케이트보드가 큰 비중을 차지했으며, 토니도 그것을 너무 잘 했다. 하지만 우린 대학에 가라 말라고 강요하지 않았다. 나도 늦은 나이에 대학에 다녔기 때문이다. 나는 누구든 자신이 원할 때 대학에 갈 수 있다고 생각한다."

낸시는 토니에게 쏟은 부모로서의 모든 노력에도 불구하고, 토니가 이룬 믿기 힘든 성과는 스스로 노력한 결과물이라고 했다. "그의 성공은 스스로 성취한 것이다. 그는 훌륭한 정신을 가졌다." 그럼에도 그의 추진력은 엄마가 갈고 닦아준 것이었다. 엄마는 그가 스스로 얼마나 멀리 갈 수 있는지 그 한계를 시험하도록 충분한 여유를 주었다.

"토니가 17살 때 한 회사가 그의 보드를 팔면서 보드 한 개당 1달러를 지불했다. 그 회사가 매달 2만 개를 팔아 토니도 거금을 쥐게 됐다. 그런데 어떤 사람이 '토니 돈으로 무엇을 하는가' 라고 묻길래 나는 '그것은 토니 돈이고 토니 통장으로 들어간다' 고 대답했다. 토니는 18세가 되기 전날 생애 첫 집을 장만했다."

　그 집을 어떻게 했느냐고 묻자, 낸시는 "내 최우선 관심사는 항상 자녀들이었다."라고 대답했다.

21

즐거움 느끼는 일을
찾도록 도왔다

메어리 히긴스 클라크
작가 *캐럴 히긴스 클라크*의 엄마

미국에서만 8,500만 부 이상 팔린 베스트셀러 작가인 동시에, 작가 캐럴 히긴스 클라크(Carol Higgins Clark)의 엄마인 메어리 히긴스 클라크(Mary Higgins Clark)는 "다섯 자녀 모두 이야기꾼"이라고 말했다. "5명 중 넷째인 캐럴은 저녁 식사 자리에서 재미없는 얘기를 하면 바로 중단 당한다는 사실을 아주 빨리 깨우쳤다. 4남매와 함께 뒹굴면서 자랐기 때문에 캐럴은 자연스럽게 유머 감각을 키울 수 있었다. 다른 아이들도 마찬가지였다." 오늘날 캐럴은 소설 10권을 쓴 베스트셀러 작가이며 4권의 크리스마스 소설은 엄마와 공동으로 썼다.

메어리는 인생의 대소사 모두에서 축복받았다. 그녀는 "난 캐럴에게 숙제하라고 해 본 적이 없다. 캐럴은 항상 내가 집에 도착하기 전까지는 숙제를 시작했다."라고 말했다. 어릴 때 캐럴의 스케줄 관리를 어떻게 했을까. 메어리는 "자녀들과 시간을 정해 놓고 놀아주지 않았다. 자녀들은 모두 같은 처지이며 자발적으로 함께 했다."라고 말했다.

엄마의 작가 경력을 답습하는 것은 캐럴이 원래 의도했던 길이 아니었다. 마운트 홀리오크 대학(Mount Holyoke college)을 졸업한 후 캐럴은 연기를 공부했다. 메어리에 따르면 그것은 명백하게 글쓰기와 연관된 훈련이었다. "연기할 때 배우는 이야기 속의 등장인물이 된다. 등장인물이 호소력을 갖고 관객에게 수용된다면, 훌륭한 배우일 것이다. 배우와 작가는 어떻게 해야 유머가 효력을 발휘하며, 왜 그런가를 이해해야 한다."

캐럴이 작가가 된 것은 엄마가 권유한 결과가 아니다. 일련의 우연한 사건들의 결과이다. 메어리는 "캐럴이 18살 때 나는 전체 원고를 다시 타이핑해야 했다. 40개 라디오 프로그램을 맡고 있어서 8월은 가장 바빴다. 타이핑할 짬이 도저히 나지 않았다. 캐럴이 대학에서 집으로 돌아와 있어서 그 일을 대신 했다. 캐럴은 타이핑하면서 내게 '저 등장인물은 이렇게 말하지 않을 것 같아' 혹은 '저 등장인물은 이렇게 말할 것 같아'라고 말했다. 그때 나는 캐럴이 작가의 재능을 가지고 있다는 것을 깨달았다."라고 설명했다.

수년 뒤 메어리의 친구가 캐럴을 워너 북스(Warner Books)사에 소개했다. 메어리는 "캐럴은 그 회사 사람들에게 30살의 사립탐정 리건 라일리(Regan Reilly)가 주인공인 시리즈물의 아이디어를 말했다.

그에 대해 파블리셔 위클리(Publisher Weekly)지는 좋은 평가를 해 주었다."라고 말했다.

오늘날 캐럴의 리건 라일리 미스터리물은 광범위한 인기를 얻고 있다. 그녀는 엄마와 공동으로 그 소설을 계속 쓰고 있다. 그 외에도 캐럴은 엄마의 소설을 바탕으로 한 TV 영화 〈크라이 인 더 나잇〉(A Cry in the Night)을 포함해 TV, 영화, 극장 상영물 등에 출연했다.

엄마는 딸 캐럴에게 어떤 기대를 했을까. 메어리는 일을 잘하고 큰 꿈을 가지도록 하는 것에 항상 우선순위를 두었다고 했다. 그러나 그녀는 "나는 자녀들이 모든 면에서 잘 하기를 원하지는 않았다."라고 말했다. "나는 아이들이 타고난 재능을 탐구하기를 원했다. 예를 들면, 우린 음치 가족이었기 때문에, 나는 누구에게도 합창단에서 노래하기를 기대하지 않았다."

메어리는 자녀들이 좋은 결정을 내릴 것이라고 신뢰했다. 그리고 이 같은 사실을 자녀들이 알게 한 것이 자신의 자녀교육 스타일이라고 했다. "아이들이 처음 차를 운전했을 때 나는 일에 매달려 있었다. 그래서 아이들에게 '늦게까지 너희들을 기다리고 있을 수 없으니, 난 너희들이 제 시각에 맞춰 집으로 올 것으로 믿을 수밖에 없다'고 말했다."

그런 일은 항상 대화를 통해 이루어졌다. 자녀의 규칙을 정할 때에도 마찬가지였다. 메어리는 "우린 자녀들의 합리적인 귀가 시각에 대해 의논했다. 난 아이들의 친구의 엄마들과도 협의해서 확고한 방침을 정했다."라고 설명했다.

메어리는 칭찬과 격려가 좋은 부모의 핵심 요소라고 믿었다. 그녀는 "난 항상 부모들에게 '자녀가 직접 그린 그림이나 직접 쓴 시를 보여주면, 그 창조성에만 집중하라'고 말한다. '철자법 틀린 것이나 크레용 칠이 선 밖으로 나간 것은 잊어버리라'고 말한다. 격려는 진정으로 자녀의 자존심에 놀라운 역할을 한다."라고 말했다.

메어리와 캐럴의 인생에서 성공과 역경은 같은 크기로 찾아왔다. 캐럴이 8살 때 아버지 워런이 세상을 떠났다. 메어리는 5살에서 13살까지 다섯 자녀를 거느린 젊은 미망인이 됐다. 그 난관을 어떻게 극복했을까. 메어리는 "가능한 한 최선을 다해 아이들의 인생을 행복하게 만드는 것이 내 임무라고 느꼈다. 슬픔이 아무리 클지라도 남은 부모마저 흔들려서는 안 된다고 느꼈다."라고 말했다.

메어리가 다른 부모들에게 주는 충고의 핵심은 "자녀가 진정으로 즐거움을 느끼는 일을 찾도록 도우라."라는 것이다. "모든 사람은 각자 잘 하는 일이 반드시 있다. 만약 좋은 목소리를 가지고 있다면 합창단에 들게 해라. 나는 내 아이들에게 피아노 교습을 받게 했지만 그들은 전혀 흥미를 가지지 않았다. 언젠가는 타고난 재능과 흥미는 저절로 나타난다."

그녀는 좀 더 구체적으로 "자녀들이 좋은 교육을 받게 해라. 부모들은 모두 자녀가 행복하고, 자신들이 하는 일을 좋아하고, 감정적·사회적으로 충만감을 갖기를 원한다. 좋은 교육은 그들이 이 모든 것을 성취하는 데 초석이 될 것"이라고 설명했다.

메어리는 엄마와 딸의 공동 작업을 비유적으로 설명했다. "캐럴과 내가 책 한 권을 함께 쓰기 위해서는 많은 공동 노력이 필요하다. 우린 그 책이 '완벽한 아이'가 되기를 원한다. 누군가 한 문장을 생각해내면, 다른 사람은 '나도 방금 그것을 생각하고 있었는데'라고 말한다. 우리의 마음은 너무 똑같아서 한 목소리를 낸다."

강한 정신적 유대를
유지했다

헬렌 키르슈
피트니스 권위자 데이빗 키르슈의 엄마

피트니스(fitness)의 권위자 데이빗 키르슈(David Kirsch)의
엄마 헬렌 키르슈(Helen Kirsch)는 먼저 자신이 자녀교육 전
문가가 아니라는 점을 지적했다. "자녀교육에는 어떤 규칙도 없다.
그것은 이 세상에서 당신이 교육 받을 필요가 없는 유일한 것이다."
그녀의 말은 오늘날 데이빗 키르슈의 멀티 미디어 제국을 보면 자명
하다.

데이빗은 몸과 마음의 조화를 역설하며 자신의 기술을 하이디 클
룸(Heidi Klum, 슈퍼모델), 리브 타일러(Liv Tyler, 영화배우), 나오미 캠
벨(Naomi Campbell, 슈퍼모델) 같은 유명 인사들에게 보급했다. 데이
빗은 〈사운드 마인드〉(Sound Mind), 〈사운드 바디〉(Sound Body) 등
호평 받은 많은 책들을 썼다.

또 〈데이빗 키르슈즈 원 온 원 트레이닝 시리즈〉(David Kirsch's One-on-One Training Series)를 포함한 일련의 비디오들을 출시했다. 뉴욕 맨하탄의 매디슨 스퀘어 클럽(Madison Square Club)의 설립자이기도 한 그는 일련의 영양보충제를 만드는 등 피트니스를 영양·피부관리 분야의 벤처 기업에 접목했다.

그는 ABC의 〈익스트림 메이커오버〉(Extreme Makerover) 프로그램에서 크게 소개된 전문가이며 타임, 보그, 뉴욕타임스, 피플(People)지뿐 아니라 투데이, 액세스 할리우드(Access Hollywood), 엑스트라(Extra)지 등에도 소개됐다.

2006년 10월 데이빗은 미국아몬드협회(Almond Board of America) 대변인이 됐으며, 유명한 배스앤바디웍스 건강 회의(Bath and Body Works Wellness Summit)에 크리스티 털링턴(Christy Turlington, 모델), 앤드류 웨일(Andrew Weil, 자연치유학자) 박사와 함께 패널로 참석했다. 2006년 11월 세 번째 저서 〈얼티미트 뉴욕 다이어트〉(The Ultimate New York Diet)를 출간했다.

헬렌은 어렸을 때부터 데이빗에게 '인생은 대단한 것'이라는 철학을 심어 주었다고 했다. "난 항상 데이빗에게 '자신에게 진실하라'고 말했다. '돈은 왔다가 가는 것이지만 네 본연의 모습은 네가 항상 가지고 다녀야 하는 것'이라고 말했다." 헬렌은 데이빗을 종교적으로 키우지는 않았지만 키르슈 집안에는 항상 종교적 전통의 요소가 있었다. 그녀는 "자녀들은 자신들이 종교적으로 어떤 사람인지를 알았다. 우린 절에 다녔으며 그에 맞게 휴일을 지켰다."라고 말했다.

어떤 엄마들은 나중에 자녀들의 특성을 살펴본 뒤에야 자기 자녀가 특별하다는 생각을 하게 된다. 그러나 헬렌은 데이빗이 태어난 때부터 그가 특별하다는 것을 깨달았다고 했다.  "내가 데이빗을 들어 안았을 때 그가 특별하다는 것을 알았다. 그는 직관적이고 정직했다. 나무랄 데 없는 본연의 모습을 가지고 있었다."

헬렌은 정신적으로 아들과 초현실적인 깊은 유대를 갖고 있었다고 말했다. "한 번은 내가 넘어져 피를 흘리고 있었다. 마루에 앉아 울고 있었는데 집에는 나 혼자였다. 데이빗은 대학에 가 있었고 남편은 직장에 있었다. 그런데 5분 뒤에 벨이 울리면서 데이빗이 나타났다. 그는 '엄마가 날 필요로 한다고 느꼈다'고 말했다." 모자의 유대는 수십 년간 굳건하게 유지됐다. 그녀는 "난 매일 데이빗과 대화한다. 최근 시작한 벤처사업을 잘 경영하도록 돕는다."라고 말했다.

어린 시절 데이빗은 꽉 짜인 생활을 했다. 헬렌은 "데이빗은 집에 와서 숙제를 하고 집안일을 거들었다. 그런 뒤에 쉬거나 TV를 볼 수 있었다.”라고 말했다.

헬렌은 자녀가 가장 좋아하고 행복한 삶을 살기를 강렬히 희망했다. 그녀의 자녀교육 스타일도 이런 희망을 기초로 했다. 그녀는 “하지만 내가 아이들을 위해 그들의 인생을 선택하지는 않았다.”라고 말했다.

50년간 결혼생활을 지속하고 있는 남편 허브는 건강관리 분야에 종사했다. 하지만 헬렌 부부는 데이빗에게 아버지의 길을 따르라고 권하지 않았다고 말했다. “우린 결코 데이빗에게 강요하지 않았다. 우린 항상 자녀를 사랑하면 된다고 믿었다. 그러나 다른 사람이 원하는 것을 절대로 자녀에게 시켜서는 안 된다고 믿었다.”

오늘날 데이빗은 자신의 인내심은 엄마 덕분이라고 생각한다. 헬렌은 “생활이 힘들었을 때 데이빗이 내게 ‘엄마가 나를 어떤 일이든 할 수 있다고 생각게 만들었다’ 고 말했다. 나는 ‘먼지를 털고 다시 시작하라’ 고 말하곤 했다.”라고 말했다.

헬렌은 항상 데이빗을 자랑스러워했다. 그의 명성은 단지 보너스에 지나지 않았다. “데이빗은 항상 우리에게 자부심의 원천이었다. 요즘 사람들이 ‘아들이 자랑스럽지 않느냐? 고 물으면 나는 ‘항상 데이빗을 자랑스럽게 생각한다’ 고 말한다.” 그것이 오늘날 헬렌이 데이빗의 직업적인 성공을 늘어놓기보다 다른 일에 초점을 맞추는 이유이다. “데이빗은 매우 자비심이 많고 따뜻한 사람이다. 사람들이 말하기에 편한 사람이지만 그 말에 쉽게 흔들리지 않는다. 그는 자신이 누구인가를 안다.”

헬렌은 자신의 자녀교육 스타일을 엄격함과 이해의 결합이라고 설명했다. 또 자신은 매우 자애로운 엄마였다고 했다. 헬렌은 허브와 50년간 결혼생활을 유지하면서 그를 '가장 좋은 친구'라고 불렀다. 그리고 자신들의 결혼생활이 밀접한 가족 유대의 기반이 되었다고 말했다. "집은 기초 위에 지어진다. 허브와 내가 그 기초였으며 아이들은 벽돌이었다."

자녀가 자라면서 키르슈 가족들은 많은 시간을 함께 하며 즐겼다. 헬렌은 "우린 해변으로 가서 배구를 즐겼으며 소풍을 가기도 했다."라고 말했다. 또 형제자매가 이웃에 살아서 좋았다고 했다. "난 형제자매들과 매우 가까웠다. 내 형제자매들이 우리 집에서 반경 3마일 이내에 살았다. 내 아이들은 항상 이모와 외삼촌, 사촌들을 만났다. 내가 그런 경험이 없었기에 그것은 우리에게 매우 소중했다."

가족이 함께 시간을 보내는 것이 중요했지만, 동시에 헬렌은 아들이 독립적이 되기를 원했다. 그녀는 "그래서 나는 데이빗을 4살 반에 학교에 보냈다. 데이빗이 나로부터 떨어지는 것이 중요하다고 생각했기 때문"이라고 말했다.

아직도 헬렌에게 자녀교육은 복잡한 춤 같은 것이다. 그녀는 "부모는 자녀들을 떠나보낼 만큼 충분히 사랑해야 한다고 생각한다. 왜냐하면 부모가 손에서 놓는 모든 것은 어떤 것이든 다시 돌아오기 때문이다."라고 말했다. 이에 부연해서 헬렌은 "자녀는 선물이라고 생각해야 한다. 자녀는 부모가 18년 동안에 혹은 20년 동안에 가끔씩 받는 선물"이라고 했다.

엄마는 아들의 성공에 어떤 역할을 했을까. 헬렌은 오늘날 데이빗의 성공은 전적으로 그 자신이 이룬 것이라고 했다. "데이빗이 해냈다. 데이빗이 해낸 것이다." 그럼에도 헬렌의 '강한 사랑'이 일조한 것은 분명한 사실이다.

"난 쉬운 사람이 아니다. 난 데이빗에게 많은 것을 기대했다. 난 매사에 최선을 다했다." 헬렌은 '좋은 친구는 찾기 힘들다'는 문구를 원용하면서 "좋은 친구는 헤어지기 힘들다. 잊어버리는 것은 불가능하다. 무엇보다도 나는 데이빗을 내 친구라고 여긴다."라고 말했다.

일에 대한
열정을 가르쳤다

티나 노울즈
가수 *비욘세 노울즈*의 엄마

"우리는 언제나 음악을 들었다. 남편과 나는 노래하는 그룹에 속해 있었으며 모든 종류의 음악을 사랑했다."라고 티나 노울즈(Tina Knowles)는 말했다. 그녀는 데스티니스 차일드(Destiny's Child, 미국 여성 R&B 그룹)의 설립 멤버이자 변함없이 가장 잘 팔리는 여성 그룹의 일원인 비욘세 노울즈(Beyoncé Knowles)의 엄마다. 엄마의 사랑, 엄마의 음악에 대한 열정이 오늘날 비욘세에게 대물림됐다는 것은 의심의 여지가 없다.

비욘세는 26살짜리에게는 전례가 없는 록스타 지위를 차지했다. 데스티니스 차일드는 세계적으로 400만 장 이상의 앨범과 싱글(한두 개 곡만 들어간 음반 코일)이 팔렸으며 골드, 플래티넘, 멀티 플래티넘 증서가 놀랍게도 23개나 됐다. 개인적으로 비욘세는 그래미상, 미국

음악상, 세계음악상, 그리고 저명한 NAACP(미국유색인종향상협회) 이미지상을 받았다. 2001년 비욘세는 아프리카계 미국 여성으론 처음으로 ASCAP(미국음악가협회)가 수여하는 올해의 팝 작곡가상을 받았다.

비욘세는 2004년 멀티 플래티넘 데뷔 솔로 앨범 〈데인저러슬리 인 러브〉(Dangerously in Love)의 판촉을 위해 솔로 예술가로 첫 미국 순회공연을 했다. 이 앨범으로 그녀는 최우수 컨템퍼러리 R&B 앨범, 최우수 R&B 노래 등 5개의 그래미상을 받았다. 그녀에게 최우수 R&B 노래 상을 안긴 대히트곡 〈크레이지 인 러브〉(Crazy in Love)는 제이-지(Jay-Z, 비욘세의 남편)가 함께 불렀다.

그래미상 5개는 여성 예술가가 싱글 앨범으로 수상한 최다 기록이다. 비욘세는 로린 힐(Lauryn Hill), 알리샤 키스(Alicia keys), 노라 존스(Norah Jones)와 함께 타이 기록을 세웠다. 최근 비욘세는 케네디센터 아너스(Kennedy Center Honors) 행사에 초청받아 미국 최고 공연 예술가상을 받은 티나 터너(Tina Turner)를 위한 축하 공연을 했다.

그녀는 여러 영화에도 출연해 명성을 높였다. 마이크 마이어스(Mike Myers)가 주연한 〈골드멤버〉(Goldmember)에서 '폭시 클레오파트라'(Foxxy Cleopatra)로 출연해 대담한 희극성을 보여 주었다. 영화 〈핑크 팬더〉(Pink Panther)에서 중요한 역할을 했으며 아카데미 수상작인 〈드림걸스〉(Dreamgirls)에서 주연을 맡았다.

최근 비욘세는 다른 창조적 분야 즉, 의류 디자인에 도전했다. 패션 브랜드 「하우스 오브 데레온」(House of Deréon)을 엄마 티나와 공동으로 만들었다.

엄마 티나는 어린 비욘세가 성공 가능성을 보이기 전에도 딸의 성장에 대해 걱정하지 않았다고 했다. 그녀는 "비욘세에게 걸고 말하라고 독려한 사람은 남편이 유일했다. 나는 그녀가 제 속도대로 성장하게 했다."라고 말했다. 티나는 느긋한 교육법의 일환으로 엄격한 스케줄을 만들지 않았다. "남편과 나

는 아이들에게 책을 읽어 주었다. 하지만 결코 시간을 정해 놓고 하지는 않았다."

어린 시절 비욘세에게 TV를 보게 했느냐고 물었다. 티나는 가끔 한쪽에 TV를 켜 놓았으나 TV에 끌려 다니지는 않았다고 했다. 그녀는 "비욘세는 TV에 빠져들지 않았다. 집 밖에서 이리저리 달리거나 춤 동작을 만들곤 했기 때문"이라고 말했다.

티나는 비욘세에게 미래 패션 디자이너의 불씨를 심어주기를 원했다. 그래서 창조성과 패션에 대한 사랑을 강조했다. "나와 비욘세는 위탁판매점에서 옷을 사서 집으로 돌아온 뒤 옷에 구슬과 보석을 달곤 했다. 그 옷들을 입을 수 있는 예술작품으로 만들었다."

티나는 비욘세에게 창조성의 범위를 넓혀 주었다. 티나는 "비욘세가 아직 어렸을 때, 남편과 나는 그녀를 노래와 춤 강습에 등록시켰다."라고 말했다. 그것은 비욘세에게서 그런 재능을 발견했기 때문이 아니었다. 사실은 정반대였다. 티나는 "비욘세가 너무 수줍어서 노래와 춤을 배우게 하는 것이 좋겠다고 생각했다."라고 말했다.

그러나 티나는 "나와 남편은 어떤 일이든 강제로 비욘세에게 시키지 않았다."라고 했다. "항상 비욘세에게 그것이 원하는 일인가를 확인했다. 그리고 원하지 않는다면 하지 않아도 좋다는 점을 분명히 했다."

티나가 비욘세에게 끊임없이 강조한 것은 '하는 일에 열정을 가지라'는 것이었다. "우린 항상 비욘세에게 '지금 하는 일에서 최고가 될 수 있다'고 말해 주었다. 그러기 위해서 그녀는 먼저 그 일을 사랑해야만 했다."

미용실 주인 겸 워킹맘인 티나는 가족이 함께 하는 시간을 만들기 위해 스케줄을 짜야 했다. 저절로 되는 일이 아니었기 때문이다. "우린 한 가족으로서 저녁 식사를 함께 하기 위해 최선을 다했다. 나는 아이들과 시간을 함께 보내기 위해, 일요일에 손님 예약이 없는 시간을 항상 만들어 놓았다."

노울즈 집안에서 가족 시간은 항상 종교에 초점이 맞춰져 있었다. 티나는 "우린 규칙적으로 세인트존스(Saint John's)의 교회에 다녔다."라고 말했다. 종교는 또한 티나에게 삶의 가치였다. "나는 내가 가진 것을 사회에 환원해야 한다는 강한 믿음을 가지고 있었다. 그래서 기회만 되면 그것을 실천하려고 노력했다."

언제 비욘세에게서 역사상 가장 성공적인 가수의 한 사람이 될 스타 잠재력을 보았을까. 티나는 비욘세의 재능을 처음 발견한 사람은 그녀의 춤 강사 달레트였다고 말했다. "비욘세가 대략 5살 때 달레트의 주선으로 학교 음악회에서 독창을 했다. 객석에 앉아 있던 남편과 나는 깜짝 놀랐다. 그때 비욘세에게 그런 재능이 있다는 것을 처음 알았다."

티나는 칭찬으로 딸을 격려했을 뿐 아니라 딸이 재능을 더 높은 단계로 계발하도록 적극적으로 도왔다. 그녀는 "우린 비욘세와 친구들이 우리 집에서 연습하게 했다. 나는 그들의 의상을 만들어 주었으며, 남편은 매니저가 되었다."라고 말했다.

10대 자녀를 둔 부모들이 대부분 자녀의 친구 교제를 감독함에도 불구하고, 티나는 비욘세에게 "친구를 많이 사귀라."고 독려해야 했다. "비욘세에게 파티에 가고, 학교 친구들과 좀 더 어울리라고 말한 기억이 난다. 그녀가 노래와 춤에 너무 열정적이어서 연습만 하기 원했기 때문이다. 비욘세에게 10대의 생활을 놓쳐서는 안 된다는 점을 확실히 해주고 싶었다. 그래서 휴식을 취하고, 다른 아이들과 놀고, 즐겁게 지내라고 권했다."

그렇다고 비욘세가 집에서 안무 동작 연습만 하며 시간을 보낸 것은 아니다. 티나는 "우린 가족 단위로 많은 곳을 여행했으며 여러 박물관에도 갔다."라고 말했다. 티나는 비욘세에 대한 비정규 교육은 대부분 자신의 미용실에서 이루어졌다고 했다. "거기서 비욘세는 모든 종류의 헤어쇼를 보았으며 늘 일상적인 대화를 들었다."

티나는 비욘세에 대한 자부심을 감추지 않았다. 그러나 슈퍼스타의 감각을 지닌 비욘세는 자신이 원하면 뭐든 될 수 있었으며, 그 일을 잘 할 수 있었을 것이라고 말했다. 티나가 비욘세에게 확실히 물려준 것이 바로 이 현실적인 태도였다. "내 생활신조는 '아름다움이란 피부 깊숙이 있을 뿐이다. 당신이 아무리 미인이라도 주변 사람들에게 친절하고, 호의적이며, 이들을 존중해야 한다' 는 것이다."

티나는 주저없이 비욘세의 성공은 신이 준 재능 덕분이었다고 했다. "남편과 내가 한 일은 비욘세에게 사랑을 주고, 그녀를 지지하고, 그녀에게 할 수 있다는 격려의 말을 한 것이 전부이다."

그럼에도 티나는 록스타를 키우는 데 필요한 요령 한두 가지는 알고 있는 것 같았다. "나는 엄마들에게 이렇게 권장하고 싶다. 자녀가 타고난 자신이 되게 하라, 자녀의 현재 모습을 사랑하라, 그들의 말에 귀 기울여라, 그들이 자신에 대한 믿음을 갖게 해라, 그들이 하는 모든 일에서 최선을 다하도록 격려해라."

무엇이 비욘세를 비욘세로 만들었을까. 아마도 그 답은 티나의 엄마 이미지에서 가장 잘 파악할 수 있을 것 같다. "나는 진정으로 자녀와 손자녀들을 사랑하는 엄마이다. 그들에게 가능한 한 최상의 인간이 되도록 격려하는 엄마이다. 그들이 대접 받기를 원하는 대로 남을 대접하라고 격려하는 엄마이다."

스케줄을 짜지 않고
느긋하게 대했다

마를린 젠트리
TV앵커 *매트 라우어*의 엄마

〈투데이〉(Today) 쇼는 미국 방송 역사상 두 번째로 오래 방영되는 TV 시리즈다. 이 인상적인 기록을 세우는 데 친근한 앵커 매트 라우어(Matt Lauer)가 결정적인 영향력을 발휘했다. 매트의 엄마 마를린 젠트리(Marilyn Gentry)는 "어린 시절 아들의 성장 속도에 대해 눈곱만큼도 걱정하지 않았다."라고 말했다.

마를린은 조지 W. 부시 대통령에서 알렉스 로드리게스(프로야구 선수)에 이르기까지 모든 유명인을 인터뷰한 아들을 키웠다. 3자녀를 둔 매트는 최우수 특별 클래스 프로그램(Outstanding Special Class Program) 부분에서 데이타임 에미(Daytime Emmy)상을 받았으며, 피플(People)지에 의해 '가장 아름다운 50인'의 한 명으로 선정됐다. 또 모든 주요 토크쇼에 출연했다.

마를린은 노력하라고 격려할 때조차도 자신은 매우 느긋했다고 말했다. 매트와 매트의 누나 에이프릴을 수영 강습에 등록시켰을 때에도 마찬가지였다는 것이다. "두 아이들에게 수영 강습을 받게 했지만 아무도 제대로 배우지 못했다. 그들은 1년 뒤 스스로 수영을 익혔다."

느긋한 자녀교육법의 일환으로 마를린은 스케줄을 짜지 않았다. 마를린은 "난 절대 자녀들이 스케줄을 따르도록 하지 않았다. 내 자신이 스케줄을 싫어했다. 난 매우 조직적인 사람임에도 불구하고 스케줄은 끔직한 것이라고 생각한다."라고 말했다.

마를린은 식사시간도 마찬가지였다고 했다. "아이들은 결코 정해진 시간에 식사를 할 필요가 없었다. 아침은 정해진 시간에 혹은 한 시간 이내에, 점심도 늘 같은 시간에 혹은 한 시간 이내에 할 필요가 없었다. 그러나 저녁은 그렇지 않았다. 남편과 첫 남편은 7시가 지나서야 집에 왔다. 그래서 난 늘 그 전에 아이들이 식사를 하게 했다. 아이들은 남편과 내가 식사하는 동안 식탁에 함께 앉아 있었다."

마를린은 "그냥 자녀와 함께 있어 주는 것이 중요하다."라고 말했다. 매트가 성공에 매진할 수 있었던 것도 이 때문이라고 했다. "난 항상 밖에 나가지 않고 집에 있었다. 아이들과 함께 집에 있기를 원했다." 그녀가 직장을 가졌을 때에도, 근무시간이 자녀들과 함께 하는 시간과 상충되지 않는 직장을 구했다. "나는 같이 있어 주었기 때문에 좋은 엄마라고 생각한다. 직장 일을 했을 때에도 아이들이 집에 오면 30분 이내에 귀가할 수 있는 직장을 구했다."

마를린은 뉴욕주 차파콰(Chappaqua)의 중상류층 거주지에서 매트를 키웠다. 그리고 그에
게 그 공동체에 맞는 라
이프스타일을 제공했다.
"우린 항상 풍족했고 잘
살았다. 매트는 좋은 취
향을 가지고 있었으며,
우린 아이들의 그런 취향
을 충족시켰다고 생각한
다. 지나치지는 않았지만
우린 아이들이 원하는
것, 필요로 하는 것을 다
주었다."

　가족과 마찬가지로 종교는 매트의 성장에 중심 역할을 했다. 마를
린은 "우린 거의 매주 일요일 교회에 다녔다."라고 말했다.

　그녀는 "두 번째 남편 리처드는 정말 규율에 엄격한 사람이었다."
라고 말했다. "난 매우 힘든 시기에도 리처드와 통일된 입장을 유지
하려고 노력했다." 마를린은 부드러운 태도에 잘 반응하는 매트의 개
성을 고려해, 매트를 편하게 해주려고 노력했다고 했다. 리처드가 규
율에 몹시 엄격했기 때문이다.

　목가적인 중상류층 거주지에 살았지만 매트도 인생의 역경을 피할
수는 없었다. 부모의 이혼이 그 하나였다. 실제로 마를린은 첫 남편
과의 관계를 "썩 안정적이지 못했다."라고 표현했다. "일종의 냉랭한

관계였다. 그 때문에 이혼했다." 이혼 1년 후 그녀는 매트에게 일상의 아버지가 된 사람과 재혼했다.

마를린은 "리처드는 매트의 삶에서 필수적인 부분이었다. 그는 아이들을 매우 사랑했다. 그는 정말 아무 스스럼없이 아이들을 받아들였다."라고 말했다. 매트는 리처드를 결코 '아빠' 라고 부르지 않았지만, 어린 시절 친아버지와는 팽팽한 관계였다. 그녀는 "친아버지는 재혼했으며 이후 아이들에게 별로 신경 쓰지 않았다."라고 말했다.

마를린은 역경에 유연하게 대처했다. 재혼 가족과 함께 삶을 닥쳐오는 대로 받아들었다. "주말을 5자녀(마를린 2명, 리처드 3명)와 함께 집에서 보냈다. 당시 우린 정원 딸린 작은 저층 아파트에서 살았지만 소풍을 가고, 테니스를 치고, 다른 야외 활동을 했다."

마를린의 자녀교육 모토는 자녀의 기대를 충족시켜 주기보다 자녀가 삶의 동기를 찾도록 격려하는 것에 훨씬 더 가깝다. "난 항상 내 두 아이들에게 '최선을 다하고 정말로 자신이 좋아하는 것을 찾으라' 고 말했다. 그것은 결코 일 같은 것이 아닐 것이다. 자신을 행복하게 만드는 것을 찾는 것이 다른 어떤 것보다 더 중요하다."

마를린은 격려와 적절한 잔소리로 매트가 자신의 길을 찾도록 했다. "우린 그를 보고 웃기도 하고 그와 함께 웃기도 했다. 자녀는 자신의 길을 찾아야 한다고 생각한다. 내 자녀들은 둘 다 그렇게 했으며 둘 다 성공했다."

앵커가 된 매트에게 전수된 기술들은, 아주 어린 시절부터 마를린이 그에게 보여 준 것이다. 그녀는 "매트는 탁월한 유머 감각을 가지고 있었다. 그가 너무 재미있어서 우린 그와 같이 많이 웃었다."라고 말했다. 매트는 DNA에 내재된 오락성(마를린은 모델, 마를린의 아버지 아트 젠트리는 가수였다) 덕분에, 끊임없이 사람과 음악을 접하고 사교 활동에 참여했다.

그럼에도 마를린은 매트가 카메라 앞에 서기보다 무대 뒤에 있을 것이라고 생각했다. 그러나 마를린은 매트가 카메라 앞에 서는 것을 보았다. "매트와 에이프릴은 어렸을 때 늘 연극 공연을 하곤 했다. 매트의 아버지는 '매트는 그 업계에서 뭔가가 되겠다'고 말하곤 했다. 우린 그대로 내버려두었다. 만약 그가 원하면 그 길로 나갈 것이라는 것을 알았기 때문이다."

오락성이 단지 매트의 DNA에만 있었던 것은 아니었다. 매트는 성장 과정에서 오락성을 아주 많이 접했다. 마를린은 "남편과 내가 쇼 비즈니스에 종사했기 때문에 우리 주변에는 항상 음악이 있었다."라고 말했다. 매사를 재밌게 하고 활기차게 만드는 것은 마를린의 자녀 교육에서 큰 부분을 차지했다. "우린 모두 음악과 연관된 친구들을 가졌었다. 그들이 모두 오락산업에 종사했기에 우리는 매주말을 훌륭한 연예인들과 함께 했다. 그러나 전체적으로 보면 우린 아주 평범한 가족이었다."

마를린은 학교와 성적에 관해서는 매트에게 강요하지 않았다고 했다. "자기 성적표를 보면서 매트가 웃곤 했는데 우린 지금도 그것을 보면 웃는다. 그는 '엄마가 내 성적표를 본 적이 없다고 생각한다'고 말한다. 난 '확실히 봤다'고 말한다. 매트는 '그래서 나는 정신적 부담을 크게 덜 수 있었다'고 말했다."

성적이 월등히 우수했던 누나의 그늘에서 자랐지만 매트는 학구적이지 못했다. 마를린은 "매트는 대단한 학생이 아니었지만, 딸은 매우 뛰어난 학생이었다. 우린 매트의 숙제를 체크해 주었다. 어쨌든 매트가 졸업 가능 성적을 받은 것은 확실하다."라고 말했다.

마를린은 스포츠와 친구 교제 등 두 가지에서 적극적인 부모였다. 그리고 그 분야에서 월등한 실력을 발휘했다. 그녀는 "야구, 미식축구 등 매트가 무슨 운동을 하든 우린 그의 모든 운동경기를 보러 갔다. 그리고 그의 친구들과 여자친구들을 모두 다 알았다."라고 말했다.

매트가 대학생이 되었을 때조차 그녀는 어떤 종류의 강요도 하지 않았다. "매트는 오하이오주에 있는 학교에 다녔으며 커뮤니케이션을 전공하기로 결정했다." 매트는 평생 동안 역경에 의연하게 대처하는 자세로 살았기 때문에, 원하는 직장을 구하지 못했을 때에도 웨스트버지니아TV방송국 인턴으로 일하러 갔다. 그 직장은 그가 방송에서 탁월한 성공을 거두는 데 결정적인 디딤돌이 되었다.

엄마로서 마를린은 "나는 단지 매트를 사랑했으며, 하나님이 그를 사랑한다고 늘 말해 주었다."라고 강조했다.

25

부모뿐 아니라
선생님 역할도 했다

필리스 스티븐스
가수 *존 레전드*의 엄마

음반을 100만 장 이상 파는 음악가인 존 레전드(John Legend)의 엄마 필리스 스티븐스(Phyllis Stephens)는, 존이 어렸을 때 항상 그를 칭찬했다고 말했다. "칭찬한 이유가 존이 항상 내 말을 잘 들었기 때문이었는지는 잘 모르겠다. 하지만 그가 처음 한 말은 '할렐루야'였다." 오늘날 존이 그 첫 번째 말을 할 만한 타당한 이유가 있어 보인다.

존은 채 13살이 되기 전에 카니예 웨스트(Kanye West), 제이 지(Jay-Z), 로린 힐(Lauryn Hill), 알리샤 키스(Alicia Keys) 등 음악계 거물들과 공동 작업을 했다. 2004년 그는 상위 100위권 2곡이 담긴 자신의 플래티넘 음반(100만 장 이상 팔린 음반) 〈겟 리프티드〉(Get Lifted)를 발매했다.

존은 빌보드 차트 정상에 오른 사람으로서는 매우 특이한 길을 밟았다. 그는 장학금을 받고 펜실베니아대학에서 영어, 특히 아프리카계 미국인의 문학과 문화를 전공했다. 1999년 대학 졸업 후 상담에 종사했으며 뉴욕, 필라델피아, 워싱턴 D.C. 등지에서 공연을 했다.

최근 그는 자신의 팬들에게 가나 국민의 삶의 질을 개선을 위해 기부하도록 권장하는 「쇼 미 캠페인」(Show Me Campaign)을 시작했다. 그는 렉서스(Lexus) 광고에서부터 애플 CEO 스티브 잡스의 기조 설명회, 런던에서 열린 「지구 살리기 음악회」에 이르기까지 등장하지 않는 곳이 없을 정도이다.

처음 한 말이 할렐루야인 소년에게 예상되는 바와 같이, 종교는 존의 양육에서 최우선이었으며 중심이었다. 그러나 필리스는 종교를 전통적인 관점에서 생각지 않았다. 그녀는 "우리는 종교를 '예수 그리스도와의 관계'라고 불렀다."라고 말했다. 종교와 양생법은 어린 시절 존의 초석이었다. 필리스는 "나는 엄격한 규율에 따라 성장했다. 따라서 그것이 내 자녀를 키우는 방법이 됐다."라고 말했다.

필리스는 존의 성장이 빨랐다고 했다. "그는 생후 11개월 만에 걷기 시작했다." 존의 성장에서 특히 두드러진 점은 반응이 매우 빨랐으며 일찍 말했다는 것이다. 필리스는 "존은 유아용 침대에 있었을 때부터 완전한 문장으로 말했다."라고 말했다.

전업 주부인 필리스는 보모를 쓰지 않았으며, 존을 보육원에 보내지도 않았다. 그래서 선생님의 역할은 자신의 몫이라고 느꼈다. "나는 항상 방안을 돌아다니며 모든 물건을 가리켰다. 그래서 존은 물건

과 명칭을 잘 연결시킬 수 있었을 것이다." 이런 필리스를 돕기 위해, 남편은 존 형제가 차 안에서 창밖을 잘 볼 수 있도록 특별한 의자를 만들어 주었다. 그녀는 "나는 가르치는 일을 무척 좋아했다. 그리고 아이들이 잘 배우도록 돕고 싶었다."라고 말했다.

필리스는 부모와 선생님 역할 둘 다에 충실했다. 그녀는 "나는 아이들이 좋은 사람이 되도록 교육했다. 이것이 내 과업이라고 생각했다. 아이들에게 내가 알고 있는 모든 것을 가르쳐 주고 싶었다."라고 말했다. 자녀교육 방법의 일환으로 필리스는 집안에 TV를 두지 않았다. 그 이유에 대해 "내 아이들이 TV의 영향을 받는 것을 원하지 않았기 때문"이라고 말했다. "나는 아이들이 부모의 영향을 받기를 원했다." 그러나 결국에는 TV에 대한 태도를 누그러뜨렸다. 존이 11살 때 TV를 도로 갖다 놓았다고 했다.

부모와 선생님 사이에서 어떻게 균형을 유지했을까. 필리스는 자신이 중시한 것은 존과의 관계였다고 말했다. "많은 부모들이 자녀와 관계를 갖지 않는다. 그러나 나는 자녀와의 관계를 최우선시 했다. 나는 늘 존과 함께 했다. 그 때문에 존은 내 가르침을 존중한 것 같았다."

그러나 '함께 있는다' 는 것은 아들의 응석을 받아준다는 말이 아니었다. '책임감을 가르친다' 는 의미였다. 필리스는 존이 버스를 놓치면 학교까지 걸어가게 했다. "그런 일이 실제로 있었다. 우린 동쪽 끝에 살았고 학교는 북쪽 끝이었기 때문에 상당히 먼 거리였다."

존이 현재의 음악적 성공에 이르기까지 약간 특이한 길–아이비리그에서 문학을 공부하고, 상담에 종사하는 등–을 걸어왔지만, 음악은 그의 어린 시절에서도 중요했다. 필리스는 "전 가족이 꾸준히 노래를 했다. 나는 항상 합창 공연 예행 연습을 했다."라고 말했다.

존이 플래티넘 가수로 대성할 것을 알게 된 결정적 순간은 언제였을까. 필리스는 존이 4살 때였다고 말했다. 그때 존이 아주 좋은 목소리를 가졌다는 것을 알았다고 했다. 필리스는 존의 다른 재능과 마찬가지로 음악적 재능을 격려했다. 노래 부르는 것만으로는 충분하지 않아 존에게 피아노를 치게 했다는 것이다. "항상 그랬지만 존은 감동이었다. 4살짜리가 악보를 읽고 노래를 할 수 있었기 때문에 피아노 선생님은 존에게 깊은 인상을 받았다."

존은 피아노의 스타 학생이었지만 11살 때 피아노 교습을 그만두기로 결정했다. 필리스는 피아노 교습을 계속 하라고 붙잡지 않았다.

필리스는 "나는 존이 피아노 교습에서 문턱에 다달았다는 것을 알았다. 나는 그에게 어떤 것도 강요하지 않았다."라고 말했다.

사실 필리스는 존이 스스로의 리듬에 따라 성장하도록 가능한 모든 일을 했다. "어렸을 때 존을 신시내티 레즈(Cincinnati Reds, 미국 프로야구팀) 경기 같은 곳에서 노래하는 소년합창단에 넣었다. 존이 더 이상 합창단을 하지 않겠다고 했을 때, 나는 돈을 물어주고 계약을 파기했다. 그가 뭔가를 좋아하지 않을 때마다 나는 즉각 반응했다. 나는 결코 그가 원하는 것 이상을 강요하지 않았다."

피아노 교습을 포기하고 일류 합창단에서 탈퇴한 것은, 싹트기 시작한 음악 경력을 갑작스럽게 중단하는 것일 수도 있었다. 그러나 존은 달랐다. 필리스는 "존이 피아노 교습을 받지 않는 것은 중요한 일이 아니었다. 가장 좋은 내 친구가 이렇게 말했다. '하나님이 존에게 음악을 심었다. 그는 작곡가이다. 그가 해야 할 일은 그 재능을 계발하는 것이다.' 존이 9살 때 그녀는 그에게서 그 재능을 보았다."라고 말했다.

필리스는 가장 좋은 친구가 존에게서 비상한 능력을 본 유일한 사람은 아니었다고 했다. 그 친구는 존의 능력을 알아본 사람들 중 한 명이었다. 그 친구는 "내 어머님이 돌아가신 직후였다고 기억한다. 합창단 지휘자는 노래가 필요했다. 그래서 존이 피아노에 앉아 선교사들에게 자기 노래를 가르쳤다. 우리는 그곳에 있었다. 오래 된 대규모 여성 합창단이 9살짜리 소년이 가르쳐 준 노래를 불렀다."라고 말했다.

존을 이름처럼 '존의 전설'로 만드는 데 필리스는 어떤 역할을 했을까. 필리스는 존에게 준 가장 큰 선물은 그녀의 시간이라고 믿는다. 그 시간은 피아노 교습보다 훨씬 더 중요한 것이다. "내가 존에게 준 가치 있는 시간이 인생 형성기에 존을 만들었다고 말하고 싶다."

엄마로서의 자신의 이미지에 대해, 필리스는 3연승 경기와 같은 것이라고 말했다. "나는 양육하는 사람이며, 격려하는 사람이다. 그리고 내 자녀들이 하는 모든 일에 관심을 가지고 있다."

26

좋은 부부관계로
집안 분위기를 밝게 했다

헬렌 샬롯스키
심리치료 권위자 로비 루드위그의 엄마

헬렌 샬롯스키(Helene Shalotsky)는 미국의 저명한 심리치료
사이자 수상 경력이 빛나는 리포터 로비 루드위그(Robi
Ludwig) 박사의 엄마이다. 헬렌은 "내 엄마(로비의 할머니)는 늘 이야
기하기 편한 상대였으며 어린 시절 나와 마음이 통하는 친구였다."라
고 말했다. 이 자녀교육 방법은 헬렌에게 좋은 효과를 보였다. 헬렌
은 이 방법을 딸 로비에게 그대로 적용했다. 결국 그 덕분에 로비는
자라서 전문적으로 사람들의 마음을 편하게 해 주는 친구가 되었다.

로비는 〈래리 킹〉(Larry King), 〈투데이〉, 〈낸시 그레이스〉(Nancy
Grace)와 같은 TV 쇼에 정기적으로 출연해 게스트들이 그들의 손상
된 관계를 잘 이해하도록 돕고 있다. 또 〈결혼생활을 구해 주는 1주일〉
(One Week to Save a Marriage), GSN 방송의 〈편견 없이?〉(Without

Prejudice?) 등 2개의 쇼를 진행하고 있다. 그녀는 다양한 미디어에 발을 들여놓았으며, 최근에는 잡지 쿠키(Cookie)의 객원 편집자가 되었다. 이 잡지는 엄마들이 주독자층인 현대 라이프스타일 잡지이다.

유명인사가 되기 전에 로비는 심각한 심리적 문제를 가진 환자들을 위한 사회재활상담사로 일했다. 그녀는 책 〈죽음이 우리를 갈라놓을 때까지〉(Till Death Do Us Part)의 저자이다. 결혼해 두 자녀를 두었다.

로비의 강한 윤리 · 도덕적 바탕은 성장과정에서 종교에 의해 형성됐다. 헬렌은 "로비의 어린 시절은 매일 정신적인 것의 영향을 받았다."라고 했다. "우린 매주 금요일 저녁에 안식일 저녁식사를 했다. 촛불을 켜놓고 기도를 했다. 율법에 맞게 가정을 꾸렸으며 아이들은 유대교 학교를 다녔다. 그리고 유대교 휴일을 준수했다."

이런 종교 의식들 덕분에 가족 간의 유대가 굳건했다. 또 이는 로비의 어린 시절에서 핵심적인 부분이 됐다. 헬렌은 "또 우리는 하나의 가족으로서 브로드웨이 쇼를 보러 가기도 했으며 박물관, 식당, 교육 행사, 스포츠 행사에 가곤 했다."라고 말했다.

이민자 가정 출신이라는 헬렌의 성장 배경이 세 딸을 키우는 방법에 영향을 미쳤다. 헬렌은 "부모님이 힘들게 일해서 우리를 교육시켰다. 이 때문에 나는 내 아이들에게 더 많은 것을 주기를 원했다. 우린 아이들에게 아메리칸 드림의 삶을 주고 싶었다. 사랑하고 교육 받은 가족, 따뜻하고 작은 마을, 사립대학 교육 등을 주고 싶었다. 우리 목표는 딸들이 행복한 삶을 살게 하는 것이었다."라고 말했다.

부모가 열심히 일하는 것을 윤리적 모델로 삼았기 때문에 헬렌은 임신 기간 내내 교사로 일했다. 그녀는 "로비가 태어난 뒤에도 11살이 될 때까지 파트타임 교사로 쭉 일했다."라고 말했다.

어떤 사람들은 자녀 양육이 '사랑의 노동'이라고 말한다. 하지만 헬렌에게 그 일은 '사랑'이었다. "내 아이들을 키우는 일은 즐거움 그 자체였다. 나는 매 순간을 즐겼다." 남편(40년 넘게 결혼생활을 유지하고 있다)과의 협력이 이런 자녀교육의 핵심 요소였다. 헬렌은 "모든 일을 남편과 함께 했다."라고 말했다.

그처럼 성공적인 딸을 키우는 데 남편과의 관계가 어떤 역할을 했을까. 헬렌은 "그것이 결정적이었다."라고 말했다. "남편과 나는 서로 사랑했으며 서로를 좋아했고 서로를 존경했다." 아마도 모든 것에 앞서 그것이 로비의 어린 시절의 분위기를 결정한 것 같다. "딸들이 태어나기 전에 우린 이미 하나였다. 딸들은 우리 가정을 더 즐겁게 했고 더 단단하게 만들었다."

헬렌은 로비에게 강요하지 않고 매 성장단계마다 그녀를 열성적으로 환영했다. "로비는 생후 6개월에 기었고 12개월에 걸었다. 2살이 되자 유창하게 말했다. 매 성장단계마다 새 인형을 보는 것 같았다." 로비의 성장을 돕기 위해 헬렌은 수스(Seuss) 박사의 책을 많이 읽어 주었다고 했다.

그녀는 TV 옹호론자가 아니었지만 항상 한쪽에 TV를 켜놓았다고 했다. "우린 함께 TV를 봤다."

헬렌은 로비와 함께 다른 놀이도 많이 했다. 캔디 랜드(Candy Land, 보드 게임)에서 그냥 마루에 앉아서 노는 일에 이르기까지 모든 놀이를 했다. "나는 아이들이 시작하는 창조적 놀이를 열렬히 신봉했다. 만약 내가 아이들에게 가르칠 것이 있다고 믿으면, 내가 놀이를 이끌었다. 그러나 아이들이 적극적으로 뭔가를 만들려고 하면, 아이들이 주도하게 했다."

놀이에서 주도하는 사람과 따르는 사람이 바뀌더라도, 그것이 무슨 놀이이든, 헬렌은 그것에만 집중했다고 강조했다. "난 마루에서 로비와 함께 놀거나, 혹은 그녀가 하는 일을 지켜보았다. 나는 자녀를 돌보면서 동시에 독서나 전화 통화를 할 수 있다고 생각지 않았다. 항상 자녀가 우선이었다."

헬렌은 자녀가 다양한 경험을 해야 한다는 자녀교육 철학을 갖고 있다. 그에 따라 로비를 테니스, 발레, 수영, 단체운동 등에 등록시켰다. 이런 일은 헬렌의 폭넓은 교우관계와 관련돼 있었다. 이 덕분에 로비도 이미 잘 짜여진 친구 그룹을 가질 수 있었다. 헬렌은 "내 친구들은 내 아이들이 잘 아는 평생 친구들이다. 내 딸들은 매년 그들에게 연하장을 보낸다."라고 말했다. 그러나 친구들을 많이 사귀고 옥외 활동을 많이 하는 것은 우연히 그렇게 된 것이 아니었다. 헬렌은 의도적으로 로비의 생활에서 그런 측면들을 계발시켰다고 했다.

마찬가지로 로비의 성공은 결코 우연이 아니다. 헬렌은 로비에게 많은 기대를 했지만 그런 기대감을 발설하지 않았다. 대신 자신이 모범을 보이는 자녀교육을 했다고 말했다.

"아이들은 부모가 시키는 일은 하지 않는 경우도 있지만, 부모가 하는 일은 항상 모방한다. 남편과 나는 그 같은 사실을 잘 알고 있었다. 그래서 우린 우리의 믿음에 충실한 생활을 했다. 열심히 일하고 교육적으로도 많은 노력을 했다. 모든 휴일 · 생일에는 가족이 함께 모였고, 휴가 때에는 함께 운동을 즐겼으며, 가족 행사에는 친구들도 초대했다. 항상 서로에 대한 애정을 보여주었다."

헬렌은 자신의 자녀교육 스타일을 '양육'이라고 표현했다. "내 아이들은 훌륭하며, 함께 있으면 내게 즐거움을 준다고 항상 생각했다. 실제로 그랬고 지금도 그렇기 때문이다."

양육을 위해 그녀는 격려를 적절히 실천했다. "난 아이들이 특별히 잘한 일에는 뼈를 찾는 개보다 더 빨리 반응했다. 예외적인 친절에는 박수를 보냈으며 잘 쓴 감사장에는 칭찬을 했다."

잘한 일을 보상하는 것 외에 헬렌은 잘못한 일을 다루는 데에도 능숙했다. 그녀는 "일이 어긋나면 스스로 바로잡고 개선할 수 있다는 사실을 아이들이 알게 했다."라고 말했다. 이 같은 자세는 로비가 자신의 직업 세계에서 줄곧 실천한 것이다. 그녀는 "아이들이 세상이 힘들다고 느낄 때, 집은 항상 그들을 지지하는 천국이라는 점을 알도록 했다."라고 말했다.

로비가 심사숙고해서 결정을 내려야 했을 때, 헬렌이 로비에게 준 충고는 '그것은 네 스스로 해결해야 할 선물이다' 는 것이다. 그녀는 "나는 아이들이 하는 일들 중 일부는 그들의 미래 행복에 도움이 된다는 점을 알게 하고 싶었다."라고 말했다.

그럼에도 헬렌이 로비에게 강압적이었던 시기도 있었다. 특히 교육에서 그랬다. "학교 일에서 나는 매우 강압적이었다. 나는 우리 가족의 가치와 선생님의 기준을 매우 중요시했다. 그래서 그것을 아이들에게 요구했다."

헬렌의 자녀교육 신조를 요약하면, '자녀를 사랑하고, 그들을 지지하고, 그들에게 무한한 사랑을 주는 부모' 이다. 이런 영향으로 인해, 로비는 다른 사람들이 삶과 인간관계에 이 원칙을 적용하도록 도왔다. 이는 결코 놀랄 일이 아닌 것이다.

어른에게 말하는 법을
확실히 가르쳤다

글래디스 블런던
TV명사 겸 작가 *조안 런던*의 엄마

과거 ABC 〈굿모닝 아메리카〉의 아이콘이었으며 TV 명사 겸 작가인 조안 런던(Joan Lunden)의 엄마 글래디스 블런던 (Gladys Blunden)은, '어른에게 말하는 법'을 조안에게 확실히 가르쳤다고 말했다. 이는 조안의 방송 경력에 놀라운 성공을 가져다 준 기술임이 분명하다. 글래디스는 "내 자녀들은 항상 어른들과 대화해야만 했다."라고 말했다.

글래디스는 문자 그대로 자녀의 언어 구사 기술을 다듬어 주었다. 조안은 이밖에도 글래디스가 가장 중요한 언어의 규칙을 물려주었다고 말했다. "엄마는 '할 수 없다'(can't)는 우리의 어휘가 아니라고 말했다." 조안은 이 조언을 극대화해 많은 영예를 차지했다.

그 중에는 앨버트 아인슈타인 대학이 수여하는 「성취의 정신 상」

(Spirit of Achievement Award), YWCA의 「탁월한 여성 연설가 상」
(Outstanding Woman's Speaker Award), 미국여성정치회의 상(National
Women's Political Caucus Award)이 포함돼 있다. 1982년에는 자신의
헌신적인 모성애 덕분에 '올해의 훌륭한 엄마'로 뽑혔다. 그녀는 현
재 7자녀의 엄마이다.

2자녀 중 맏이인 조안은 남동생 제프리와 쌍둥이처럼 자랐다. 제
프리는 "난 입양됐기 때문에 누나와 단지 7개월 29일 차이가 날 뿐"
이라고 말했다.

글래디스는 저소득층 가정에서 자랐기 때문에 자신이 갖지 못한 모
든 것을 자녀들에게 주고 싶었다고 했다. 조안은 "그 실천 방안의 일
환으로 엄마는 항상 우리에게 삶의 지평을 확대하라고 독려했다. 그
리고 자신의 삶을 통해 이에 대한 귀감을 보여 주었다."라고 말했다.

조안은 "엄마는 열망, 동기 부여, 스타성 추구 등 좋은 자질들을 모
두 보여주었을 뿐 아니라, 시간을 즐겁게 보내는 방법까지 아는 사
람"이라고 말했다. "엄마는 항상 활기가 넘쳤다. 집에서 피아노를 치
면서 우리에게 노래를 하게 했다. 항상 집안을 생기있게 만들었다."

글래디스는 딸에게 큰 기대를 갖고 있었다. "나는 조안에게 '네가
원하는 곳은 어디든 갈 수 있다'고 자주 말했다. 그녀가 원하는 것은
뭐든 성취할 수 있다고 말해 주었다." 조안은 이 같은 방법을 내면화
했다고 말했다. "엄마의 자녀교육 스타일은 명확했다. 우리가 늘 공
동체의 기둥으로 살아야 한다는 것이 기본적인 분위기와 전제였다."
조안은 좀 더 구체적으로 "엄마는 우리가 단순한 가정주부나 망나니

가 되지 않기를 기대했으며, 우리는 이런 사실을 잘 알고 있었다."라고 말했다.

조안은 6살 때부터 연예인이 될 조짐을 보였다. 글래디스는 그녀가 그 길로 나아가도록 격려했다. "조안이 춤 강습을 받고, 내가 지붕을 완전히 여닫을 수 있는 차를 샀을 때였다. 나는 차 위에 자동차를 완전히 덮는 판을 설치했다. 그래서 조안은 차 위에서 춤을 출 수 있었다. 조안은 항상 퍼레이드를 이끌었다."

글래디스는 딸의 학업·친구 교제와 관련해서는 '관여형' 자녀교육을 했다고 말했다. "나는 학부모·교사 모임에 속해 있었으며, 조안의 모든 친구들에게 매우 친근했다. 그리고 조안이 집에서 남을 즐겁게 하는 재능을 발휘하게 했다. 나는 조안의 일이 어떻게 진행되고 있는가를 알았다."

조안은 "엄마가 내 생활과 공동체 일에 깊이 관여했다."라고 말했다. "엄마는 매일 아침 우리를 학교로 데려다 주었으며, 매일 방과 후에 우리를 집으로 데려왔다. 엄마는 새크라멘토 의료보조인 단체에 깊이 참여했다. 항상 사회적 참여에 열성이었다.”

글래디스는 규율에 관한 한 자신과 남편은 자녀들에게 통일된 입장을 취했다고 했다. 조안은 엄마의 훈육 스타일에 대해 “집안 분위기가 전혀 엄격하지 않았다.”라고 말했다.

글래디스는 조안의 성장을 도우면서도 그녀를 다그칠 필요가 없었다. 그녀는 “조안은 3학년이었을 때 5학년 과정을 공부했다.”라고 말했다. 체험 교육의 신봉자인 글래디스는 하루 정도 자녀들을 학교에 보내지 않고 특별 견학에 보내기도 했다. 글래디스는 그 일환으로 조안이 16살 때 전적으로 다른 체험을 하도록 했다. 조안을 멕시코시티에서 생활하는 교환 프로그램에 등록한 것이다. “조안은 멕시코 가정에서 살았다. 그곳의 삶이 어떤가를 볼 수 있었다.”

다른 생각, 다른 문화, 다른 종교를 체험한 것은 조안의 성장에 중요한 요소가 되었다. 조안은 많은 종교들에 마음을 연 상태에서 성장했다고 했다. “우리 집 보모의 종교는 카톨릭이었으며, 우린 종종 교회에 다녔다. 나랑 가장 친한 친구는 클라인 집안이어서 가끔 그들과 함께 유대교 예배에 참석하기도 했다. 엄마는 종교에 관한 한 집안에서 어떤 갈등도 원하지 않았다. 그 때문에 우린 초교파적으로 성장한 것인지도 모른다.”

조안은 16살 때 12학년 과정을 모두 마쳤다. 조안의 조기 졸업과 관련해 학교측과 약간 마찰이 있었지만 글래디스가 학교를 찾아가 그 일을 마무리 지었다. 글래디스는 “학교측은 마지못해 동의했다.”라고 말했다.

글래디스는 조안의 교육 문제에 항상 적극적인 역할을 했다. 조안은 "엄마는 「떠다니는 세계 캠퍼스」(World Campus Afloat)라고 불리는 대학을 찾아냈다. 그곳은 배를 타고 등교하며 전 세계를 여행하기도 한다. 엄마는 입학지원 에세이를 다른 학교에서 받아내 그 대학에 제출했다. 나는 입학 허가를 받았다."라고 말했다.

딸이 「떠다니는 세계 캠퍼스」에 가기를 원한 데에는 뚜렷한 동기가 있었다. 조안은 "엄마는 내게 '네가 이곳을 떠나야 한다고 생각한다. 여기 네 친구들은 어느 누구도 너와 같은 열망을 가지고 있지 않다. 너는 나가서 세상이 얼마나 크고 넓은가를, 얼마나 많은 것을 주는가를 배워야 한다. 왜냐하면 너는 더 많은 것들을 원하기 때문' 이라고 말했다."라고 설명했다.

글래디스는 자녀들이 안락한 삶에서 벗어나도록 의식적인 노력을 했다. 그것은 자녀들이 티들리윙크스(tiddledywinks) 놀이나 하며 집에서 지내게 하기보다 그들에게 유용한 일들을 경험하게 하는 것이었다. "나는 아이들이 세상 속으로 들어가 세상의 다양한 모습을 보기를 원했다." 글래디스는 조안에 대한 기본적인 신뢰가 있었기에 그녀를 안락한 생활 밖으로 내보낼 수 있었다고 했다. "나는 매사에 조안의 견해를 신뢰했다. 그래서 그녀가 무엇이든 시도하게 했다."

조안이 12살 때 아버지가 비행기 사고로 숨졌다. 이 비극을 겪은 후 가족의 삶은 영원히 바뀌었다. 조안은 "그 후 우리의 삶은 철저히 변했다."라고 말했다. "엄마는 눈물이 채 마르기도 전에 돈 걱정을 해야 했다. 우린 아직도 어렸고 앞으로도 많은 양육 기간이 필요했기 때문이다."

모전여전(母傳女傳)이었다. 그들은 스스로를, 각자를 추스르고 앞으로 나아갔다. "엄마가 내게 한 말이 생각난다. '집에 앉아서 의기소침 하고 있을 수만은 없다. 그것을 극복하고 강해져야 한다.' 엄마는 부동산 학교를 다녔으며 부동산 중개사가 되었다." 조안은 엄마의 이런 강인한 끈기를 본 후, 한계 극복을 두려워하지 않게 되었다고 했다.

조안은 당시를 회상해 보면 아버지의 죽음을 극복하는 일은 매우 힘든 일이었지만 또한 성공의 중요한 디딤돌이었다고 했다. "그 충격 덕분에 나는 끝까지 살아남는 사람이 되었다. 성공하기를 원한다면 반드시 가져야 할 놀라운 자질을 갖게 되었다."

조안은 엄마가 아버지의 죽음을 극복하는 것을 보고 2가지 중요한 교훈을 얻었다. 첫째는 말 등에 복귀해야 한다는 것이다. 둘째는 인생에서 안전한 끈은 없다는 것이다. "내게 일어난 일을 보면, 안전한 끈이란 언제든지 예고 없이 사라질 수 있다는 것을 깨닫게 된다. 따라서 스스로 자신을 돌볼 수 있어야 한다."

고생 끝에 얻은 지혜와 낙천적 태도는 그 집안의 다음 세대 여성에게 전승됐다. 조안은 "나는 엄마의 긍정적 자세, 그리고 실패는 선택 대상이 아니라는 생각을 내 딸들에게 전해 주려고 노력했다. 딸들에게 '선택 대상에서 실패를 지워버리면 네 성공 기회는 무한히 커진다'고 항상 말했다."라고 했다.

항상 한계를 극복하고 더 많은 것을 성취한 글래디스 같은 엄마를 둔 덕분에, 조안은 실패를 지워버리는 일이 훨씬 쉬워졌다. 조안이 모델 에이전시를 성공적으로 시작했을 때, 엄마는 딸에게서 더 큰 잠재력을 발견했다. 조안은 당시 "네가 이 젊은 여성들을 도와 모델 일을 하게 하는 것은 대단히 훌륭한 일이다. 하지만 네가 여기에 쏟는 노력의 절반만 네 자신을 스타로 만드는 일에 쓴다면, 분명히 넌 스타가 될 것"이라고 한 엄마의 말을 기억했다. 그리고 조안은 엄마의 충고에 따라 스타가 됐다.

28

다른 엄마들보다
더 많은 관심을 쏟았다

캐시 마주
사진작가 겸 록스타 *케빈 마주*의 엄마

사진작가 겸 록스타 케빈 마주(Kevin Mazur)의 엄마 캐시 마주(Kathy Mazur)는 아들이 프로 운동선수가 될 것이라고 생각했지만 그에게 처음으로 35mm 카메라를 사주었다. 그 선물을 시발점으로 삼아 케빈은 자기 분야의 정상에 오를 수 있었다. 오늘날 케빈은 음악계 최고 스타들의 사진을 찍는다. 소식통들은 그의 성공은 재능뿐 아니라 장비 덕분이라고 말한다. 그 첫 장비를 엄마가 사준 것이다.

케빈은 마돈나(Madonna)와 공연했으며, 밥 딜런(Bob Dylan)과 녹음 작업을 했고, 롤링 스톤스(Rolling Stones)와 순회공연을 했다. 그는 우드스탁(Woodstock), 로큰롤 명예의 전당 헌액식(Rock and Roll Hall of Fame Induction Ceremony), MTV-VH1 음악상 등 음악계 최

대 이벤트들의 사진을 정기적으로 촬영한다.

그는 연예, 스포츠, 뉴스 등의 사진 · 동영상을 공급하는 회사인 와이어이미지(WireImage)의 설립자이다. 또 세이브 더 뮤직(Save the Music)의 재정을 돕기 위해 출판업을 시작했다. 이 비영리 단체는 공립학교의 기악을 지원하기 위한 목적으로 설립됐다. 케빈은 두 자녀를 두었다.

저소득층 가정에서 자란 캐시는 3자녀(케빈과 두 딸 모린과 케리)에게 자신이 가지지 못했던 모든 것을 주려고 노력했다고 했다. "난 결코 아이들에게 '노'(no)라고 말한 적이 없다." 캐시는 아이들이 자라면서 긴밀한 가족이 되었다고 말했다. 그녀는 "아버지가 돌아가신 후 엄마(케빈의 할머니)가 우리 집에 와서 함께 살았다. 케빈은 할머니에게 눈에 넣어도 아프지 않을 아이였다."라고 말했다.

케빈이 첫째였기에 그의 성장 과정을 보는 것은 캐시에게 일종의 흥분이었다. 캐시는 "케빈은 모든 것을 너무 빨리 했다. 그는 생후 8개월 만에 유아용 침대를 기어올라 밖으로 나왔다."라고 말했다. 캐시는 3번째 자녀를 낳은 후에는 전래 동화와 수스(Seuss) 박사의 책들을 싫어하게 됐다고 했다. 그러나 케빈은 첫째였기 때문에 모든 이야기책을 들을 수 있었다. 그녀는 "케빈이 자기 전에 모든 전래 동요와 책들을 읽어 주었다."라고 말했다.

자신을 '전형적인 도시 엄마'라고 표현한 캐시는 학부모 · 교사 모임에 가입했으며 케빈을 보이스카웃(Boy Scouts)과 리틀 리그 야구에 등록했다고 했다. 그러나 캐시가 케빈에게 쏟은 관심은 다른 도시 엄

마들 이상이었다. "케빈이 다이빙 경기를 시작했을 때, 그를 강습장에 데려다 주기 위해 나는 20마일을 운전해야만 했다." 캐시는 운동에 대한 재능과 관심을 격려하는 것 외에도 항상 대학 진학의 중요성을 강조했다. 그녀는 "나는 케빈이 안정적인 직업을 갖기를 원했다."라고 말했다.

캐시는 자신의 가족의 특징을 '안아 주고 키스해 주는 사이'라고 표현했다. 또 자신은 애정이 넘치는 엄마였지만 케빈의 친구들 앞에서는 자제하려고 노력했다고 말했다. 그녀는 무엇보다도 가족이 함께 하는 것의 중요성을 강조했다. "우리는 매일 저녁 식사를 함께 했다. 그리고 주말을 함께 보냈다."

케빈이 점점 성장함에 따라 가족은 여러 가지를 함께 했다. 캐시는 "자녀가 10대였을 때 캠핑카를 샀다. 우린 미국을 가로질러 러시모어산(Mt. Rushmore)까지 가기도 했다. 그럼에도 우리 관심사는 아이들이었다."라고 말했다. 그녀는 남편과의 47년 결혼생활이 굳건한 가족 유대의 핵심이었다고 했다.

캐시는 인자함과 차가움의 양극단 사이에서 적절히 균형을 취했다. 케빈이 잘못하면 외출을 금지시키기도 했다는 것이다. 소방대원인 남편은 종종 직업 2개를 가지기도 했기 때문에, 자녀 일에는 캐시가 더 많이 관여했다. 하지만 캐시 부부는 자녀 훈육에 대해서는 통일된 입장을 유지했다.

캐시는 케빈이 학교에서 좋은 성적 받기를 원했다. 그러나 그가 학업을 등한시했을 때에는 유연하게 대처했다. "중학생 때 케빈은 내게 공부에 흥미를 느끼지 못하겠다고 말했다. 한 번은 어떤 과목에서 낙제를 해 여름학기를 다녀야 했다. 하지만 그게 다였다. 그는 다시는 여름학기를 다니지 않았다."

그 사건은 케빈의 직업윤리와는 무관하다. 캐시는 케빈이 굳건한 직업윤리를 가졌다고 했다. 그렇게 되도록 자신이 격려하고 교육시켰다는 것이다. "케빈은 17살 이후 매년 여름 수상 구조원으로 일했다. 종종 3개의 직업을 갖기도 했다."

10대 아들이 콘서트에 몰래 가거나 사진 찍는 것을 제지하는 부모들이 있다. 그러나 캐시는 만약 케빈이 그랬다면 적어도 좋은 카메라 한 대를 선물 받았을 것이라고 말했다. "나는 고등학교 졸업 기념으로 카메라를 사 줬다."

이후 케빈은 결코 삶의 방향을 바꾸지 않았다. 캐시는 "그는 대학에서 예술과 디자인을 공부했다. 이어 세인트 존스(St. John's)에서 사진을 공부했다. 그런데 대학 마지막 해에 낙제를 해 가슴이 아팠다." 라고 말했다. 그녀는 항상 케빈에게 "뭔가를 시도하라, 실패를 두려워하지 말라."라고 격려했다.

캐시의 자녀교육 스타일이 케빈에게 어떤 영향을 미쳤을까. 캐시는 '넘어지면 먼지를 털고 일어나 다시 시작하라'는 자신의 철학을 케빈이 내면화했으며 일에도 적용했다고 말했다. "케빈도 사업에서 망한 적이 있다. 하지만 그는 다시 시작했다. 난 항상 그에게 뭔가를 시도하되 두려워하지 말라고 말했다."

오늘날 케빈의 성공에 어떤 도움을 주었느냐고 질문했다. 캐시는 "항상 그를 격려했다. 항상 그가 성공할 것이라고 믿었다."라고 말했다.

29

부정적인 말은
'쉿!' 하며 자제했다

매들린 맥켈빈
미국적십자사 회장 **보니 맥켈빈**의 엄마

미국적십자사 이사회 회장 보니 맥켈빈(Bonnie McElveen)의
엄마 매들린 맥켈빈(Madeline McElveen)은 3자녀 중 장녀인
보니의 임신이 매우 힘들었다고 했다. "하나님께 기도했다. 정상적인
아기를 낳게 해달라고 기원했다. 기록적인 출산이었다. 아기는 기적
이었으며 이후 기적이 되었다."

그것은 과장이 아니었다. 보니는 2004년 조지 W. 부시 대통령에
의해 미국적십자사 이사회 회장에 임명됐다. 그녀는 핀란드 주재 미
국 대사를 지냈으며 미국 최대 고객 주문 출판사인 페이스 커뮤니케
이션스(Pace Communications, Inc.)의 CEO 겸 오너이다.

보니는 핀란드 주재 대사로서 헬싱키 여성경제지도자 정상회의
(Helsinki Women Business Leaders Summit), 스톱 아동 매매(Stop

Child Trafficking), 현대판 노예제 철폐(End Modern-Day Slavery), 카렐리야 아동들(Children of Karelia) 등 여러 구상들을 성공으로 이끌었다. 이 프로그램들은 핀란드와 러시아의 자선단체들이 마약, 범죄, 에이즈, 인신매매 등으로 위험에 처한 어린이들을 지원하는 데 도움이 되었다.

탁월한 봉사활동 덕분에 보니는 핀란드 최고 명예의 하나인 사자 기사단 커맨더 대십자 훈장(Commander Grand Cross of the Order of the Lion)을 받았다. 또 그녀는 칼 크리스티안 로젠브로야 박사 상(Dr. Carl-Christian Rosenbröijer Award)을 받았다. 이전에 이 상을 받은 사람은 조지 H. W. 부시 전 대통령과 헨리 키신저 박사 등이다.

보니는 스미스 헴스 멀리스 앤 무어(Smith Helms Mulliss & Moore) 로펌의 변호사인 남편 바이넘 메릿 헌터와 함께 노스캐롤라이나주 그린스보로에서 살고 있다. 이들은 21살짜리 아들을 두었다.

매들린은 자신의 부모(보니의 조부모)를 '사랑이 충만한 사람들'이라고 표현했다. 매들린은 깊은 신앙에 뿌리를 두고 성장했다. "교회는 우리 삶의 중심이었다. 우린 수요일과 일요일 교회에 다녔다." 성장기 경제사정에 대해 그녀는 "우리는 경제사정만 빼면 모든 면에서 풍족했다."라고 설명했다.

'매 순간이 교육 시간'이라는 방법론에 따라 매들린 부부는 보니에게 일찍부터 돈의 가치를 가르쳤다. "체험 교육의 일환으로 우린 모든 생활을 보니에게 보여 주었다. 쇼핑에 데리고 가 물건들에 대해 설명해 주기도 했다. 그녀는 내게 작은 어른이었다." 그래서 매들린 부부는 어른의 일을 보러 갈 때에도 보니를 집에 남겨두기보다 데리고 갔다. 매들린은 "보니는 성장기의 대부분의 시간을 어른들 주변에서 보냈다."라고 말했다.

매들린은 교사의 일에 몰두했기 때문에 27살이 되어서야 결혼했다. 그녀는 "학교에서 가르치면서 즐거운 시간을 보냈다. 나는 서두르지 않았다. 내가 하는 일을 철저히 즐겼을 뿐이다."라고 말했다.

자녀교육도 교사 직분의 연장선상에 있었다. 매들린은 '교사로서' 학문과 지식에 대한 깊은 애정을 자녀들에게 전달하기 위해 가능한 모든 일을 했다. "나는 아이들이 태아일 때부터 배운다는 사실을 잘 알았다. 또한 음악 형태로 들려주면 아이들이 배울 수 있다고 생각한다. 그래서 'ABC 음악'과 '123 음악'이 담긴 녹음기를 아이들의 침대에 넣어 주었다."

매들린은 지식 주입 이상으로 성공적인 자녀교육을 했다고 믿는다. 자신이 열정적으로 그 일에 몰입했기 때문이라는 것이다. 그녀는

"부모는 자녀에게 지식을 가르쳐야 한다. 동시에 부모도 가르치는 일을 스스로 즐겨야 한다."라고 말했다.

매들린은 항상 기회 포착에 능했다. 그래서 남편이 독일로 발령 났을 때 어린 두 자녀와 함께 독일로 가기를 주저하지 않았다. 매들린은 당시 결정에 대해 "독일로 여행할 기회를 갖게 돼 너무 행복했다."라고 말했다.

뿐만 아니라 그녀는 우연은 없다고 믿었다. "우리는 모든 일에는 목적이 있다고 생각했으며 기회를 사랑했다. 우리 가족은 신앙심이 깊었다. 그래서 우린 독일에 가는 것을 결코 스트레스나 긴장으로 여기지 않았다. 더구나 우리는 스트레스라는 단어가 무엇을 뜻하는지도 몰랐다."

매들린은 매 순간이 교육 시간이라고 믿었지만 TV는 여기에 해당되지 않았다. 그녀는 "나는 TV나 라디오를 신뢰하지 않았다. 차를 운전할 때에도 남편이 라디오를 켜지 못하게 했다. 어른들은 라디오를 켬으로써 아이들의 정신을 꺼버리는 일이 너무 흔하다고 생각한다."라고 말했다.

매들린이 기회를 어떻게 잘 활용했는가를 잘 보여주는 사례가 있다. 자녀들에게 도로 건너는 방법을 가르칠 때 그녀는 "내 손을 잡아라. 그리고 뛰어서 건너지 마라."라고 말하지 않았다. 대신 "나는 너처럼 잘 볼 수가 없으니, 내 손을 잡고 나를 길 건너편으로 데려다오."라고 말했다. 길을 건넌 후에는 "고맙다. 네가 없었더라면 나는 어쩔 뻔 했니?"라고 말했다. 또 매들린은 자녀에게 칭찬을 아무리 많이 해줘도 지나치지 않다는 확신을 가지고 있었다. "그렇게 하면 자녀들의 삶이 훨씬 더 안정된다."

실제로 매들린은 부정적인 것들을 눌러 버리는 '특별한 순간'을 독창적으로 만들었다. 그것은 '쉿! 클럽'이라고 불린다. "만약 부정적인 말이 나오려고 하면, 자녀에게 말하기 전에 '쉿!'이라고 말하는 것이다. 그렇게 함으로써 자녀가 눈물 흘리게 하지 말고 강해지도록 할 수 있다. 그것은 정말로 훌륭한 일이다."

이 모든 것은 신앙에 근거했다. 그녀는 늘 자녀들에게 "오늘은 하나님이 만드신 날이다. 기뻐하자. 누가 제일 먼저 침대에서 일어나는지 보자."라고 말했다고 한다.

이런 이상, 도덕, 가치는 공허하지 않았다. 매들린은 "보니가 세상과 관계를 맺는 데 명백하게 영향을 미쳤다."라고 말했다. "보니가 1학년이었을 때, 교사가 다른 학생을 혼내고 있었다. 그러자 보니는 연필 깎으러 가는 것처럼 자리에서 일어났다. 그리고 그 학생 옆을 지나가면서 '괜찮아, 별 일 없어'라고 말해 주기도 했다."

어떻게 그런 일이 일어났을까. 매들린은 "나는 아이들에게 하나님을 사랑하라고 가르쳤다. 그리고 하나님을 사랑한다면 다른 사람들을 사랑하라고 가르쳤다. 다른 사람의 결점을 찾지 말고 잠재력을 찾으라고 가르쳤다. 잠재력을 찾으려면 우리는 모두 서로 돕기 위해 이곳에 있다는 사실을 깨달아야 한다고 가르쳤다."라고 설명했다.

매들린은 지혜가 충만했다. 자녀들의 이해를 돕기 위해, 그녀는 추상적 관념을 실천적 방법에 결부시키기를 좋아했다. "우리가 '할 수 없다'(can't)는 단어에 대해 얘기한 기억이 난다. 나는 '왜 우리는 이 단어를 땅에 묻어 버리지 않니?'라고 말했다. 나는 자녀들에게 그 단어를 종이에 쓰게 했다. 그리고 뒷마당에 구덩이를 파서 그 종이를 땅 속에 묻는 이벤트를 했다. 나는 하나님의 도움으로 어떤 일이든 할 수 있다는 사실을 자녀가 깨닫기를 원했다."

매들린은 "자녀를 키우고 훈련시키는 방법은 모두 사랑에 기초했다."라고 했다. "나는 사랑으로 자녀를 바로잡아 주었다. 결코 자녀를 다른 사람 앞에서 혼내지 않았다. 집에는 아이들을 혼내는 특별한 장소가 있었다. 나는 아이들 볼기를 때리면서 '내가 널 사랑하는 것만큼 다른 사람들도 널 사랑하기를 바란다. 그런데 사람들은 버릇없는 아이들을 사랑하지 않는다'고 말했다." 결과적으로 그녀가 한 번만 말하면 자녀들은 잘 따랐다.

'뿌린 대로 거둔다'는 말을 확고하게 믿는 매들린은, 자녀에게 어떤 방식으로 말해야 하는가를 매우 잘 알고 있었다. "어릴 때 부모가 어떤 목소리로 말했는가에 따라, 자녀는 그 목소리로 부모에게 말할 것이다. 부모가 어린 자녀를 압박하면, 나중에 그는 나이 들어서 부모를 흔들 것이다. 부모는 받기 원하는 대로, 자녀에게 사랑을 보여 줘야 한다."

매들린은 이 모든 것은 긍정적인 자세에서 비롯된다고 했다. 그녀는 "따라서 부모는 자녀에게 '넌 오늘 제일 훌륭한 것 같다'고 말해 주어야 한다."라고 말했다. 매 순간이 교육 시간이라는 철학으로 돌아와서, 매들린은 엄마들에게 실용적인 조언을 했다. "계단을 오를 때 자녀에게 덧셈을 가르쳐라. 그리고 내려갈 때에는 뺄셈을 가르쳐라."

자녀교육에 대해 매들린은 자신의 부모 이미지를 대변하는 한 단어로 표현했다. '신앙심이 충만한' (godly).

원하면 시도하라고
격려했다

베티 트림블
가수 *팀맥그로*의 엄마

가장 유명한 컨트리 음악 가수의 한 사람인 팀 맥그로(Tim McGraw)의 엄마 엘리자베드 앤 트림블(Elizabeth Ann Trimble)은 베티(Betty)로 더 잘 알려져 있다. 그녀는 "팀을 임신했을 때 아기가 특별한 사람이 되게 해 달라고 기도했다."라고 말했다. 오늘날 '특별한'이란 표현은 팀이 성취한 모든 것을 표현하는 데 부족하다. 하지만 그녀는 "하나님이 내 기도를 들어 주셨다."라고 말한다.

팀은 1992년에 첫 앨범을 발매하고 1994년에 〈낫 어 모우먼트 투 순〉(Not a Moment Too Soon)을 첫 히트송으로 만들었다. 이 앨범은 500만 장 이상 팔렸으며 빌보드 200과 컨트리 음악 앨범 차트에서 정상을 차지했다. 그는 컨트리음악협회상(Academy of Country Music Award)을 받았다. 이후 모든 앨범에서 이 같은 성공을 거두었다. 발매한 앨범들이 멀티플래티넘 음반이 되었고, 빌보드 200의 상위 5위권에 들었으며, 그에게 명예와 상을 안겼다.

팀은 컨트리 음악 스타 페이스 힐(Faith Hill)과 결혼했다. 팀은 자신의 〈에브리웨어〉(Everywhere) 앨범에 실린 히트곡 〈이츠 유어 러브〉(It's Your Love)를 함께 만드는 등 종종 힐과 공동 작업을 했다. 뿐만 아니라 이들은 〈라이브 8〉(Live 8, 정의를 위한 연속 콘서트 대장정)에 함께 참가해 투어(tour) 공연을 했다.

이들 부부는 궁핍한 공동체들에 재정지원을 하는 네이버스 키퍼 재단(Neighbor's Keeper Foundation)을 설립했다. 팀은 미국적십자사가 최초로 미국 유명인사 내각(National Celebrity Cabinet)을 공개하도록 도왔다.

베티는 팀이 음악을 하도록 독려하지 않았지만, 음악에 친근감을 가지고 있었다. 베티는 "나는 음악을 무척 좋아했으며, 아침에 일어나 춤추곤 했다. 마치 내가 팀을 위해 그러는 것처럼 행동했다."라고 말했다.

베티는 자신의 표현대로 '산간벽지'에서 살았기 때문에 스스로 놀이를 만들어야 했다. "난 항상 아이들을 초대하곤 했다. 그러면 아이들은 우리 집으로 몰려들기 시작했다. 나는 우리 집에서 할 일이 있으면, 아이들이 심심하지 않을 것이라고 생각했다. 그래서 스스로 놀이를 만들었다. 그 때문에 아이들은 불편하지 않았다."

베티의 자녀 양육도 스스로 오락을 만들어야 했던 시절의 영향을 받았다. 베티는 집안에서의 놀이에 그 경험을 발휘했다. "나는 무대

용 커튼을 만들어 아이들을 춤추게 했다. 항상 아이들과 상호작용을 했다. 종일 그들과 함께 시간을 보냈다. 사실 주변에 다른 어른들은 거의 없었다."

자녀들이 '빨리 자란다' 는 것을 이해한 베티는 가능한 한 오래 팀과 함께 할 필요성을 느꼈다. "나는 팀이 곁에 있을 때면 언제든지 함께 놀아 줘야 한다고 느꼈다." 팀이 방에 들어오면 베티는 심지어 TV도 껐다. 그래서 분산된 주의력을 한데 모아 팀에게 집중할 수 있었다.

격려는 베티의 자녀교육 전략에서 중심이었다. "항상 팀에게 '네가 원하면 넌 그것을 할 수 있다' 고 말했다. 팀이 말귀를 알아들을 정도로 컸을 때에는 '네가 원하면 그것을 시도하라' 고 말했다." 실패는 시도하지 않은 대가임을 가르쳐 주려고 베티는 항상 노력했다. "항상 팀에게 '실패자는 시도하지 않고 그냥 앉아 있기만 한 사람' 이라고 말했다."

베티는 이 같은 간단한 격려의 말을 통해 팀이 성장기에 그리고 어른이 된 후에 장애물을 극복할 수 있게 도왔다. 그녀는 "팀은 농구를 원했지만 농구하는 방법을 몰랐던 적이 있었다. 그래서 내가 '그것 때문에 학교가 있는 것이다. 네가 농구하는 방법을 모르면 코치가 가르쳐 줄 것이다'고 말해 주었다. 이후 그는 농구를 정말 좋아하게 되었다."라고 말했다.

베티는 팀의 인생에서 결정적인 시기마다 목소리를 높였다. 그래서 팀이 가수의 꿈을 추구하도록 도덕적 · 감정적 지원을 아끼지 않았다. "팀이 가수의 길을 원했을 때, 비록 대학 3학년이었지만 그를 격려했다. '아들아, 그 길로 나아가라. 넌 책임져야 할 어떤 대상도 없다. 비용을 지불해야 할 집도 없고 결혼도 하지 않았다. 자녀도 없다. 이럴 때 네 꿈을 추구해라. 학교는 항상 그곳에서 너를 기다려 줄 것이다. 성공하지 않더라도 최소한 시도는 한 것이 된다.' 그래서 그는 그렇게 했다."

베티는 말로만 팀을 격려한 것이 아니라, 아들이 목표를 추구하도록 구체적인 행동을 취했다. "나는 팀에게 집에 농구대를 마련해 주겠다고 약속했다. 경제적 여유가 생겼을 때 저축해서 농구대를 설치해 주었다."

베티는 비록 가난했지만 팀은 그 사실을 느끼지 못했다고 했다. "난 항상 내가 할 수 있는 모든 것을 팀에게 주려고 노력했다. 우린 가진 것이 많다는 확신을 주었기 때문에, 팀은 항상 부유하다고 느꼈다. 팀이 나이키 신발이나 다른 비싼 것을 원하면, 나는 저축해서 사주겠다고 말해 주었다."

베티는 엄마로서 다른 중요한 일을 처리해야 했다. 팀에게 아버지 얘기를 하는 것이었다. 팀의 아버지는 아들의 인생에 관여하기를 원하지 않았으며 자신의 야구 경력만을 추구하기를 원했다. 베티는 진실을 있는 그대로 말해 주는 것이 최선이라고 생각했다.

"가능한 한 모든 것을 팀에게 말해 주었다. 그러자 그는 나를 쳐다보더니 울면서 말했다. '야구선수 턱 맥그로(Tug McGraw)가 내 아빠예요? 그가 나를 알아요?' 나는 '그래, 알고 있단다. 하지만 아빠는 직업에 충실하기로 했다. 그래서 아빠 노릇 하기가 힘든 것이다'고 말해 주었다."

팀이 아버지와 만나기를 강렬히 원했을 때, 베티는 그를 아버지와 재결합시키려고 자신이 할 수 있는 모든 일을 다했다. 그녀는 "턱에게 전화를 걸었다. 그에게 전화하는 것이 몹시 신경 쓰였지만 전화를 했다."라고 말했다.

베티는 팀이 비록 아버지와 함께 살지는 않았지만 그의 어린 시절은 정상적이고 평범했다고 말했다. "난 팀에게 책을 많이 읽어 주었다. 그는 내용을 이해하지 못했지만 엄마 목소리를 좋아했다. 그래서 그는 마치 듣고 있는 것처럼 누워 있었다."

자신의 어린 시절과 관련, 베티는 엄마보다 더 인자해지려고 구체적인 노력을 했다고 말했다. "어린 시절 엄마가 내게 하지 않았던 한 가지는, 안아주고 '사랑해' 라고 말하는 것이었다. 팀이 태어나는 순간부터 난 그 일을 시작했다." 그러나 베티는 다른 면에서는 자신이 받은 자녀교육을 팀에게 그대로 적용했다고 했다. "아이들에게 이탈리아 문화에 관한 것을 확실히 가르쳤다. 특히 이탈리아 요리를 많이 했다. 팀은 아주 훌륭한 요리사였다."

조그만 마을에서 자랐기 때문에 팀은 어려서부터 남의 눈에 띌 수 있었다. 베티는 "팀은 3살 때 교회 합창단에서 첫 솔로를 맡았다."라고 말했다. 종교와 교회는 항상 팀의 교육에서 중심이었다.

"팀은 종교를 무척 좋아했다. 어린 시절에도 내가 성경 이야기를 읽어주는 것을 좋아했다. 그것은 그가 역사를 좋아했기 때문이라고 생각한다. 그래서 우린 그가 목사가 될 것이라고 항상 말했다. 팀이 성경을 읽고 성경 이야기를 듣는 것을 무척 좋아했다. 벌써 10대일 때 목사님과 성경 지식이 엇비슷했다."

팀의 음악적 재능은 명백했지만 베티는 그가 음악의 길로 나가도록 의도적으로 노력하지는 않았다. 그녀는 "난 항상 팀을 격려했다. 그러나 그를 강제하지는 않았다. 난 엄마가 내게 했던 것처럼 팀을 강요하고 싶지는 않았다."라고 말했다.

팀이 어떻게 인생의 모든 역경―어린 시절 가난했으며 아버지와 함께 살지 못한 것을 포함해서―을 극복했을까. 베티는 "난 아이들의 말을 경청했다. 항상 그들에게 '내게 무엇이든 말해도 좋다'고 말했다. 대부분의 경우 그들은 그렇게 했다."라고 말했다.

베티는 자녀들이 겪은 모든 어려움에도 불구하고 삶을 극대화해 살 것을 강조했다. 이는 팀이 확고하게 내면화한 방법이다. "나는 항상 팀에게 '만약 네가 원하는 일이라면, 넌 그 일을 해야 한다. 그것이 되어 살고, 그것을 먹고, 그것을 숨 쉬어야 한다. 그것이 네가 해야 할 일이다' 고 말했다."

베티는 자신의 자녀교육 방법에서 가장 중요한 것은 '강요나 독촉을 하지 않았다' 는 점이라고 말했다. "내가 절대 하지 않은 한 가지는 팀에게 강요하는 것이었다. 나는 미인대회 여왕이 되지 못한 엄마들이 자기 자녀들에게 미인대회 여왕이 되라고 강요하는 것을 보았다. 그것은 자녀가 원하는 것이어야만 한다. 내가 음악에 관심이 있다고 말하면, 모든 사람이 '아들에게 음악을 시켜라' 고 말한다. 난 그렇게 하지 않았다. 절대로 하지 않았다."

부모로서 자신의 역할을 요약해 달라고 하자, 베티는 자신은 자녀들의 삶에서 하나의 통합체였다고 말했다. "나는 자녀들에게 교사이자 엄마였다."

역할 놀이 하며
중요한 가치를 가르쳤다

도리스 폴신
보르게제 CEO *조젯 모스바허*의 엄마

세계적인 화장품 회사 보르게제(Borghese)의 사장 겸 CEO 조젯 모스바허(Georgette Mosbacher)의 엄마 도리스 폴신 (Doris Paulsin)은 딸에게 "우린 어디를 가든 아름다움을 추구한다."라고 말하곤 했다. 역설적이지만 조젯은 엄마가 말한 비유적 아름다움을 찾았을 뿐 아니라 그 업계에서 직업도 구했다.

조젯은 뉴욕주 대표 공화당 전국 여성위원(Republic National Committeewoman)이며 맨하탄 어린이옹호센터(Children's Advocacy Center)의 설립자이다. 또 그녀는 〈페미닌 포스〉(Feminine Force, 여성의 동기 부여를 위한 안내서), 〈잇 테익스 머니, 하니〉(It Takes Money, Honey, 여성의 재정 독립 안내서) 등 여러 권의 책을 썼다. 모스바허는 포브스, 비즈니스 위크, 타임, 보그 잡지 외에도 많은 라디오와 TV

등에 출연했다.

도리스는 4자녀 중 맏이인 조젯의 출생 순서가 그의 교육에 큰 영향을 미쳤다고 했다. "그 때문에 조젯은 많은 책임을 떠안았다." 실제로 도리스는 책임감을 자신의 자녀교육 철학에서 가장 중요한 부분이라고 했다. "나는 아이들에게 '우린 모두 하나' 라고 가르쳤다. 모두가 서로를 도와야 하며, 우리들 중 누구도 나머지 다른 사람들이 한 일에 대해 책임이 있다고 가르쳤다. 그것은 '모두를 위한 하나, 하나를 위한 모두' 와 같은 것이다." 도리스는 여성이 강한 혈통의 집안에서 자랐다. 공동체적 접근법도 할머니로부터 물려받았다는 것이다.

개인적 책임감은 조젯의 집안에서 가장 우선시됐다. 많은 사람들이 내면화하는 데 수년씩 걸리는 것을 그녀는 어려서 배웠다. 도리스는 "만약 네가 잘못을 저지르면 우리 모두가 고통 받게 된다."고 가르쳤다.

도리스는 같은 내용을 긍정적인 측면에서도 강조했다고 말했다. "만약 네가 성공하면 그것은 네 남동생과 두 여동생의 성공이며 그리고 내 성공인 셈이다." 도리스는 같은 맥락에서 '우린 단지 남을 돕기 위해 이 지구상에 존재한다' 는 점을 자녀들에게 가르쳤다고 했다. 이 가치는 오늘날 자선활동에 헌신하는 조젯에게 삶의 원칙이 되었다.

조젯은 성장하면서 미래 CEO에게 필요한 지도자의 자질-책임감, 깔끔한 일처리, 집단에 대한 통제력 등—을 보였다. 도리스는 "내가 없을 때에는 조젯이 자녀들을 통제했다. 엄마 역할을 한 것이다. 내가 했던 모든 일을 조젯이 대신했다. 믿을 수 없을 정도였다."라고 말했다.

　책임감을 기르는 등 '큰 그림'이 조젯의 성장에 중요했다. 도리스는 작은 것들도 마찬가지로 중요했다고 했다. "조젯은 테니스, 수영, 발레 강습을 받았다. 특히 춤추는 것을 좋아했다. 나는 조젯이 다양한 경험을 하기를 원했다. 조젯이 테니스를 원하면 나는 테니스를 시켰다. 승마를 원하면 승마를 하게 했다."

　도리스는 조젯의 재능과 흥미에 집중했다. "조젯은 드라마에 대한 열정을 가지고 있었다." 도리스는 그런 조젯에게 단순한 드라마 강습 등록 이상의 적극적인 역할을 했다. "나는 감독이 되었다. 특정 파트에 아이들을 배치하기도 했다. 아이들은 연극이 끝나면 모두 우리 집에 와서 뒤풀이 파티를 하곤 했다."

　도리스는 성장기 조젯에게서 특별한 것 즉, 성공의 필수적인 자질을 확실히 보았다고 했다. 그것은 열망이었다. "난 조젯에게서 어떤 것을 보았다. 어느 날 조젯이 날 구멍가게에 데리고 갔다. 그리고 종이카드 상자를 몹시 갖고 싶어 했다. 난 '이미 있는데 왜 또 필요할까' 하고 생각했다. 조젯은 그것을 가지고 집으로 와 매우 좋아했다. 서랍 하나에는 다이아몬드, 다른 서랍에는 진주가 가득 있었다. 조젯은 '엄마, 난 저것들을 가지고 연습해야 해요. 내가 크면 저것들이 다 진품이 될 것이기 때문이에요' 라고 말했다."

조젯이 스타가 되기를 열망한 것은 사실이다. 하지만 도리스는 자녀에게 성공은 개인적 만족이 아니라는 메시지를 확실히 각인시켰다고 했다. "난 항상 자녀들에게 '우린 서로를 도와야 한다. 어느 날 우리들 중 누군가는 많은 도움을 필요로 할 수 있기 때문이다. 따라서 우린 서로를 도울 수 있도록 성공해야 한다' 고 말했다."

도리스가 싱글맘-남편은 조젯이 어릴 때 세상을 떠났다-으로 자녀들을 키웠기 때문에, 가족이 서로에게 느끼는 책임감은 매우 컸다. 이는 도리스의 자녀교육 방법에도 영향을 미쳤다. 도리스는 "아버지가 없었다. 나는 우리에게 생길 수 있는 일에 대해 아이들에게 준비를 시켜야 했다."라고 말했다.

이에 덧붙여, 도리스는 조젯에게 존경심을 갖도록 교육시켰다. 이를 위해 종종 도구를 이용한 역할 놀이까지 하기도 했다. "나는 '자, 이것이 옆집 아저씨라고 하자. 그러면 너희들은 어떻게 인사를 하겠니?' 하고 묻곤 했다. 그리고 아이들에게 '가장 중요한 것은 정직한 것이다. 그리고 있는 그대로 네 신발이 좋아 보이고, 네 머리가 멋있

어 보이고, 좋은 앞치마를 했다고 말하는 것이다. 정직하게 말하고
나서 달려 나가 즐겁게 놀아라' 라고 말했다."

지금 조젯은 큰 회사 CEO로서 수백만 달러를 관리한다. 하지만
원래 그녀는 가진 것이 별로 없었다. 도리스의 표현대로 돈에 대해서
는 아무것도 몰랐다. 하지만 화장품·패션계의 미래 거물로서, 조젯
은 어려서부터 물건에 안목이 있었다고 한다.

"때때로 조젯은 '젠슨 스웨터를 갖고 싶다' 혹은 '특정 상표의 신
발을 갖고 싶다' 고 말하곤 했다. 그러면 나는 '좋아. 모두 차에 타라'
고 말하곤 했다. 가난한 동네에 살았기 때문에, 나는 아이들에게 '네
가 스웨터를 가지고 있으니 운이 좋은 것이다. 그러니 우린 젠슨 스
웨터를 사기 위해 열심히 일할 수 있다' 고 말했다."

도리스는 조젯이 세상의 '더 가진 사람들' 을 피하게 하지 않았다.
오히려 그들을 접촉하게 만들었다. 그것은 전적으로 '노력하면 원하
는 모든 것을 가질 수 있다' 는 믿음에서 비롯된 것이다.

도리스는 재정 지출에 관해 자녀들과 숨김없이 의견 교환을 했다
고 말했다. "누가 '새 자전거를 사고 싶다' 고 하면, 나는 '좋아. 새 자
전거를 사 줄게. 그런데 이건 알고 있니? 지금 우리에겐 새 카펫을 살
여력만 있어. 만약 우리가 새 카펫을 사면, 우리 모두에게 즐거운 일
이 될 거야. 새 자전거 사기 전에 먼저 새 카펫을 사도 괜찮겠니? 그
다음에 새 자전거를 사줄게' 라고 말했다."

그럼에도 도리스는 조젯에게 가능한 한 많은 것들을 경험하게 했
다. "오페라에서 승마에 이르기까지, 나는 조젯이 원하는 것은 어떤

것이든 가질 수 있다는 것을 알려주고 싶었다. '네가 오페라 극장의 앞좌석에 앉고 싶으면, 비록 지금은 뒷열에 앉아 있어도 장차 그렇게 할 수 있다' 는 것이 내가 조젯에게 주는 큰 메시지라고 생각한다."

아버지(도리스의 남편)의 죽음은 가족을 찢어지게 할 수 있었다. 실제로 일부 가족은 지금도 종종 그렇게 하고 있다. 조젯의 여동생 린은 어린 시절을 회상하며, 엄마와 조젯이 어려운 시기를 헤쳐 나갈 수 있는 힘을 주었다고 말했다.

"많은 엄마들이 자녀를 포기할 것이다. 매일 그 같은 일이 생긴다. 아버지 장례식장에서 어떤 사람이 '난 애 엄마가 이 아이들을 다 키울 수 있다고 생각지 않는다. 그들은 찢어져야 할지도 모르겠다. 엄마는 애들을 고아원에 보내야 할지도 모른다' 고 말하는 것을 들었다. 이후 조젯은 이전과는 전적으로 달라졌다. 조젯은 우리 가족을 결코 헤어지지 않게 하는 것을 인생의 사명으로 삼았다. 그녀는 우리 세 동생들을 한 방에 들어가게 한 뒤, '이처럼 우린 하나다. 난 아무도 우리를 헤어지게 만들 수 없게 할 것이다' 고 말했다."

그러나 린도 지적했듯이, 이처럼 상처 받기 쉬운 사건을 겪으면, 공포와 힘 사이에서 줄타기를 하게 된다. 린은 "조젯은 공포를 통해 힘을 얻었으며, 그것은 엄마 덕분이었다고 생각한다."라고 말했다. 싱글맘으로 좋지 못한 환경에서 4자녀를 어떻게 키웠는가에 대해, 도리스는 "자녀들 각자가 책임 있는 위치에 있으며 그들에 대한 결정은 사랑을 통해 내려졌다는 사실을 알게 한 것이었다."라고 말했다.

학습장애에도
여유를 잃지 않았다

로즈 닐맨
젯블루 에어웨이스 CEO *데이빗 닐맨*의 엄마

로즈 닐맨(Rose Neeleman)은 젯블루 에어웨이스(JetBlue Airways)사의 설립자 데이빗 닐맨(David Neeleman)의 엄마다. 데이빗 닐맨은 세 갈래 갈퀴 전략—저가 운임, 친구 같은 서비스, 무료 스낵—을 사용해 젯블루를 미국서 세 번째로 붐비는 선망의 대상으로 만들었다.

젯블루는 콘데 나스트 트래블러(Condé Nast Traveler)지의 2003년 독자선택상(Readers Choice Awards)에서 '베스트 국내 항공사'로 평가 받았다. 예약 담당 직원의 재택근무에서부터 무제한적인 스낵 제공에 이르기까지, 회사 경영의 모든 면에 데이빗이 어릴 때 부모로부터 받은 교육이 투영됐다는 것은 명백하다.

데이빗의 항공업계 경력은 1984년 모리스 에어(Morris Air)라는 저가 항공사를 공동 설립함으로써 시작됐다. 데이빗은 모리스 에어 사장으로서 처음으로 전자 발권 시스템을 도입했다. 또 젯블루 콜센터의 특징이 된 예약 담당 직원 재택근무 시스템을 개척했다. 지금은 젯블루의 모든 예약 전화는 예약 담당 직원들이 집 밖에서 처리한다.

1999년 데이빗은 자신의 성공적인 항공업 공식–저가 운임에다 혁신적이고 양질의 서비스를 제공하면, 강력하고도 충성심 높은 시장을 창출한다–을 미국 거대 항공시장의 하나인 뉴욕시에 도입하기로 결정했다. 젯블루 에어웨이스사를 창립한 것이다.

그는 아내 비키, 9자녀와 함께 코네티컷주 뉴 케이넌(New Canaan)에 살고 있다.

데이빗은 7남매 중 둘째이며, 엄마 로즈는 자녀 9명인 집안 출신이다. 따라서 데이빗은 전통이 강한 집안에서 자랐다. 로즈는 "우리 가문은 메이플라워(Mayflower)호 이전에 건너 왔으며 교회가 생긴 첫해부터 그 교회에 다녔다. 따라서 우리 손자녀는 사실상 그 교회의 제9세대가 된다. 이는 매우 드문 일"이라고 말했다. 데이빗은 대가족의 전통에 따라 9자녀를 두었다.

대가족이었지만 그들은 결코 이질적이지 않았다. 로즈는 "우리는 많은 것을 함께 하는 가족이다. 우린 시댁 가족과 친정 가족 모두와 활발한 상호작용을 한다."라고 말했다. 로즈 집안은 매우 부유한 지역에서 살았지만 데이빗은 중산층 지역에서 자랐다. 로즈는 "가진 것에 만족했으며, 중산층으로 사는 것이 행복했다."라고 말했다.

데이빗은 대가족에 둘러싸여 자랐기 때문에, 부모 · 형제뿐 아니라 조부모들과도 밀접한 관계를 형성했다. 실제로 그는 10대 시절 자신이 일했던 할아버지의 식료품 가게를 다시 지었다. 또 다른 쪽 할아버지의 목장을 구입했다. 로즈는 "그가 할아버지들의 전통을 계승하기 위해 이 두 프로젝트를 실천한 것은 매우 감동적인 행동이었다."라고 말했다.

모르몬교 공동체에서 성장했기 때문에 닐맨 가족은 선교사업의 일환으로 브라질에서 살기도 했다. 로즈는 "남편은 브라질에서 모르몬교 선교사로 활동했다. 그리고 집으로 돌아왔을 때 UPI가 그를 브라질 주재 특파원으로 채용했다. 남편은 우리 식구가 단지 2년만 거기서 살게 될 것이라고 약속했지만 우린 브라질에서 7년을 살았다. 그렇지만 우린 진심으로 그곳을 사랑했다."라고 말했다.

교회는 데이빗 양육에서 중심이 되었다. 데이빗에게 교회는 정신적 안내자였을 뿐 아니라 자신감을 키워 주는 조력자였다. 그 자신감은 데이빗이 기업가이자 CEO로서 활동하는 데 중요한 역할을 했다. 또 로즈는 일상적인 상호작용을 통해, 데이빗이 나이보다 성숙해지도록 노력했다. 그녀는 "나는 자녀들이 어렸을 때부터 마치 그들이 성인인 것처럼 대화하곤 했다."라고 말했다.

종교가 데이빗 양육의 중심점이었지만, 로즈는 자녀들에게 종교를 강요하지 않았다. 대신 로즈는 종교가 자신의 삶에서 얼마나 긍정적인 힘이 되는가를 직접 보여주었다. "자녀들은 모두 교회가 우리에게 중요하다는 사실을 알았다. 하지만 우린 아이들에게 교회 관련 업무나 그 같은 일을 강제로 시키지 않았다. 그들은 단지 우리가 그런 일들을 하는 것을 보았을 뿐이다."

로즈는 데이빗에 대해 "항상 자기 주변의 더 큰 세상을 좋아하는 사람"이라고 표현했다. 또 쓰레기를 비우겠다고 하든, 교회에서 장애 소녀를 돕든, 로즈는 데이빗이 항상 매우 '서비스 지향적'이었다고 말했다. "데이빗이 3살 아니면 4살 때, 어린 소녀가 휠체어를 타고 교회에 오곤 했다. 우리가 교회에 가면 데이빗은 문으로 가 휠체어 소녀를 기다렸다. 소녀가 도착하면 데이빗은 휠체어를 세우고 소녀와 함께 걸어서 그들의 자리로 가곤 했다. 소녀의 아버지는 휠체어를 밖으로 내어 갔다."

힐맨 집안에서 음악이 주요한 오락이었다. 로즈는 "우린 집을 지을 때 스피커 시스템을 설치했다. 그래서 집안 어디에서나 음악을 들을 수 있었다. 우린 모든 클래식 음악을 구입했다. 아이들은 음악에 빠져들곤 했다."라고 말했다. 음악은 또 창조적 활동으로 확대됐다. "우린 연극을 좋아했다. 하지만 음악 때문에 연극보다 뮤지컬을 훨씬 더 좋아했다. 아이들이 어렸을 때 우린 매우 좋은 극장을 가지고 있었다. 거기서 여행 중인 뮤지컬 공연단이 공연하곤 했다. 그래서 우린 뮤지컬을 많이 했다."

로즈는 스포츠와 다른 과외 활동은 별로 기대하지 않았다고 했다. "그것은 야구가 재미있어 보이기 때문에 우리가 야구를 하는 것과 같다. 그런데 일곱째 녀석이 수영을 해본 뒤 야구를 싫어한다면, 그는 야구를 관두고 수영을 배우는 것이 좋다. 우린 절대 강요하지 않았다고 생각한다."

로즈는 집안 잡일은 공동의 일이라는 점을 항상 확실히 했다. 그리고 로즈는 "자녀들에게 어떤 일을 하라고 지시하기보다 자녀들과 함께 일하는 것이 중요하다고 생각했다."라고 말했다.

데이빗의 학교생활은 로즈에게 걱정거리였다. 데이빗이 3학년 때 로즈는 그의 글씨와 읽기 능력을 걱정하게 됐다. 나중에서야 로즈는 그에게 가벼운 학습장애가 있다는 사실을 알았다. "어느 여름 데이빗을 매일 전문 교사에게 데리고 갔다. 마지막에 그 교사는 '엄마가 마음을 좀 더 편히 가져야 한다' 고 말했다. 비슷한 시기에 다른 교사는 '데이빗 걱정을 해서는 안 된다. 장차 그는 자신의 요구들을 처리해 줄 비서진을 거느리게 될 것이기 때문이다' 고 말했다."

로즈는 전문 교사의 충고를 마음에 새겼으며, 다른 교사의 예언도 어느 정도 믿었다. 그래서 데이빗의 학습장애에 느긋한 태도를 취했다. 로즈는 "오늘날 데이빗은 그런 내 태도 덕분에 장애를 극복할 수 있었다고 한다."라고 말했다.

"데이빗은 학습장애를 가진 아동들을 돕는 단체인 스마트 키즈

(Smart Kids)의 명예회장이다. 우리가 이 단체의 한 모임에 참석했을 때의 일이다. 데이빗은 자신의 학습장애에 대해 말하고 있었다. 그는 '아시다시피 부모들은 자녀가 어떤 대학에 들어갈지에 대해 지나치게 걱정하며 얽매여 있다'고 말했다. 한 여성이 '당신 부모는 그 일에 대해 걱정하지 않았는가?'라고 물었다. 그는 '내 부모는 그 일에 매우 느긋했다. 편안한 마음을 가지고 있었다'고 대답했다."

로즈의 긍정적인 태도에도 불구하고 데이빗의 학습 문제와 관련해 힘든 시기가 있었다. 로즈는 "3살인 데이빗이 막 유치원을 다니기 시작한 때였다. 그가 내게 달려와 내 무릎에 얼굴을 파묻고 흐느끼기 시작했다. 그리곤 '그처럼 어려운 노래를 부를 수가 없어요. 그처럼 어려운 그림은 그릴 수가 없어요'라고 말했다."라고 했다.

다음날 아침 로즈가 데이빗의 방으로 가 보니 그는 머리에 손깍지를 한 채 누워 천장을 쳐다보고 있었다고 했다. 그래서 로즈는 "너도 아다시피 네가 원하는 사람이 되는 것은 네 자신에게 달렸다. 넌 아빠처럼 훌륭한 사람이 될 수 있고 거리의 부랑자가 될 수도 있다. 네가 아빠처럼 훌륭한 사람이 되고자 한다면 학교에 가야 하고, 맡은 일을 잘 처리해야 하고, 많은 힘든 일도 처리해야 한다."라고 충고했다고 한다.

'모든 것은 네게 달렸다'는 엄마의 교육법을 내면화한 데이빗은 19살 때 인생의 전기를 마련하는 결정을 내렸다. 로즈는 그 순간을 생생히 기억했다. "내가 부엌에 서 있었을 때 데이빗이 다가와 말했다. '엄마, 난 일을 할 준비가 됐어요. 엄마는 내가 어떤 사람이 될 것이라고 생각해요? 아빠처럼 훌륭한 사람인가요, 아니면 부랑자인가요?' 그 말에 난 울고 있었다."

로즈는 그때가 데이빗이 인생의 방향을 정하고 사업을 어떻게 할 것인가를 결정하는 매우 중요한 순간이었다고 말했다. "데이빗은 가난한 사람도 부자와 똑 같이 혹은 그 이상으로 행복하다는 것을 알았다고 한다." 로즈는 그것은 심오한 차원에서 데이빗이 인간애를 느낀 것이라고 설명했다. "데이빗에게 모든 사람은 동등하며 그는 직원들을 동등하게 대우한다. 예를 들면, 모든 직원은 숫자가 적힌 배지를 착용한다. 어느 누구도 다른 사람보다 더 높은 숫자를 가지고 있지 않다."

로즈는 데이빗이 어렸을 때 항공에 관심이 있다는 징후를 포착했다. "데이빗이 어렸을 때 우린 자주 자동차로 캘리포니아로 가곤 했다. 그때 모든 사람이 불어오는 바람을 맞아야 했다. 데이빗은 '비행기 여행이 훨씬 즐겁지 않아요?' 라고 말했다." 항공에 대한 로즈의 비호감-그녀는 23살 때까지 비행기를 타지 않았다-과 무관하게 데이빗은 항공업계에 진출했다.

하지만 그녀의 자녀교육 스타일은 젯블루사의 비즈니스 모델에 아주 잘 반영됐다. "데이빗은 자신의 급여를 재난 직원 기금에 낸다. 만약 어떤 직원이 재난을 당하면 그 기금을 사용한다. 그런 특별한 기금이 있다. 그것은 데이빗의 인간성을 잘 대변한 것이다." 그 인간성은 엄마에 의해, 남을 돕는 가족 전통에 의해 형성된 것이다.

비교문화 체험을
많이 시켰다

수나 오즈
심장·흉부외과 의사 *메흐멧 오즈*의 엄마

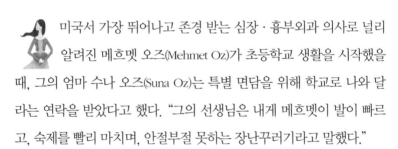

미국서 가장 뛰어나고 존경 받는 심장·흉부외과 의사로 널리 알려진 메흐멧 오즈(Mehmet Oz)가 초등학교 생활을 시작했을 때, 그의 엄마 수나 오즈(Suna Oz)는 특별 면담을 위해 학교로 나와 달라는 연락을 받았다고 했다. "그의 선생님은 내게 메흐멧이 발이 빠르고, 숙제를 빨리 마치며, 안절부절 못하는 장난꾸러기라고 말했다."

초등학교 학부모 예비 면담에서 나온 말이지만, '안절부절 못한다' 는 것은 다른 측면에서 보면, 메흐멧이 와튼의 MBA 학위뿐 아니라 펜실베니아대학 의사 학위를 받게 한 에너지였다. 그는 매년 400명 정도의 환자를 수술해 왔다. 컬럼비아대학 심장수술 교수, 컬럼비아 장로교의 심혈관연구소 책임자이며 청각보조기구 프로그램을 이끌고 있다.

메흐멧은 학술지에서부터 뉴스위크, 타임 같은 잡지에 이르기까지 350편 이상의 논문을 썼다. 오프라의 오 에스콰이어(O. Esquire)지는 그를 뉴욕주에서 가장 뛰어난 심장수술 의사로 선정해, 서양의학과 대체의학을 접목시키려는 그의 선구자적 노력을 집중 조명했다.

이스탄불에서 자란 수나는 자신의 성장과정은 종교적인 것보다 문화적인 것이 특징이라고 했다. "나는 신을 믿고, 곤경에 처한 사람을 돕고, 선악의 표본이 되도록 교육받았다. 만약 우리 내부를 들여다보면 진리를 보게 될 것이라고 믿는다."

21살의 젊은 엄마였던 수나는 외과의사인 남편 무스타파 오즈 박사와의 결혼이 '행복했다'고 표현했다. 그리고 장남 메흐멧의 출산은 계획에 의한 것이었다고 했다. 3자녀 중 첫째인 메흐멧이 부드럽고 사랑스러운 보살핌을 많이 받았지만, 수나는 모든 자녀에게 동일한 관심을 쏟았다.

수나는 현재를 과거 자신이 자녀 키우던 시절과 비교해 보고, "내 스스로 자녀를 키울 수 있는 특권을 부여받았다고 느꼈다."라고 말했다. 메흐멧의 경력에서 예상되는 바와 같이, 수나는 그가 기고 걷고 말하는 것을 자기 예상보다 빨리 시작했다고 말했다. "난 메흐멧이 자기 나름의 속도에 따라 성장하도록 했다."

수나는 자신의 자녀교육 스타일에 대해, 자녀에게 독립심과 인내심을 키워주고 싶었다고 강조했다. "나는 아이들을 이기려고 하지 않았다. 명령으로 강요하기보다 인내하려고 노력했다." 수나는 무엇보다도 순수하고 희석되지 않은 엄마의 사랑으로 자녀교육을 했다고

했다. "난 메흐멧에게 쏟은 시간들을 정말로 즐겼다. 내가 책을 읽어
주고 나면 그는 스스로 그 책을 읽곤 했다. 그는 호기심이 매우 강하
고 질문이 많은 아이였다."

수나는 메흐멧의 성장을 재촉하지 않았다. "난 단지 함께 있어 주
면서 그가 놀게 했다. 그러나 아이에게 좌절감을 주는 분위기를 만들
어서는 안 된다고 믿었기 때문에, 나는 결코 아이들에게 강요하지 않
았다. 아이들은 스스로의 속도에 따라 성장해야 한다."

오즈 집안의 지적인 분위기는 엄격한 '노(no) TV' 방침에 의해 강
화됐다. 수나는 "남편은 아이들이 허락 없이 TV를 보지 못하게 했다.
메흐멧도 허락을 받은 뒤 〈스타 트랙〉(Star Trek)을 보곤 했다."라고
말했다.

그러나 메흐멧은 전혀 책벌레가 아니었다. 수나는 "그는 미식축구, 야구, 농구를 했다. 고등학교 상급생 시절에는 미식축구 대표팀 1진에 뽑히기도 했다."라고 했다. 수나가 자녀들에게 가르치고자 한 것은 독서에서부터 운동, 음악에 이르는 이런 다재다능함이었다.

수나는 "메흐멧과 여동생들은 피아노 교습을 받았다. 그들은 그것을 무척이나 좋아했다."라고 말했다. 그럼에도 음악 활동이 오즈 집안에서 체계적으로 이루어진 것은 아니었다. "남편은 매일 아침 카세트 녹음기로 터키 음악을 아주 크게 틀어줌으로써 아이들을 깨웠다. 그것이 아침 기상 신호였다."

즐거운 일에서 진지한 일에 이르기까지, 수나는 자신들의 결혼생활이 메흐멧 양육의 바탕이었다고 했다. "우리 부부는 매우 안정된 관계를 유지했다. 우린 참된 파트너십이 가지고 있었다. 그 파트너십은 자녀에게 모범을 보이려고 노력하는 것이 특징이었다."

여행 또한 메흐멧 교육의 중요한 부분을 차지했다. 양가 조부모가 모두 이스탄불에 살고 있었으므로 해외여행은 일상적인 일이었다. 수나는 "나는 학교가 쉬는 기간이나 여름방학에 아이들을 데리고 터키를 방문했다. 아이들은 여행하면서 다른 문화를 접하는 것을 매우 좋아했다."라고 했다.

그 같은 비교문화 체험이 자녀들에게 어떤 영향을 미쳤을까. 수나는 "아이들의 시야가 넓어졌다. 또 문제에 대한 다른 해결책을 찾을 수 있게 됐다. 그것은 서로에 대한 사랑과 이해를 가지고 있는 한, 어려운 조건하에서 별로 가진 것이 없어도 생존법을 찾을 수 있는 것과 같다."라고 설명했다.

사교 활동–어른과 아이 둘 다를 대상으로 하는–도 메흐멧의 어린 시절에 중요한 부분을 차지했다. "남편은 항상 친구들을 저녁식사에 초대했다. 그 자리에서 장시간 과학의 새로운 발전과 관련한 의학적 토론을 했다." 수나는 이것이 메흐멧에게 영향을 미쳤다고 했다. "메흐멧도 아주 사교적이었으며 친구들을 집으로 부르는 것을 무척 좋아했다." 일상적인 일에 있어서 수나 부부는 자녀들이 하는 많은 활동에 동참했다.

수나는 자신의 자녀교육 스타일을 좀 더 구체적으로, 항상 '더 큰, 세계적인 그림'에 관한 것이었다고 했다. "난 내 자신을 세계적인 가치를 적극 지지하고 옹호하는 교사라고 생각한다. 그것은 세계를 평화롭고 더 나은 곳으로 만들기 위해, 우리 모두가 살면서 공유해야 할 가치이다." 수나는 요약해서 "내 자녀교육 스타일은 공감을 통해 키우고 안내하는 것"이라고 했다.

그녀는 메흐멧의 성공에 그들 부부의 헌신적인 자녀교육 노력이 큰 역할을 했다고 말했다. "남편은 자신과 동일한 근면 정신, 리더십, 끝없는 배움의 열정을 메흐멧에게 가르쳤다. 나는 가족의 정서생활(스트레스 관리)에 적합한, 인정 많고 잘 챙겨주는 엄마가 되려고 노력했다. 그렇게 함으로써 메흐멧에게 건강한 대인관계의 중요성을 보여주었다."

수나 부부는 메흐멧에게 최상의 기대를 하고 있다고 늘 말했다. 수나는 "메흐멧에 대한 우리 기대는 확고했다."라고 말했다. 그리고

"그 기대는 우리가 본 메흐멧의 타고난 재능, 그 재능을 한곳에 모아야 한다는 필요성에 기초한 것"이라고 했다.

"우린 메흐멧이 가장 좋은 학교에서 가장 좋은 성적 받기를 원했다. 메흐멧은 선천적으로 아름다운 마음을 가졌으며, 그가 최선을 다하기 위해서는 안내와 격려가 필요하다는 사실을 일찍이 알았기 때문이다." 수나는 그것은 작은 일에서도 마찬가지였다고 했다. "남편은 토요일 아침 병원 회진에 메흐멧을 동반하려고 노력했다. 남편은 아들이 외과의사가 되기를 원했다. 메흐멧이 일찍부터 그 분야에 익숙해지게 해서 흥미를 유발하려고 했다."

오늘날 수나가 엄마들에게 주는 충고는 한결 같고 단순하다. "오로지 사랑하고, 보살피고, 자녀의 삶의 일부가 되라. 항상 따뜻한 손으로 자녀의 어깨를 다독여 주어라."

34

어디서 누구랑 있는지를
꼭 알리도록 했다

베버리 앤 패트릭
여성 카레이서 *다니카 패트릭*의 엄마

카레이싱의 귀재인 다니카 패트릭(Danica Patrick)의 엄마 베버리 앤 패트릭(Beverly Anne Patrick)은, 어릴 때 다니카는 장난감 차에 끌리지 않았다고 했다. 그러나 오늘날 다니카는 자동차와 관련해 가장 성공적인 경력을 쌓았다.

다니카는 고카팅(go-karting) 대회에서 여러 번 전국 우승을 차지한 1990년대 초반에 카레이싱을 시작했다. 남성이 지배해 온 스포츠에서 10년간 좋은 성적을 낸 다니카는 2005년 「인디애나폴리스(Indianapolis) 500」에서 카레이싱을 한 4번째 여성이 됐다. 또 이 대회에서 19바퀴를 도는 동안 선두를 유지한 최초의 여성 운전자가 됐다.

2005년 그녀는 「아이알엘 인디카 시리즈 챔피언십」(IRL IndyCar Series Championship)에서 12위를 했으며 2006년에는 3계단 뛰어오른 9위를 했다. 2005년 이 대회에서 '올해의 신인'에 선정됐다.

그녀는 20년 만에 스포츠 일러스트레이티드지의 표지를 장식한 첫 인디카 운전자가 됐다. 2005 ESPY상에서 '최고 약진 선수'(Best Breakthrough Athlete)로 지명됐으며 여성스포츠재단에 의해 '올해의 선수'로 선정됐다. 또 미국스포츠협회에 의해 2006년 '올해의 여성 선수'로 선정됐다.

다니카는 〈지미 키멜 라이브〉, 〈투데이〉, 〈레잇 쇼 위드 데이빗 레터먼〉, 〈토니 단자 쇼〉(Tony Danza Show)뿐 아니라 TV 가이드와 ESPN 더 매거진에 크게 보도됐다. 그녀는 스파이크 TV(오락 전문 TV)에서 여러 TV쇼를 진행했다. 여성 탈취제 광고에 출연했을 뿐 아니라 2005년 다큐멘터리 〈걸 레이서즈〉(Girl Racers)에서도 크게 소개됐다. 2006년 5월에 자서전 〈다니카〉(Danica)를 출간했다.

다니카는 남편 폴 호스펜탈과 함께 애리조나주에서 살고 있다.

베버리는 다니카의 어린 시절은 행복하고 풍요로웠다고 했다. 그녀는 "다니카에게 책을 읽어 주고, 같이 놀아주고, 음악을 틀어 주었다."라고 말했다. 그녀는 놀이 스케줄을 짜지 않고 대신 다니카를 밖에 나가 놀도록 했다. "나는 밖에 나서 정원 일을 하면서 다니카와 여동생 브룩이 정원에서 놀도록 했다. 아이들은 정원에서 스스로 잘 놀았다. 그러나 스케줄에 의한 놀이시간은 확실히 없었다."

그래도 운동은 어느 정도 스케줄을 따랐다. 베버리는 "아이들은 텀블링과 춤 교습을 받았다. 다니카는 7살 때 티볼(T-ball)을 했으며 고등학생 때에는 치어리더로 활동했다."라고 말했다.

베버리는 사교활동은 가족 중심적이었다고 말했다. "우린 수입원이 하나였기 때문에 그렇게 사교적이지 못했다. 그래서 많은 시간을 밖에서보다 집에서 보냈다." 그러나 베버리는 외출 많은 생활을 결코 부러워하지 않았다.

"가족은 매우 중요한 것이다. 우리 가족은 서로 다른 세대로 구성돼 있었다. 다니카의 증조부는 그녀의 삶에서 중요한 일부분이었다. 그는 항상 우리 근처에 있었다. 우리에게 사교적이라는 것은 외부 사람보다 가족과 함께 하는 것이었다. 우린 정말 가정적인 사람들이었다."

그런 만큼이나 가족은 다니카의 어린 시절에 중심이었다. 베버리는 "그것이 정말 별난 일이었는지도 모르겠다. 우린 모든 것을 함께 했다."라고 말했다. 실제로 다니카가 고카팅을 접하게 된 것은 바로 가족 외출을 통해서였다.

베버리는 "남편은 일주일에 7일을 일했다. 그래서 우린 일주일에 하루는 가족이 함께 할 수 있는 재밌는 일이 필요하다는 결론을 내렸다. 고카팅을 하자는 것은 사실은 브룩의 아이디어였다. 브룩이 제일 먼저 가자고 했다. 다니카는 약간 망설였지만 해 보겠다고 했다."라고 말했다.

그러나 다니카는 고카팅을 하자마자 빠져들어 항상 그것만 원할 정도가 됐다. 다니카는 주중에도 고카팅 하러 가길 원했다. 베버리는 "그들은 공개 강습을 받았다. 다니카는 완전히 빠져들었다. 다니카가 13살 때 자신의 열정을 발견한 것은 정말 행운이었다."라고 했다.

　그처럼 위험한 스포츠를 하는 딸을 바라보는 것이 때때로 힘든 일이었다. 하지만 베버리는 다니카의 열정을 확고히 믿었다. 그래서 진심으로 그런 딸을 지원했다. 베버리는 이런 유연한, 상황을 있는 그대로 받아들이는 태도를 항상 유지하려고 노력했다.

　"다니카는 16살 때 다음 단계 고카트 경주를 위해 영국으로 건너갔다. 그때 우린 그녀가 학교에 다니기를 진심으로 원했다. 하지만 그녀는 학교를 그만두기로 결정했다. 난 다니카에게 영국에서 일이 잘 안 풀리면 귀국해서 대학에 갈 수 있다고 말해 주었다."

　베버리는 다니카에게 가라고 격려하는 것이 옳은 일이라는 것을 알았다. 하지만 그녀는 "영국에 있는 딸과 통화할 때마다 울게 될 것이라고는 생각지 못했다. 정말 힘든 시기였다."라고 말했다.

　그 힘든 시기를 어떻게 넘겼을까. 베버리는 "다니카가 그렇게 먼

곳에 가 버린 것에 대해 감상적이 됐다. 하지만 그녀에게 '너무 위험해' 라고 말하는 것이 옳다고 생각지는 않았다. 우린 그녀가 안전할 것이며 그 결정이 옳았다고 믿었다. 무엇보다도 중요한 사실은, 그것이 다니카의 운명인 것 같다는 생각이 든 것"이라고 말했다.

이 일에 대해서는 베버리의 직관이 확실히 옳았다. "다니카는 카레이싱에 대해 매우 진지했다. 그녀는 고카트 경주에 입문한 지 대략 5달 만에 기록을 갱신하고 있었다. 그녀는 승리감을 정말로 좋아했다. 펄쩍 뛰지 않고 '나를 보세요. 내가 이겼어요' 라고 말했다. 이런 결과를 미리 알았다는 듯한 자신감을 내보였다."

다니카의 계속된 성공에도 불구하고, 베버리는 "남편과 나는 항상 다니카에게 언제든지 그만두어도 좋다고 말했다."라고 말했다. 그 말은 진심이었다.

베버리는 다니카에게 구체적인 기대를 하지 않았다고 했다. "난 단지 다니카가 최선을 다하기를 원했다. 성적 평균이 얼마여야 한다는 기대를 결코 하지 않았다. 그녀가 최선을 다하고 있다고 느끼는 한, 나는 그것으로 만족했다."

또 베버리는 사람은 비판보다 칭찬과 격려 속에서 더 발전한다는 믿음을 가지고 있었다. 이는 일이 꼬일 때에도 베버리가 자녀교육에 적용한 방법이다. "한 번은 춤 공연 도중에 다니카가 자기 위치를 잊어버리고 울기 시작한 적이 있었다. 나중에 나는 그녀를 달래주며 괜찮다고 말했다. 나는 무슨 일이든 그녀가 잘하고 있다는 사실을 항상 알게 했다."

베버리는 가족의 바탕은 남편 TJ와의 26년 결혼생활이었다고 했다. "부모로서 우린 서로에게 든든한 지원자였지만 역할은 서로 달랐다. 아이들이 어렸을 때에는 내가 주도했다. 하지만 10대가 됐을 때에는 좀 더 엄격한 규율이 필요했고 남편이 그 일을 맡았다."

그러나 패트릭 집안에서 규율의 심판자는 TJ 혼자만은 아니었다. 베버리는 "다니카가 어디를 가든, 친구 집이든 극장이든, 어디서 누구랑 있는지를 반드시 알리도록 했다. 가끔 다니카가 우리에게 '가장 엄격한 부모'라고 말한 것이 기억난다."라고 했다. 아이들에게는 한계가 있어야 한다는 확고한 믿음을 가진 베버리는 항상 다니카에게 "그것이 인생"이라고 말했다.

교회에 가는 것이 패트릭 가족에게 주 단위의 행사는 아니었다. 하지만 종교는 베버리가 다니카에게 도덕과 가치를 심어주는 데 영향을 미쳤다. 베버리는 "우리는 가능한 한 종교에 기초해서 아이들에게 옳고 그른 것, 선과 악을 가르치려고 노력했다."라고 말했다.

베버리는 딸에게 탄력성을 심어 주려고 노력했다고 했다. "그 세계는 험한 곳이다. 복권을 하는 것과 같다. 좋은 날도 있고 나쁜 날도 있다. 좋은 날보다는 나쁜 날이 더 많다. 어떤 운동에서든 포기하는 것은 정말 쉽다. 영국은 매우 험한 곳이었고, 다니카에게 매우 외로운 곳이며, 좋은 지원팀도 없었다. 그러나 그녀는 많은 것을 배웠다."

다니카가 다른 사람의 강요에 의한 것이 아니라 '스스로' 성취감을 경험하는 것이 베버리에게 아주 중요했다. 베버리는 "우린 약간 불간섭주의이기 때문에 다니카는 자기 동기부여가 잘 되어 있다고 생각한다. 그녀는 아주 어릴 때부터 스스로 열심히 했다."라고 말했다.

다니카에게 해준 격려의 말 중에 특별히 기억나는 것이 있느냐고 물어 보았다. 베버리는 "늘 '네가 노력한 만큼 얻는다'고 말해 주었다."라고 대답했다. 그것은 베버리가 자신의 삶을 통해 보여준 것이기도 하다.

"나는 늘 강한 근면 정신을 가지고 있었다. 다니카와 브룩이 어렸을 때 우린 유리제품 가게를 했다. 그래서 아이들은 낮에는 보모와 함께 있어야 했다. 난 오후 5시에 집에 왔으며, 남편과 나는 다시 가게로 가 밤 12시까지 일했다. 아이들은 매일 우리의 이런 모습을 봤다. 우리는 정말로 '노력한 만큼 얻는다'는 말을 생활화했다."

베버리는 요즘 엄마들에게 조언한다. "자녀에게는 '지금 무엇을 하고 있으며, 어디로 가는가'를 물어봐 주는 사람이 필요하다. 아이들은 누군가에게 그런 질문에 대한 답을 해야 한다." 베버리가 딸에게 준 다른 지혜의 말은 "항상 숙녀가 되라!"이다. 이는 다니카는 확실히 실천해 온 조언이다.

35

강한 개성을
억누르지 않고 보호했다

수잔 포스터
영화계 거물 *메릴 포스터*의 엄마

미라맥스(Miramax, 영화제작사)사의 임원을 지낸 메릴 포스터 (Meryl Poster)의 엄마 수잔 포스터(Susan Poster)는, 딸이 어린 소녀였을 때부터 유명해지고 싶다는 희망을 피력했다고 했다. "메릴은 자라면서 바바라 월터스(Barbara Walters)처럼 유명해지고 싶다고 말했다." 비록 '무대 뒤' 접근법을 사용했지만 오늘날 메릴은 영화계에서 유명한 이름이 됐다.

메릴은 비서로 시작해 프로덕션의 공동 사장에 오르는 등 미라맥스에서 16년 동안 일했다. 미라맥스에 재직하는 동안 그녀는 〈시카고〉(Chicago), 〈사이더 하우스〉(The Cider House Rules), 〈초콜릿〉(Chocolat), 〈캅 랜드〉(Cop Land) 등의 영화를 제작했다.

영화사 임원으로 〈네버랜드를 찾아서〉(Finding Neverland), 〈굿 윌

헌팅〉(Good Will Hunting), 〈셰익스피어 인 러브〉(Shakespeare in Love) 등의 제작을 감독했다. 이들 영화로 인해 메릴은 2005년 NBC로부터 함께 TV쇼와 영화를 제작하자는 스카웃 제안을 받았다.

그녀는 TV광고 감독 다니엘 레빈슨과 결혼해 두 자녀를 두었다.

수잔은 사랑, 온기, 좋은 가족 시간으로 충만한 성장기를 보냈다고 말했다. "내 할아버지(메릴의 증조부)가 우리 집 아래쪽 구역에 살았다. 나는 부모님의 사랑을 듬뿍 받고 자랐으며, 부모님과 매우 좋은 관계를 유지했다." 이런 성장 경험이 자녀교육에도 영향을 미쳤다. 수잔은 "나는 중산층 출신으로 '삶의 좋은 것들'을 즐길 수 있었다. 나는 내 자녀들도 그런 혜택을 누릴 수 있기를 바랐다. 운 좋게도, 남편과 나는 경제적으로 자녀들에게 내가 받은 것 이상을 줄 수 있었다."라고 설명했다.

가족관계가 밀접했던 수잔은 가정생활을 딸 양육의 중심으로 삼았다. 그것은 비공식적인 활동을 통해 혹은 종교적 전통을 통해 이루어졌다. "금요일 저녁에는 가족이 식사를 함께 했다. 우린 신앙심이 깊은 사람들은 아니었지만 유대교 문화를 즐겼다. 금요일 밤에 초를 켜고 아이들에게 자선활동의 중요성을 가르쳤다. 주말에는 영화 보러 가거나 친구·친척을 방문하며 시간을 함께 보냈다. 또 아이들을 데리고 아미시(Amish) 카운티나 워싱턴 D.C.로 주말여행을 하기도 했다."

수잔은 가족의 힘은 남편과의 46년 결혼생활에서 나왔다고 했다. 그녀는 "우리는 높은 도덕심을 가졌으며 즐거움을 함께 했기 때문에 안정적인 가정을 이루었다."라고 말했다.

　영화사 임원에게 기대할 수 있는 바와 같이, 메릴은 어려서부터 언어 구사력이 우수했다. 또 성장속도도 평균보다 앞섰다. 수잔은 "메릴은 생후 10개월에 기었고, 1년에 걸었으며, 15개월째에 말을 했다. 그리고 이후 멈추지 않았다."라고 했다. 그러나 수잔 부부는 메릴이 평균적인 속도로 성장하길 원했다고 강조했다.

　그럼에도 수잔은 항상 메릴에게 책을 읽어 주었다. 수잔은 수스(Seuss) 박사의 책과 모든 어린이용 고전 도서를 읽어 주었다. 그뿐만 아니라 책을 통해 자신의 개인사를 전하기도 했다. "나는 메릴이 우리 가족과 우리 가족의 경험에 대해 알기를 원했다." 가족 경험에는 러시아혁명, 대공황, 2차 세계대전 와중에서 겪은 일들이 포함된다고 했다.

이와 함께 수잔은 메릴이 4살 때 〈컬러 미 바브라〉(Color Me Barbra) 전 앨범을 가르쳤다. "메릴은 항상 노래 부르기와 춤을 즐겼다. 나는 그녀를 뮤지칼 극장이나 영화관에 데려갔다." 수잔은 "이런 것들을 모두 거친 뒤 메릴은 발레 교습을 받았으며, 테니스와 야구를 했고, 수영을 했다."라고 말했다.

그러나 수잔은 공격적인 엄마와는 거리가 멀었다. 수잔은 메릴과 메릴의 오빠에 대해 높은 기대를 가지고 있었지만, A나 B가 되라고 결코 강요하지 않았다. "난 단지 아이들에게 최선을 다하라고 말했다. 그리고 칭찬과 격려를 했다." 수잔은 자신의 자녀교육 스타일을 칵테일이라고 표현했다. "나는 필요에 따라 권위적, 양육적이었으며, 이해심이 많았고, 엄격했다. 그럼에도 항상 사랑이 넘쳤고 정이 많았다." 그러나 수잔은 자신은 강한 부모상(像)이었으며, 상황이 요구하면 규율을 적용하는 데 소심하지 않았다고 했다. "한 번 아니라고 말하면 적어도 대부분 내가 말한 것을 지켰다."

수잔에 따르면, 메릴은 성장기에 강한 개성을 보였다. 종종 '자신의 방식대로' 일을 처리하기를 원했다. 수잔은 이런 개성과 싸우기보다 메릴의 광채를 억누르지 않으려고 신중히 노력했다고 말했다.

"메릴은 유아기와 어렸을 때 거침없이 말하는 타입이었다. 그녀가 1, 2, 3학년이었을 때 선생님이 나를 학교로 불렀다. 그리고 메릴이 수업을 방해하며 자기 순서가 아닌데도 말하는 경향이 약간 있다고 했다. 나는 선생님에게 '그녀를 지지해 주며 마음에 상처를 주지 말아 달라'고 부탁했다. 그녀는 내가 잃기를 원하지 않는 특별함을 가지고 있었다."

메릴의 극단적인 독립심을 보여주는 다른 사례로, 수잔은 메릴의 유치원 시절 일화를 기억했다. 모든 아이들이 아버지의 날에 대비해 그림을 그리고 있었다. 그런데 메릴은 그 대신 실내용 슬리퍼 만들기를 원했다. "나는 그녀를 도와주었다. 메릴은 집에서 슬리퍼 한 짝을 가지고 와, 그것을 베끼고, 접착제로 붙여 완성했다."

메릴의 학교 과제를 돕는 것에서부터 학부모 · 교사 모임의 회장을 맡는 등, 수잔은 자녀의 학교생활에 적극 참여했다. "난 학급 일을 돕는 엄마였으며 현장 견학에도 동참했다. 메릴이 고등학생이었을 때 난 일주일에 하루씩 도서관에서 자원봉사를 했다. 그리고 그날 점심시간에는 메릴의 친구들을 데리고 버거킹에 갔다. 그들은 요즘도 그 일을 얘기한다."

다른 엄마들에게 주고 싶은 조언이 무엇이냐고 물어 보았다. 수잔은 자녀가 가능한 한 많은 경험을 하게 하는 것이라고 말했다. "나는 메릴이 매우 다양한 활동을 경험하게 했다. 어느 여름 그녀는 특별 테니스 캠프에 참가하기 위해 캐나다로 갔다. 또 어느 여름에는 알프스의 스키 학교에 참가했다. 그리고 대학생 때에는 외국에서 공부하기도 했다. 이런 모든 경험으로 인해 그녀가 굳세고 독립심 강한 여성이 될 수 있었다고 생각한다."

수잔 자신도 스스로 열정을 찾고 다듬었다. "나는 아이들과 함께 할 수 있는 활동에 관심을 가졌다. 그리고 미술감상, 이탈리아어반, 비즈니스반, 음악감상 등 매 학기마다 수업을 들었다."

메릴이 직업 분야를 선택할 때 수잔이 방향을 제시하지 않았다는 것은 확실하다. 오히려 수잔은 어떤 일에 종사하든 그녀를 돕겠다며 격려했다고 했다. 또 수잔은 메릴에게 많은 도움이 된 사려 깊은 조언을 했다. "나는 자녀에게 이렇게 말해 주었다. 받는 것보다 주는 것이 낫다. 만약 좋은 얘기거리가 없다면, 절대 말하지 마라. 아이들과 함께 놀 때 어느 누구도 배제하지 마라. 항상 너보다 더 예쁘거나 더 많이 가진 사람들은 있게 마련이다. 그러니 네가 가진 것, 현재의 네 자신에 행복을 느껴라."

부모로서 자신을 어떻게 정의하느냐는 질문에 대해, 수잔은 아들이 자신에게 한 말이 좋은 대답이 될 것이라고 했다. "엄마는 이 세상에서 가장 믿을 수 있는 사람이에요."

질문을 던짐으로써
많은 질문을 유도했다

마샤 라트너
영화감독 *브렛 라트너*의 엄마

할리우드에서 가장 성공한 감독의 한 사람인 브렛 라트너 (Brett Ratner)의 엄마 마샤 라트너(Marcia Ratner)는, 아들 학교에 찾아가 싱글벙글거리는 모습을 보여 아들이 깜짝 놀라곤 했다고 말했다. "나는 학교로 가 '매력적인 내 아들을 보세요. 너무 예뻐요' 라고 말하곤 했다. 난 아들의 모든 행동을 칭찬했다." 마샤는 수십 년이 지났지만 칭찬을 멈추지 않는다고 했다.

거기에는 그만한 이유가 있었다. 브렛의 영화 7편이 전 세계적으로 10억 달러 이상을 벌어들였다. 그는 26살에 깜짝 놀랄 흥행을 거둔 첫 영화 〈머니 톡스〉(Money Talks)를 감독했다. 그는 로맨틱 판타지 드라마 〈패밀리 맨〉(The Family Man)으로 성공을 이어갔다. 5번째 작품 〈레드 드래곤〉(Red Dragon)-〈양들의 침묵〉(Silence of the

Lambs)의 전편—으로 서스펜스 스릴러 세계에 발을 들여 놓았다. 그는 〈엑스맨〉(X-Men)으로 여러 흥행기록을 세웠으며 2007년 블록버스터 〈러시아워〉(Rush Hour) 3편을 감독했다.

브렛은 흥행기록을 수립하지 않을 때에는 크리살리스 재단(Chrysalis Foundation)에 헌신한다. 이 재단은 경제적으로 소외된 개인이나 홈리스가 직업을 통해 삶을 변화시키도록 돕는 단체이다. 이 재단에 헌신한 공로로 그는 크리살리스의 정신 상(Sprit of the Chrysalis Award)을 받았다.

쿠바 하바나에서 태어난 마샤는 라틴 문화권에서 성장했다. 이와 관련, 그녀는 "우리 집에는 항상 활기찬 느낌이 있었다. 우리 모두는 항상 춤을 즐겼다."라고 설명했다. 마샤는 55년간 결혼생활을 지속한 부모 밑에서 자랐지만, 자신의 자녀교육 방법은 부모와 정반대였다고 말했다. 이는 브렛이 마샤보다 훨씬 많은 안전과 자유를 누렸다는 것을 의미한다. "브렛이 무엇을 원하든 나는 하게 했다. 밤 11시에 만화책 만들기를 원하면 나는 좋은 생각이라고 말하고 도와주었을 것이다."

마샤는 브렛을 위해 많이 싸웠다고 했다. "하루는 브렛의 선생님이 나를 학교로 불렀다. 그리고 브렛이 익살스러운 짓을 하면서 학급 분위기를 망친다고 말했다. 선생님은 '브렛은 규율상 문제가 있다. 그를 낙제시키겠다' 고 말했다. 나는 브렛을 위해 싸웠다. 그 결과 브렛은 학급에서 쫓겨나지 않았다. 대신 열심히 해 B학점을 받았다."

그 일은 긴 안목에서 보면 당연히 작은 사건이었다. 그러나 마샤는

"그것은 브렛에게는 결정적인 순간이었다. 자신이 엄마의 강한 지지를 받고 있다는 사실을 깨달았기 때문"이라고 말했다.

마샤는 "격려는 브렛 양육에서 매우 중요했다."라고 말했다. "나는 항상 그에게 질문함으로써 질문을 많이 하도록 유도했다. '브렛, 나무에 대해 어떻게 생각하니? 이것 혹은 저것에 대해 어떻게 생각하니? 저 사람을 좋아하니? 왜? 그들의 어떤 점을 좋아하니?' 나는 끊임없이 그에게 질문을 던졌다."

마샤가 설명한 것은 단순히 브렛에게 관여하는 것 이상이었다. 그녀는 브렛을 타인과 세계와 관계를 맺을 수밖에 없는 상황으로 몰았다. "브렛이 8, 9살 때 우린 세계여행을 시작했다. 우린 기차에서 잠을 자기도 했다. 나는 단지 사람들을 사랑했다. 그래서 브렛이 많은 사람들과 접촉하기를 원했다. 오랜 여행 기간 동안 우린 마지막 날까지 사람들에 둘러싸여 있었다."

그것은 '(자녀에게) 더 많이 줄수록, 더 많이 얻는다' 는 마샤의 믿음을 그대로 반영한 것이다. 마샤는 간단하게 "난 내가 하는 모든 일에서 흥분을 느꼈다. 그것이 브렛에게 영향을 미쳤다고 생각한다."라고 말했다.

마샤는 독서와 같은 평범한 활동을 어떻게 다음 단계로 발전시킬 수 있었는가를 설명했다. "나는 브렛에게 책을 읽어 주었다. 그런데 그것이 토론 같은 것으로 발전했다. 내가 어떤 것을 읽어 주고 나면, 우린 그것에 대해 토론했다."

마샤는 세상을 대할 때 활짝 열린 마음을 유지했지만 TV처럼 특정한 일에서는 엄격했다. "이날까지 우리 집에는 TV가 없다. 난 단지 시끄러운 것을 싫어했다. 난 브렛에게 자기 내부의 자원을 계발해야 한다고 가르쳤다. 그것이 외부 자극에 의하지 않고, 자신의 에너지를 확장하는 방법이라고 가르쳤다."

그러나 마샤는 브렛의 재능·흥미 계발을 격려하기 위해 성공하라는 압력을 가하지는 않았다. 그녀는 "나는 단지 브렛의 생각을 격려했다. 비록 그것이 그르다고 생각될지라도, 그에게 무엇이든 모든 것을 다 하게 했다."라고 말했다.

마샤는 세상으로부터, 그의 행동에 대한 반작용으로부터, 브렛을 보호하려고 하지 않았다. 오히려 그것들을 교육의 도구로 사용했다. "우리가 도미니카공화국에 있었을 때, 브렛은 골프 카트를 빌리기를 원했다. 난 별로 좋은 생각이라고 생각지 않았다. 그 골프 카트는 결국 뒤집어져 버렸고 브렛은 손가락을 베였다. 우린 3시간이나 운전해 의사한테 가야 했다. 그는 교훈을 얻었다. 난 그가 실수에 대한 대가를 치르게 했다."

마샤는 오늘날 브렛의 번득이는 사고 과정을 이런 교육 때문이었다고 생각한다. "자신의 행동에 대한 반향을 이해했기 때문에, 브렛은 집중력 강하고 참여적인 사람이 될 수 있었다고 생각한다. 영화 제작에서처럼, 그는 철저히 현재적—마치 현장에 있는 것 같은—이 되어 사물을 꿰뚫는 생각을 할 수 있었다. 전체 그림을 볼 수 있었던 것이다."

마샤는 자신이 초점을 맞춘 것은 바로 브렛의 이 '현재적' 능력이었다고 말했다. 또 이 능력으로 인해 마샤는 브렛의 거대한 잠재력을 알 수 있었다고 했다. "브렛은 2살 때에도 다른 사람들과 달랐다. 그는 철저히 현재적이었다. 그는 많은 질문을 했으며 대단한 카리스마를 가지고 있었다. 그의 눈에는 그런 반짝임이 있었다."

마샤의 자녀교육 목적은 브렛에게 자신감, 그리고 당연히 자립심을 심어 주는 것이었다. "내가 친구들과 캠핑 하고 싶다고 말했을 때, 부모님이 '만약 네가 밤에 우릴 잃어버리면 어떻게 하니?' 라고 말하던 것이 기억난다. 부모님은 항상 사물의 부정적인 면만 보았다. 브렛이 캠핑 가면서 '만약 내가 엄마를 잃어버리면 어떡해요?' 라고 말했을 때, 나는 '네가 편지를 쓸 수도 있고, 방문의 날에 내가 네게 갈 수도 있다' 고 말했다. 난 브렛에게 많은 대안을 주었다."

마샤는 브렛이 성장하는 동안 자신은 '허브' (hub)였다고 말했다. "브렛이 독보적인 아이가 된 뒤, 모든 아이들이 우리 집으로 놀러 오곤 했다. 만약 브렛이 미식축구를 하면 나는 그곳에 있었다. 나는 허브였다."

그녀의 자녀교육 스타일은 무엇보다도 브렛을 세상-거의 모든 것을 아우르는 가치-과 접촉하게 하는 것이라고 정의할 수 있다. "만약 박물관 개관이나 음악회처럼 더 중요한 일이 있다면, 난 브렛을 학교에 보내지 않고 그곳에 가게 했다. 난 그런 일들도 마찬가지로 중요하다고 생각했다. 그에게 현실을 경험하게 했다."

브렛에게 준 탄력성과 관련해, 마샤는 "브렛에게 실패하더라도 계속 노력하라고 말할 것이다. 나는 그에게 '짐승의 눈을 정면으로 쳐다보아라. 그리고 계속 트럭을 몰아 짐승을 운반하라' 고 말했다. 그 말을 자주 했다. 나는 상어로부터 내 자신을 지킬 수 있다. 난 브렛에게 그 같은 뾰족한 날을 주었다."라고 설명했다.

마샤는 자신의 자녀교육 스타일을 압축해서 설명했다. "나는 어떤 슬픔으로부터도 브렛을 방어해 주지 않았다. 그리고 관대함을 키워주려고 노력했다. 관대함은 개인을 세상과 연결하는 수단이기 때문이다."

37

언제 어디서든
음악을 듣게 했다

엠마 레이드
음악계 거물 *안토니오 엘에이 레이드*의 엄마

아일랜드 데프 잼 뮤직 그룹(Island Def Jam Music Group) 회장 안토니오 엘에이 레이드(Antonio "L.A." Reid)의 엄마 엠마 레이드(Emma Reid)는, 안토니오가 자랄 때 항상 음악이 있었다고 했다. 엠마는 "우린 그냥 음악을 사랑했다."라고 말했다. 안토니오는 어린 시절 음악에 대한 열정을 가졌으며, 그 열정을 키워 음악계에서 가장 성공한 경영진 중 한 사람이 되었다.

안토니오는 미국 거대 레코드 회사 회장으로 3년차를 맞고 있다. 그는 음악계에서 가장 유명한 인사들의 성공에 기여했다. 그가 플래티넘 앨범 발매에 도움을 준 사람들 중에는 머라이어 캐리(Mariah Carey), 카니예 웨스트(Kanye West), 제이지(Jay-Z), 본 조비(Bon Jovi) 등이 있다. 그는 결코 공연계의 문외한이 아니다. 뛰어난 드럼 연주

음악계 거물 안토니오 엘에이 레이드의 엄마　243

자, 작곡가, 제작자로서 마일스 데이비스(Miles Davis), 슬라이 스톤(Sly Stone), 비틀즈(Beatles), 레드 제플린(Led Zeppelin) 같은 음악가들에게 영향을 미쳤다.

그는 직업적인 성공 외에도 PENCIL(뉴욕시 공립학교에 대한 민간인 참여를 촉진하는 단체) 활동에 적극적이다.

안토니오는 4남매 중 셋째이다. 그러나 엠마는 출생 순서에 따라 자녀에게 쏟는 관심을 달리 하지 않았다고 했다. 하지만 그녀는 안토니오 임신 때문에 놀랐다고 했다. "당시는 가족계획 같은 것이 없던 시절이어서 우리는 안토니오의 임신을 계획하지 않았다."

저소득층 가정 출신에다 싱글맘(안토니오가 2살 때 이혼했다)으로 4자녀를 키워야 했기 때문에, 엠마는 삶은 선택의 문제였다고 했다. "많은 것을 희생하고 많은 것을 놓칠 때, 자녀들에게는 모든 면에서 최상의 것을 줄 수 있기를 원했다." 엠마에게 '안토니오에게 최상의 것을 주는 것'은 그가 확고하게 꿈을 추구하게 하는 것이었다.

엠마는 안토니오가 4살이었을 때 리듬을 찾을 때까지 오랫동안 우두커니 서서 어떤 것을 두드린다는 사실을 깨달았다. 자녀가 흥미를 키울 수 있게 돕는다는 자녀교육 철학에 따라, 엠마는 아들에게 드럼한 세트를 사주었다.

또 안토니오의 공연에 참석함으로써 그의 음악적 열정을 격려했다. "콘서트에 갔을 때 내가 그의 공연을 얼마나 자랑스럽게 생각하는지를 항상 말했다. 15살 때 안토니오는 공원에서 열리는 콘서트에서 항상 연주를 했다."

안토니오의 음악적 재능은 드럼에서 끝나지 않았다. 엠마는 그가 피아노를 사서 재능을 계발할 필요가 없는, 타고난 피아노 연주자였다고 기억했다. "우린 집에 피아노가 없었다. 그는 학교에서 피아노를 연주하곤 했다. 그리고 어디를 가든 피아노를 보면 가서 연주했다."

엠마는 안토니오가 평균적인 속도로 성장했다고 했다. 또 자신은 그의 성장을 앞당기기 위해 애쓰지 않았다고 했다. 그녀는 "우린 매일 책 읽는 시간을 정해 놓지는 않았다."라고 말했다. 일상생활의 중심은 음악이었다. 엠마는 "집에 있든 차를 타고 있든, 우리에겐 항상 음악이 있었다. 재즈, 로큰롤, 리듬앤블루스 등 모든 음악을 들었다. 특히 재즈를 많이 들었다."라고 말했다.

평상시 한가로운 시간에는 그들은 마루에 앉아 놀았다. 엠마는 이런 시간을 통해 안토니오가 정신적으로 성장했다고 말했다. "우린 보드게임을 많이 했다. 그리고 마루에 앉아 함께 얘기를 나누었다."

엠마는 안토니오와 더 많은 시간을 보내지 못해 몹시 후회한다고 말했다. 하지만 나름대로 일하면서 자녀들과 함께 할 수 있는 방법을 찾았다. 그녀는 "나는 커튼을 만들었다. 집에서 내가 바느질 하면 항상 안토니오가 내 일을 도왔다. 그리고 우린 커튼을 사람들의 집에 걸어 주곤 했다."라고 말했다.

엠마는 평상시에 명백하게 엄한 타입의 엄마였다고 했다. "나는 안토니오가 거리를 헤매는 것을 좋아하지 않았다. 애들은 당연히 다른 아이들과 함께 거리 모퉁이에 서 있기를 원한다. 하지만 난 그것을 허용하지 않았다."

반항적인 10대 자녀에게 어떻게 그렇게 할 수 있었느냐고 물어 보았다. 엠마는 "내 얼굴을 똑바로 쳐다보게 한 것.같다. 내 아이들은 참 재미있었다. 그들은 나를 쳐다보고 '저 숙녀분을 귀찮게 하지 말라' 고 말하곤 했다. 그래서 내가 뭔가를 말하면 아이들은 기본적으로 내 지시를 잘 따랐다."라고 말했다.

엠마는 큰 그림 속에서 보면, 엄한 엄마가 된다는 것은 가족을 지키는 방법이었다고 말했다. "아이들은 내 말 뜻을 이해했으며, 내 말을 따라야 우리 가족이 안정된다는 사실을 알았다."

워킹맘으로 4자녀를 키운다는 것이 자녀교육 방법에 큰 영향을 미쳤다. "주말에는 우선적으로 자녀들과 함께 시간을 보냈다. 주중에는 그들을 많이 볼 수 없었기 때문이었다. 우리는 매주 일요일 모두 교회에 갔다."

그러나 다른 많은 아이들과 마찬가지로, 안토니오는 이 일요일 행사를 싫어했다. "안토니오는 아주 어린 나이에 종교를 싫어한다고 했다." 어쨌든 엠마의 스타일은 강요하는 것이 아니었다. "안토니오가 교회 가기를 싫어한다고 해서 그것 때문에 내 하루를 망칠 수는 없었다. 나는 '너는 집에 있어라. 나는 교회에 가겠다' 고 말하곤 했다. 난 그가 스스로 결정을 내리게 했다. 어느 누구도 아이들에게 종교를 강요할 수는 없다."

4자녀를 키우는 싱글맘이었지만, 엠마는 자신을 위한 시간도 가졌다. "일요일 교회를 마친 뒤 나는 여자들끼리 포커 게임을 했다. 아이들도 그것을 좋아했다. 그 집에서 그들이 하고 싶은 것을 할 수 있었기 때문이었다."

엠마의 표현대로 '아주 엄격한' 집안이었지만, 일요일 오후에는 숙제, 저녁식사, 잠자는 시각 등이 자유로웠다. 일, 육아, 가사를 도맡은 엠마는 자녀들의 선생님들을 접촉했지만, 현실적으로 학부모·교사 모임과 학교 행사에 모두 참석하지는 못했다. "내 일 때문에 학교 모임과 행사에 많이 참석하지 못했다."

그러나 엠마는 안토니오의 학교생활에 많이 신경 썼다. "나는 안토니오에게 학교에서 잘 하라고 확실하게 독려했다." 잘잘못에 대해 보답하는 것도 자녀교육 전략의 일환이었다. "나는 성적표의 A학점 한 개당 25센트를 아이들에게 줬다. 그들은 매우 흥분했으며 그것이 좋은 동기부여가 됐다."

안토니오가 큰 꿈과 목표를 향해 정진하게 하는 방법으로, 엠마는 그에게 크게 꿈꾸라고 말했다. 그리고 성심성의껏 노력하면 원하는 바를 성취할 수 있다고 말했다.

엄마로서 안토니오에게 첫 드럼 세트를 사줬을 뿐 아니라 그의 여름 공원 콘서트에 모두 참석했지만, 엠마는 그가 오늘날처럼 크게 성공할 줄은 몰랐다. "내게 결정적인 순간은 안토니오가 14살 때 여기 신시내티의 콘서트에서 공연하는 것을 보았을 때였다. 그때 나는 강렬한 인상을 받았다. 그가 거기서 일어나 수많은 관중들에게 말하는 것을 보았다. 그가 정말 자랑스러웠다."

엠마는 자신의 자녀교육 스타일은 항상 2가지에 기초했다고 말했다. 자녀들이 본연의 모습을 찾게 하는 것과 자신의 꿈을 자녀들에게 강요하지 않는 것. 안토니오가 꿈을 추구하는 데 이 방법이 많은 도움이 되었음은 두말할 필요가 없다.

38

자녀 얘기를
경청했다

베트 사코
나이트라이프 여왕 *에이미 사코*의 엄마

뉴욕 시내 나이트클럽 오너이자 레스토랑 경영주인 에이미
사코(Amy Sacco)의 엄마 베트 사코(Bette Sacco)는, 어릴 때
에이미는 잠자러 가는 것을 싫어했다고 했다. "에이미는 항상 올빼미
였다. 그래서 유치원에 데려가기 위해 아침에 그녀를 깨우는 것이 매
우 힘들었다. 오전에는 상태가 좋지 않아 그녀를 오후반에 넣어야만
했다. 그녀의 생물학적 시계가 보통 사람과는 달랐던 것이다." 에이
미는 이런 야행성을 직업 세계에 적용해 큰 성공을 거두었다.

그녀는 흔히 '뉴욕 나이트라이프(nightlife)의 여왕'으로 불린다. 또
뉴욕시의 첼시(Chelsea) 지역을 로트(Lot) 61, 방갈로(Bungalow) 8과
같은 정열적인 업소가 있는 파티 중심지로 만들었다는 평가를 받고
있다. 방갈로 8은 데미 무어(Demi Moore), 애쉬튼 커쳐(Ashton

Kutcher), 나오미 왓츠(Naomi Watts), 힐턴(Hilton) 자매와 같은 유명 인사들이 자주 방문하는 곳으로 HBO(미국 영화채널)의 드라마 〈섹스 앤 더 시티〉(Sex and the City)에서 크게 소개됐다. 에이미는 또 엄마의 이름을 딴 레스토랑 베트의 오너이다.

그녀는 영화 〈케틀 오브 피시〉(Kettle of Fish), 〈도어맨〉(The Doorman) 등에 출연했다. 데일리 뉴스(Daily News)는 그녀를 '우리 도시를 만든 여성 100인' 중 한 명으로 선정했다. 에이미는 최근 그녀의 삶을 영화 대본화하기로 크리에이티브 아티스츠 에이전시(Creative Artists Agency)사와 계약했다. 이 영화는 뉴욕시의 다른 아이콘인 사라 제시카 파커(Sarah Jessica Parker)에 의해 제작될 예정이다.

게다가 에이미는 자신의 제국을 대서양 건너편으로 확장했다. 2007년 9월 런던의 세인트 마틴 랜드 호텔에 방갈로 8을 개장했다. 2006년에는 책 〈칵테일스〉(Cocktails)를 출간했다. 에이미는 뉴욕에 본부를 둔 예술단체인 아트 프로덕션 펀드(The Art Production Fund) 뿐 아니라, 프리 아츠(Free Arts) NYC에도 참여하고 있다. 이 단체는 학대 받고, 무시당하고, 위험에 처한 어린이들과 그 가족들의 삶에 예술의 혜택을 제공하려는 비영리 조직이다.

에이미는 엄마의 직접적인 영향을 받아 강한 근로의식을 갖게 됐다. 엄마 베트는 이미 8살 때 아버지(에이미의 할아버지)를 위해 일을 시작했다고 한다. 에이미는 "나는 이런 배경으로 인해 일에 대해 강도 높은 가이드라인과 높은 도덕적 기준을 갖게 되었다. 엄마는 그것을 강력히 요구했다."라고 말했다.

베트는 자신의 표현대로 '가난한' 집안에서 자랐지만, 성취에는 한계가 없다고 생각했다. "내 엄마(에이미의 할머니)는 내게 '우리가 가난하다고 해서 네가 여자로 성장할 수 없다는 것을 의미하지는 않는다'고 말하곤 했다. 무엇보다도 그녀는 은총과 존엄성을 가지고 모든 일을 처리  했다. 그것은 내게 훌륭한 귀감이 되었다."

에이미는 8남매 중 막내였기 때문에 선생님이 집안에 그룹으로 있었던 셈이다. 가족 모두가 그녀에게 선생님 같았던 것이다. 사코 집안은 대가족이었지만 매일 저녁 식사를 함께 했다. 베트는 "나는 거의 매주 조부모님을 모셨다. 그래서 일요일 저녁은 거대한 식사가 되었다. 우리 가족이 공유한 가치와 습관은 자녀에게도 지속적으로 영향을 미쳤다."라고 말했다. 사코 집안의 저녁 식사는 그냥 먹고 바로 끝나는 자리가 아니었다. 베트는 일요일 저녁 식사를 토론의 기회로 삼았다고 말했다. "가족으로 함께 하는 것은 매우 중요하다."

막내인 에이미는 확실히 가족 내에서 특별한 위치를 차지했다. 이

전에 일곱 번이나 같은 경험을 한 엄마를 가졌다는 것도 이점이 됐다. 베트는 "앞서 7자녀를 키운 경험이 에이미를 키우는 데에 큰 도움이 됐다. 나는 '자녀가 진정으로 흥미를 갖지 않는 일은 강제로 시키지 말라' 는 중요한 자녀교육의 교훈을 얻었다."라고 말했다.

막내에게 흔히 나타나는 일이지만, 에이미는 항상 나이 더 먹기를 원했다. 베트는 "그녀는 12살이었을 때 16살이 되기를 원했다. 16살이었을 때에는 21살이 되지 못해 안달이었다."라고 말했다. 일부 소녀들은 화장하고 데이트하기 위해 나이 먹기를 원한다. 하지만 에이미가 나이 들기를 원한 이유는 직업을 얻기 위해서였다. 베트는 "에이미는 항상 일하러 가기를 원했다. 그녀는 항상 그것만 생각했다."라고 했다.

에이미가 어려서 일할 수 없었지만, 베트는 딸이 직업 경험을 할 필요가 있다는 사실을 깨달았다. "나는 에이미에게 브라우니즈(Brownies)에서 일해 보는 것이 좋겠다고 말했다. 이미 몇몇 친구들이 거기서 일하고 있었기 때문에 에이미는 그것을 달가워하지 않았다. 그 무렵 나는 그녀가 리더십이 매우 강하며 사업 수완이 좋다는 것을 깨달았다. 전적으로 자신의 힘으로 걸스카우트 쿠키를 300박스나 팔았다."

베트에 따르면, 에이미는 조숙한 아이였다. 5살 때 그녀는 손을 내밀며, 깊은 허스키 목소리로 "이봐, 난 에이미다. 난 구제불능이다."라고 말하곤 했다는 것이다.

베트는 에이미가 열심히 하는 것은 무엇이든 지지하며 격려했다.

"에이미는 항상 대단한 사람이 되어 다른 곳으로 가겠다고 했다. 그녀는 내게 '난 이 작은 마을에 머물지 않을 것이다. 다른 곳으로 가 대단한 사람이 되겠다'고 말했다. 그러면 나는 단지 '그럼, 넌 그렇게 해야 해'라고 말해 주었다."

베트에게 모성은 무엇보다도 완전한 사랑의 노동이었다. "나는 엄마라는 사실에 무척이나 행복했다. 정말로 기뻤다. 나는 엄마 외에 다른 어떤 것도 원하지 않았을 것이다."

베트는 에이미에게서 항상 따뜻함을 느꼈다고 했다. 이 따뜻함으로 인해 에이미는 뉴욕시의 나이트라이프를 좋아하게 되었을 것이다. 베트는 "에이미는 선천적으로 인자하고 사랑이 많은 타입이다. 그런 따뜻함으로 인해 사람들이 그녀에게 모여들었다고 생각한다. 나는 그녀의 따뜻함을 반겼으며 더 계발하려고 노력했다."라고 말했다.

베트는 에이미의 따뜻함을 장려했을 뿐 아니라 그 따뜻함이 에이미에게 긍정적인 영향을 미치도록 했다. "실제로 에이미는 내게 더 인자해지는 방법을 가르쳤다. 때때로 그녀는 나를 앉힌 뒤 자신의 팔다리로 나를 감싸고 안아 주었다." 베트는 에이미의 수준에 맞춰 그녀를 대했다. "나는 에이미가 보통의 다른 아이들보다 더 많은 사랑을 필요로 한다는 것을 깨달았다. 그래서 나는 더 인자해졌다."

베트는 에이미의 개성을 깔아뭉개거나 바꾸려고 하지 않았다. 그녀는 이 방법이 자신의 자녀교육 스타일에서 결정적인 요소라고 말했다. "에이미가 1학년 때에 선생님이 전화를 했다. '사코 부인, 나도 댁의 따님을 사랑합니다. 하지만 딸에게 학급 전체를 가르치려고 들어서는 안 된다고 말해 주세요.' 나는 에이미와 대화를 했다. 그러나 그녀의 보스 기질을 죽이고 싶지 않았다."

에이미의 어린 시절을 통틀어 베트가 사용한 자녀교육 방법은, 아무런 압력을 가하지 않고 딸이 제 속도에 따라 성장하도록 한 것이다. "난 항상 딸에게 꿈을 추구하라고 말했다. 그리고 언제나 그녀의 뒤에 서 있었다." 에이미가 약간 시대를 앞서 가려고 해도 베트는 지지했다.

"아마도 나는 에이미가 13살 때 직업 갖는 것을 격려하지는 않았을 것이다. 그런데 그녀는 그렇게 했다. 그녀는 집에 와서 내게 직업을 구했다고 말했다. 나는 '애야, 넌 아직 어리고 취로증명서도 없잖아' 라고 말했다. 그녀는 '그렇지만 충분히 나이 들어 보여서 그들은 내게 취로증명서를 요구하지 않았어요' 라고 대답했다. 이것이 그녀가 레스토랑에 자신의 첫 직업을 구한 경위이다."

엄마는 딸의 성취를 어떻게 도왔을까. 베트는 '사과는 나무로부터 멀리 떨어지지 않는다' 는 오랜 속담을 인용했다. "내 아버지와 관련이 있다고 생각한다. 아버지가 레스토랑 사업에 종사했기 때문이다. 나도 그 분야에서 훈련을 받았다. 에이미는 내가 부엌에 있는 것을 많이 보아서 자연스럽게 그것에 이끌렸다고 생각한다."

그러나 베트는 직업 선택과 관련해 에이미에게 압력을 가하지 않았다. "난 항상 에이미에게 '네가 원하기만 하면 어떤 길이든 자유롭게 선택할 수 있다. 그러나 네 직업 세계에서 최고가 되기를 원한다' 고 말했다." 베트는 에이미를 격려할 때 자주 했던 구체적인 말을 떠올렸다. "난 그녀에게 '선택처럼 어떤 것은 결과를 초래한다. 힘든 시기를 맞든 일이 크게 잘못되든, 이 또한 지나갈 것이다. 가난은 성격을 형성한다. 너는 심어진 장소에서 꽃을 피운다' 고 말했다."

또 베트는 모성에 대한 자신의 열정을 강조했다. "나는 모성에 대한 열정을 가지고 있었다. 이 때문에 내 자녀들에게 최선을 다할 수 있었다." 그녀는 본성과 교육의 결합도 강조했다. 그녀는 "에이미를 오늘에 이르게 한 것은 그녀의 유머 감각"이라고 했다.

기업가적인 딸에게 성공의 원칙을 심어주면서 베트가 사용한 중요한 방법은 '적극적인' 경청이었다. "진실로 좋은 경청자가 되어야 한다. 자녀의 생각을 열심히 들어야 하며, 그들이 가고자 하는 방향을 이해해야 한다."

39

호기심을
심어 주었다

진 헤이스
TV앵커 *다이앤 소여*의 엄마

다이앤 소여(Diane Sawyer)는 자신의 엄마 진 헤이스(Jean Hayes)가 어떻게 그 일들을 해냈는지 이해하지 못했다고 말했다. 다이앤은 엄마에 관해 "학교에서 가르치고, 우릴 교습장으로 데려다 주고, 저녁 식사를 준비하고, 집 청소를 하고, 이웃 교회 일을 시작하고…. 아직도 난 엄마가 언제 잠잤는지 모르겠다."라고 말했다. 이율배반적인 것은 사람들이 다이앤에 대해 같은 생각을 한다는 것이다.

그녀는 〈프라임타임 라이브〉(Primetime Live)뿐 아니라 일주일에 5일씩 ABC 〈굿모닝 아메리카〉의 앵커를 맡고 있다. 다른 뉴스 프로그램에도 빈번하게 출연한다. 다이앤은 켄터키주의 지역 언론 기자로 출발해 닉슨의 언론팀, 〈CBS 모닝뉴스〉에 진출했다. 1989년에 결국 〈60

미니츠〉(60 Minutes)의 공동 앵커가 됐다. 1989년 ABC로 옮겨 샘 도 날드슨과 함께 〈프라임타임 라이브〉를 공동 진행했으며, 1999년에 〈굿모닝 아메리카〉의 앵커가 됐다.

언론계에서 30년간 일하는 동안 다이앤은 많은 에미상과 피보이상 (Peaboy Awards), 로버트 F. 케네디 언론상(Journalism Award)을 받았 다. 그녀는 방송잡지 명예의 전당, TV협회 명예의 전당에 헌액됐다. 1988년 연극 · 영화 감독 마이크 니콜스와 결혼했다.

다이앤은 유아기 때부터 성공의 조짐을 보여 걷기, 말하기, 기기 등 에서 성장 속도가 매우 빨랐다. 다이앤은 TV뉴스의 아이콘이 되었지 만, 진은 다이앤이 5, 6살이 될 때까지 집에 TV가 없었다고 말했다.

진은 자신을 자녀 일에 적극 관여하는 엄마였다고 했다. "다이앤이 연극 하기를 원했을 때, 나는 방과 후에 학교로 가 그녀의 의사를 꺾 었다. 다이앤이 무슨 일을 하든 나는 적극적으로 관여했다."

그 같은 교육법의 일환으로 진은 자녀들이 여러 교습을 받게 했다. 그녀는 "자녀들에게 탭 댄스와 발레 교습을 받게 했다. 이밖에도 여 러 운동을 배우게 했다."라고 말했다. 이는 부분적으로 딸은 자신보 다 더 많은 기회를 갖기를 바라는 마음에서 비롯됐다. "나는 피아노 를 치고 싶었다. 하지만 당시 우리 집에는 피아노가 없었다."

다이앤은 어린 시절을 되돌아볼 때 엄마가 자신에게 심어준 가장 중요한 것들 중 하나는 '시작한 것은 반드시 마무리해야 한다'는 교 훈이라고 말했다. 이는 다이앤이 일하면서 확실하게 보여준 가치관 이다. "엄마는 항상 '만약 네가 그 일을 하면, 몰두해서, 가능한 한 완

벽하게 하라'고 강조했다."

　다이앤은 그런 마음가짐이 자신에게 흘러들었다고 말했다. "나는 할 만한 가치가 있는 일은 올바르게 해야 할 가치가 있다고 생각한다." 다이앤을 이를 좀 더 전체적인 관점에서 표현했다. "단지 나는 사람들에게 가장 좋은 일을 하기 위해 최선을 다했다. 아직까지 그렇게 하고 있다."

　진은 자녀에게 얼마나 헌신적이었을까. 다이앤은 "나는 엄마가 일찍 일어나지 않고, 완벽한 머리 손질에 완벽한 화장을 하지 않은 채, 일과를 시작한 날을 단 하루도 기억할 수가 없다. '오늘 하루는 지저분하게 지내겠으니 나를 내버려 다오'라는 식은 결코 없었다."라고 말했다.

진은 항상 완벽하게 단장했음에도 불구하고, 딸에게 그런 완벽함을 기대한 적은 없다고 했다. 대신 진이 기대한 것은 다이앤이 자신이 좋아하는 일을, 가능한 한 잘 하는 것이었다. "그것이 완벽할 필요는 없었다. 난 단지 딸이 성공하기를 바랐다."

긴밀하고 결속력 강한 가족은 다이앤의 양육에서 핵심이었다. 남편과 30년간 결혼생활을 하고 있는 진은 저녁 식사를 가족이 함께 하려고 항상 노력했다고 했다. 또 그녀는 부모로서 다이앤에게 도움이 되려고 노력했으며 그 노력이 결실을 보았다고 강조했다. "우리는 모든 일이 잘 진행되기를 바랐다. 또 그렇게 만들기 위해 노력했다."

다이앤은 엄마가 준 선물 중 두드러지는 것은 단연 호기심-모든 언론인에게 필수적인 자질-이라고 했다. "중요한 것은 엄마가 세상에 대한 호기심이 강했다는 사실이다. 엄마의 호기심은 DNA에 내재된 것이었다. 아직도 엄마는 늘 뉴스를 시청하며 여행을 많이 한다. 여행 중에 조각상이 보이면 그것을 보러 간다. 엄마는 책에 있는 모든 것을 보러 다닌다. 세상에 대한 지식에 항상 굶주려 있다. 그것이 우리의 모든 생활에 내재돼 있었다. 그런 엄마의 관심이 실제로 우리의 관심에 불을 댕겼다."

진은 딸이 꿈과 열망에 대해 말할 때 매우 신중하게 경청했다고 했다. 그리고 다이앤의 능력에 대한 자신의 믿음을 늘 확실히 표현했다고 했다. "나는 다이앤이 원하는 것에 마음을 집중하기만 하면 성취할 수 있다고 느꼈다. 그리고 그녀는 그렇게 했다." 진은 항상 열려 있는 의사소통 덕분에 다이앤이 꿈과 목표를 심화시킬 수 있었다고 말했다. "다이앤은 자신이 하고자 하는 것을 내게 말하곤 했다. 그녀가 무엇을 원하든 난 그녀 뒤에 있었다. 나는 다이앤이 능력 범위 내에서 최상이 되기를 원했다. 그리고 자신이 하는 일에서 행복해지기를 바랐다."

딸에게 유연한 감각을 심는 것도 진에게는 중요한 일이었다. 유연한 감각은 TV처럼 공개적으로 조사하는 업종에 종사하는 사람에게 필수적인 자질이다. "만약 일이 잘 안 풀리면, 나는 '다시 시도하라'고 말했다. 하지만 기본적으로 다이앤은 항상 성공했다."

성공에 관한 진의 다른 철학은 '성공하기 위해 계속 노력하면, 결국 성공한다'이다. 이 철학도 다이앤에게 전수됐다. 오늘날의 다이앤이 있도록 어떻게 도왔느냐고 물어 보았다. 진은 "다이앤이 성공을 위해 하려는 일에 대해 나는 몹시 신경 썼다. 다이앤의 성공을 위해서라면 나는 무슨 일이든 했다."라고 대답했다.

진은 다이앤에게 느끼는 자랑스러움을 감추지 않았지만 겸손해지려고 했다. 대신 다이앤 정도의 위치에 있는 사람에게는 드문 인류애를 심어주었다고 했다. "우리는 다이앤을 매우 자랑스럽게 생각하지만 감정을 그대로 드러내지 않으려고 노력했다. 나는 떠벌리며 자랑하는 것을 좋아하지 않는다."

40

매사에
모범을 보였다

알린 슈워츠먼
블랙스톤 그룹 CEO *스티븐 슈워츠먼*의 엄마

알린 슈워츠먼(Arline Schwarzman)은 미국서 가장 수익성이 높으며 선도적인 사모펀드 기업의 하나인 블랙스톤 그룹 (Blackstone Group)의 공동 설립자이자 회장 겸 CEO 스티브 슈워츠먼(Stephen Schwarzman)의 엄마다. 그녀는 아들의 성공에 대해 "아가, 정말 먼 길을 왔다."라고 말했다.

이 말은 2007년 2월호 포춘(Fortune)지에서 '당대의 월스트리트 인물'로 칭송받은 사람의 엄마가 말했기 때문에 특별한 반향을 불러일으켰다. 알린은 이 말에 대해 "스티븐이 그의 인생에서 성취한 믿기 힘든 많은 궤적들(직업적인 것과 개인적인 것 모두)을 표현한 것"이라고 했다. 그는 31살에 리먼 브라더스(Lehman Brothers)사의 이사가 됐으며 이후 그 회사의 M&A위원회 의장으로 일했다.

스티븐은 화려한 금융계 경력 외에도 공연예술을 위한 존 F. 케네디 센터의 이사회장을 맡고 있다. 외교관계협의회(Council on Foreign Relations), 뉴욕 공공도서관 이사회, 뉴욕시 발레단, 링컨센터 영화협회의 회원이며 뉴욕시 프릭 컬렉션(Frick Collection, 서양 미술관)의 관재인이다.

그러나 그의 성공을 가장 대변하는 것은 "당신은 행복합니까?"라는 질문에 대한 "예!"라는 우렁찬 대답일 것이다. 알린은 "최근에 내가 스티븐에게 그 질문을 했다. 그는 단호하게 '예'라고 대답했다. 그는 '내게는 연인이자 가장 훌륭한 친구인 아내와 정말 좋은 자녀들이 있다. 내 분야의 정상에 올라섰으며 정말로 좋아하는 활동을 한다. 나는 자선을 베풀 능력을 가진 행운아'라고 했다."라고 전했다.

알린은 스티븐이 첫째 자녀였기 때문에 가족 내에서 종종 찬사를 받는 특별한 위치였다고 말했다. "그가 일어섰을 때 우린 박수를 쳤다. 그가 컵으로 물을 마신 것은 대단한 사건이었다. 신발 끈 매는 법을 배웠을 때 우린 감탄했다." 그러나 알린은 스티븐의 동생이 태어남에 따라 칭찬과 감탄이 줄어들었다고 했다. "둘째나 셋째가 신발 끈 매는 법을 알지 못한 채 학교에 가도, 그것은 별로 대수로운 일이 아니었다."

스티븐은 동생들 때문에 위축되지 않았다. 실제로는 더 왕성해졌다. 알린은 "스티븐은 항상 바쁘고 동기 부여가 잘 된 아이였다. 좋은 학생이었으며 인기도 많았다."라고 말했다. 알린은 스티븐의 어린 시절 성공에 대해 "그는 학급 반장이었으며 학생회장이었다. 가슴에 불

같은 열정을 가지고 있
었으며 자신의 계획에
대한 정열이 있었다."
라고 언급했다.

스티븐의 성장기에
슈워츠먼 가족은 오늘
날 스티븐처럼 부유하
지는 않았다. 알린은 스
티븐 양육 당시 '중산
층'이었다고 했다. 스
티븐 양육 방식에 가장
큰 영향을 미친 것이 무
엇이냐고 물어 보았다.
알린은 자신의 어린 시
절 경험을 언급했다. "부모가 나를 기른 대로 그를 길렀다. 사랑과 행
복으로 그를 길렀다는 뜻이다."

알린의 희망은 특별한 아이를 갖는 것이었다. 그녀는 "내 엄마는
내가 스티븐처럼 성공적인 CEO가 될 수 있다고 항상 말했다. 그러나
내 관심은 아이들에게 집중됐다."라고 말했다.

어떻게 스티븐을 그처럼 큰 꿈을 가진 인간으로 만들 수 있었을까.
알린은 모범을 보여주는 것이라고 말했다. "나는 학교에서 회장이었
으며 캠핑에서도 탁월한 능력을 보였다. 나는 항상 전면에 있었고 경

쟁을 몹시 좋아했다. 아들이 나와 같은 사람이 되기를 기대했다."

스티븐을 큰 인물로 키우기 위해 알린은 거의 모든 것을 샘플로 보여주었다. 일종의 '뷔페식 접근법'을 사용했다. "스티븐에게 승마, 테니스, 보이스카웃 활동을 시켰다. 그리고 그를 위해 항상 아이비리 그를 주시했다." 또 알린은 생활 속에서 다양한 관심사를 가지면서 자녀에게 모범을 보였다. "남편과 나는 필라델피아 오케스트라의 오랜 회원이었으며 항상 필라델피아 박물관에 갔다. 또 나는 미술품을 수집했다."

'빈 둥지' 단계임에도 알린은 계속 자신의 관심을 채워 나갔다. "나는 남편에게 아이들이 떠난 후 3가지 원하는 것이 있다고 말했다. 세계 여행과 수상스키 배우는 것 그리고 보트다. 세계 여행은 이미 마쳤다." 두말할 필요도 없이 알린은 야심적인 3가지 목표를 완성했다.

TV와 관련, 알린은 자신이 바빠 그다지 엄격하지 않았다고 했다. "스티븐이 TV에서 무엇을 보든 얼마나 보든 특별히 상관하지 않았다." 스티븐의 오락 중 가장 유기적인 것은 이웃과 노는 것이었다. 알린은 자녀와 놀아주는 날을 만들어야 한다는 생각 때문에 좀 불안했다고 했다. 그러나 그녀는 "스티븐은 그냥 뒷문으로 나갔다. 그러면 그곳에 많은 아이들이 있었다."라고 말했다.

대부분의 아이들과 마찬가지로 스티븐은 몹시 싫어한 한 가지가 있었다. 유대교 학교였다. 알린은 "하루는 스티븐이 도망가 놀이터까지 가서 그를 끌고 와야 했다."라고 말했다. 알린은 스티븐이 유대교 학교에 열정적이지는 않지만 종교는 성장기 스티븐에게 매우 중요했다고 했다. "우린 금요일에 안식일 저녁 식사를 했으며 토요일 교회에 다녔다."

알린은 자신의 결혼을 모범적인 가족 드라마 〈오지와 해리엇〉(Ozzie and Harriet)에 연관시켜 '진정한 파트너십'이라고 표현했다. "남편과 나는 사랑에 빠졌다. 우리 목표는 좋은 자식을 기르고 착하고 깨끗한 삶을 영위하는 것이었다."

그 연장선상에 슈워츠먼 가족은 자유시간을 함께 보냈으며 매일 저녁을 함께 먹었다. 알린은 "우린 항상 언제나 주말을 함께 보냈다."라고 기억했다. "우린 윌로우 그로브(Willow Grove)에 가 말을 탔으며, 동물원과 플리즈 터치 박물관(Please Touch Museum)에 가곤 했다."

스티븐을 어떻게 훈육했을까. 알린은 살면서 딱 한 번 그를 때렸다고 말했다. "스티븐은 우리 가족의 가게에서 임시로 일하곤 했다. 한 번은 학생회장 일 때문에 일하기를 원하지 않았다. 나는 그에게 소리쳤다. '돈은 나무에서 열리지 않는다. 네가 이렇게 행복한 생활을 하는 것은 아버지가 열심히 일하기 때문이다. 만약 아버지가 이 기간에 너를 필요로 하면 너는 가야할 의무가 있다.' 그는 가게로 갔으며 두 번 다시 그러지 않았다." 그런 사건은 매우 예외적이었다. 알린은 "대부분의 경우 나는 그를 격려했다. 그에게 '원하는 것은 무엇이든 될 수 있다'고 말해 주었다."라고 말했다.

알린은 자신들의 유전자 풀을 거론하면서, 스티븐은 아버지의 '책을 통한 똑똑함'과 자신의 '열정'을 모두 가졌다고 했다. "스티븐은 그 같은 행운의 결합이었으며, 많은 사랑과 지지를 받았다." 알린은 스티븐이 어떤 분야를 선택하든 성공했을 것이라고 확신한다고 했다. "한때 스티븐은 유대교 랍비가 되려고 생각했다. 그랬다면 그가 세상에서 가장 훌륭한 랍비가 되었을 것이라고 확신한다."

41

필요하면
엄격히 통제했다

매리언 스코토
유명 레스토랑 경영주 로산나, 엘레나, 앤소니, 존 스코토의 엄마

뉴욕의 유명 레스토랑 프레스코 바이 스코토(Fresco by Scotto)의 여주인이자 4명의 레스토랑 경영주(로산나, 엘레나, 존, 앤소니)의 엄마인 매리언 스코토(Marion Scotto)는, 자랄 때 열심히 일하도록 교육받았다고 말했다. 이 근로윤리는 확실히 다음 세대로 전승됐다. 프레스코 바이 스코토는 엄마 매리언 스코토와 4남매가 공동 소유하며 운영한다.

로산나(Rosanna)는 《6시 폭스5뉴스》(Fox 5 News at 6)의 공동 앵커 였으며, 엘레나(Elaina)는 이브생로랑 같은 유명 패션 디자이너들을 위해 일하는 PR 담당 책임자였다. 존(John)은 로스앤젤레스의 한 나이트클럽 소유주였으며, 앤소니 주니어(Anthony Jr.)는 샌프란시스코 피셔맨스 워프 (Fisherman's Wharf)에 있는 보비 루비노스 레스토랑

의 캘리포니아주 프랜차이즈 개발을 담당했다.

그들의 경영 덕분에 프레스코 바이 스코토는 크레인스 뉴욕 비즈니스(Crain's New York Business)에서 별 3개 평가를 받았으며 잡지 뉴욕과 구메(Groumet), 뉴욕타임스에서 탁월한 평가를 받았다. 스코토 가족은 NBC의 〈투데이〉에 자주 출연해 군침 도는 요리를 만드는 방법을 시연했다.

레스토랑 경영뿐 아니라 다른 경력에서 정상을 경험한 스코토 가족은, 소화기 건강을 위한 제이 모나한 센터(Jay Monahan Center for Gastrointestinal Health)와 음식 알레르기 구상(Food Allergy Initiative, 음식 알레르기 연구 단체)에 관여하고 있다.

매리언은 어린 4남매-4년 사이에 3남매를 낳고 막내 엘레나는 5년 뒤에 낳았다-의 엄마로서 집안일과 하루하루의 업무를 병행하는 것이 일종의 예술이었다고 했다. "책 읽기와 같은 활동을 하기 위한 시간을 내기가 쉽지 않았다. 하지만 난 열심히 노력했다."

매리언은 자신의 집을 놀이친구들이 많은 곳이라고 했다. 놀이 공동체는 주로 또래 자녀를 가진 매리언의 친구 그룹에서 생겨났다. 그녀는 "물론 나도 아이들과 같이 놀아 주었다."라고 말했다. 그러나 바쁘고 사회적으로 활동하는 엄마였기에 그 일에 우선적으로 매달리지는 못했다고 했다. "처리해야 할 일이 많았기에 아이들이 노는 동안 종종 전화로 대화했다."

매리언은 자신의 자녀교육 철학에 대해, 자녀에게 잔소리하고 성가시게 하는 것은 결코 아니었다고 했다. "나는 자녀들에게 큰 기대

를 했다. 그러나 그것은 내가 자녀들에게 강요했다는 의미는 아니다. 선택은 자녀들이 스스로 하도록 했다.”

매리언은 자신의 자녀교육 스타일을 하나의 ‘메들리’-지지하고, 양육하고, 한편으로는 통제도 했다는 의미-에 비유했다. 그 중에서도 자녀의 안내자가 가장 큰 특징이라고 말했다. 그녀는 “항상 아이들에게 ‘나는 엄마이지 친구가 아니다’고 말했다. 이 말은 나는 아이들에게 전략적 방향을 제시한다는 의미”라고 말했다.

매리언은 칭찬과 격려에 대해 천편일률적인 방법을 사용하지 않았다. 대신 자녀 개개인의 구체적 흥미와 재능에 따라 서로 다르게 적용했다. “로산나는 배우, 앤소니는 레스토랑 주인, 존은 변호사가 되기를 원했으며 엘레나는 패션산업에 종사하기를 원했다. 나는 그에 맞춰 그들을 칭찬하고 격려했다."

매리언은 종종 자녀들이 원래 의도했던 것과 다른 길을 통해 관심사를 추구하도록 했다. "예를 들면, 로산나는 배우가 되기를 원했다. 남편과 나는 그녀가 TV산업에 종사하도록 안내했다. 여배우는 안정적이거나 쉬운 직업이 아니라고 느꼈기 때문이다." 다른 자녀들에 대해서도 매리언 부부는 같은 형태의 상담을 했다. "예를 들면 존은 말하고 남 돕는 일을 좋아했다. 그는 변호사가 되기를 원했고 잘해 왔다. 그러나 우리가 프레스코 바이 스코토를 개업하기로 결정했을 때, 그는 자신의 레스토랑을 갖기를 원했다."

이탈리아 대가족으로, 집(그리고 저녁 식탁)은 스코토 가족의 중심이었다. 매리언은 "남편과 나는 매우 안정적인 관계였다. 우린 매일 저녁 6시에 저녁 식사를 했으며 주말은 뉴욕주 우드스턱에 있는 우리 시골집에서 함께 보냈다."라고 했다.

어떻게 그렇게 강한 결속력을 갖게 됐을까. 매리언은 그것은 간단했다고 말했다. "우린 서로에게 존경과 사랑을 가져야 한다고 믿었다."

하지만 매리언은 자녀들을 엄격하게 통제하기도 했다. 그녀는 "나는 느긋한 스타일이 아니었다. 내가 '노'(no)라고 말하면, 그것은 정말 '노'를 의미했다."라고 했다. 이에 따라 스코토의 자녀들은 엄격한 스케줄을 따라야 했다. "아이들에게는 아침, 점심, 저녁 식사 시간과 숙제하는 시간이 정해져 있었다. 그리고 모든 일은 매우 조직화되어 있었다."

스코토 집안에는 어떤 것도 애매하지 않았다. "남편과 나는 공동의 입장을 취했다. 만약 의견 불일치가 있으며 우린 비공개적으로 그 문제에 대해 토론했다."

4자녀가 오늘날처럼 성공한 데 대해, 매리언은 "그것은 그들을 격려하고 안내하고 사랑했기 때문에 가능했다. 나는 그들이 어떤 상황에 처했든 지지했다."라고 말했다. 그러나 매리언이 말한 지지는 일방통행식이 아니었다. 그녀는 자신과 자녀와의 관계를 '서로를 지지해 주는 시스템'이라고 표현했다.

매리언은 자신의 부모 이미지에 대해, 자신의 가족을 현재의 성공으로 이끈 것과 같은 것이라고 말했다. 그녀는 "내가 할 수 있는 범위 내에서 가장 좋은 엄마가 되려고 노력했다."라고 말했다.

성장기 자녀에게 매리언이 가장 많이 한 말은 '어떤 것도 우리를 멈추지 못한다'이다. 스코토 가족은 이 말의 확실한 증거가 됐다. 만약 이 말을 충분히 하고, 이 말을 믿으면, 누구나 원하는 바를 성취할 것이다.

항상 책을
읽어 주었다

일레인 스카이스트
쥬시 꾸뛰르 공동 창업자 *팜 스카이스트 레비*의 엄마

쥬시 꾸뛰르(Juicy Couture)사의 공동 설립자 팜 스카이스트 레비(Pam Skaist-Levy)의 엄마 일레인 스카이스트(Elaine Skaist)는, 중학생 시절 팜은 도발적인 옷차림을 했다고 말했다. "나는 항상 남편에게 '팜은 단지 자신을 표현하고 있을 뿐'이라고 말했다. 그런데 무슨 일이 일어났는가?"

수년 뒤인 1994년 팜은 친구 겔라 내쉬 테일러(Gela Nash-Taylor)와 함께 임산부용 청바지를 만드는 트래비스 진스(Travis Jeans, Inc.)사를 시작했다. 이 회사는 곧 테리, 벨루어, 캐시미어, 양털 보온복 등으로 제품을 확대해 여성 평상복에 혁명을 가져왔다. 쥬시사의 보온복은 마돈나(Madonna), 기네스 펠트로(Gwyneth Paltrow), 제니퍼 로페즈(Jennifer Lopez), 브리트니 스피어스(Britney Spears) 같은 명사

들이 가장 좋아하는 옷이다.

2003년 리즈 클레이본(Liz Claiborne, Inc.)사가 쥬시 꾸뛰르를 사들여 브랜드를 남성복, 어린이 의류, 수영복, 신발, 핸드백, 보석, 향수 등으로 확대했다. 오늘날 쥬시 꾸뛰르의 연간 매출은 3억 달러가 넘는다. 또 쥬시 꾸뛰르는 쥬시 보온복과 쥬시 악세서리를 착용한 쥬시 꾸뛰르 바비 인형을 만들었다.

일레인은 팜의 양육과 관련, 좋은 가치관을 심어주는 데 최우선 순위를 두었다고 했다. 특히 그녀는 "우리는 팜의 응석을 지나치게 받아주지는 않았다. 비록 우리는 내가 자랄 때보다 훨씬 풍족했지만, 나는 많은 것을 소비하지는 않았다."라고 말했다.

일레인은 팜이 미숙아여서 신경을 많이 썼다고 했다. "첫 해에는 팜이 내 시간을 많이 빼앗는 바람에 나는 큰 딸에게 미안함을 느꼈다." 팜은 생후 18개월 때까지 말하지 않고 거의 2살 때까지 걷지 않았다. 하지만 일레인은 팜의 성장에 대해 크게 걱정하지는 않았다고 했다. "팜이 미숙아여서 자신의 시간표에 따라 자랄 것이라는 사실을 나는 알고 있었다."

그러나 일레인은 팜의 지적 성장을 촉진하기 위해 노력했다. 그녀는 "우린 많은 책을 읽었다. 낮잠 자는 시간에, 도서관에서, 잠자는 시간에 우린 항상 아이들에게 책을 읽어 주었다."라고 말했다.

스카이스트 가족은 캘리포니아주 남부에서 살았다. 따라서 옥외 활동은 팜의 어린 시절에 매우 중요했다. 일레인은 "우린 골목의 끝에 살았다. 팜은 항상 바깥에서 달리거나 스케이트, 자전거, 유아용 탈

것을 탔다. 아이들은 거의 일 년 내내 수영하러 다녔다."라고 설명했다. 일레인은 팜에게 매우 체계적인 교육을 시켰다고 했다. "팜은 3살에 유치원에 다녔으며, 5살에 춤을 배웠고, 9살에 수영팀에 들었다."

일레인은 자신의 자녀교육 스타일은 '온건함' 이 특징이며 큰일에서만 대단히 엄격했다고 했다. "나는 남을 때리거나 거짓말 하는 것을 참지 못했다. 그러나 실제로 팜은 그런 아이가 아니었다."

일레인은 자신들은 요즘도 자애로운 가족이라고 말했다. "남편과 나는 46년간 결혼생활을 하고 있다. 우리 집에는 신체적인 사랑 표현이 항상 많았다." 그녀는 그것은 많은 시간을 함께 보냄에 따라 만들어진 활력소라고 설명했다. "우린 해변, 공원, 샌디에고에 가곤 했다. 박물관에도 가고 브로드웨이 쇼를 보러 가기도 했다. 그러나 아이들이 서로 다른 활동에 참여하는 동안에는 우린 그들과 함께 집에 머물 렀다."

일레인은 이 모든 것은 자신과 남편 사이의 굳건한 관계 덕분에 가능했다고 했다. "나와 남편 사이의 경이로운 관계 위에 우리 가족의 굳건한 토대가 만들어졌다. 우린 항상 한 덩어리였다."

일레인은 어린 시절 팜의 창조성을 깨달았다. "팜은 항상 미술과 사진, 시 쓰기에 관심이 많았다." 팜의 장점인 창조성을 갈고 닦는 것이 일레인의 자녀교육이었다. 그녀는 "팜은 그렇게 학구적이지 못했다. 그녀가 보통 성적만 받아도 우린 행복했다."라고 말했다.

일레인은 팜의 사회성을 키우는 데 힘썼다. "나는 팜이 다른 사람들과 얼마나 협조를 잘하는가를 항상 봐 왔다. 그녀는 한번은 치어리더를 했으며, 가게를 관리하기도 하고, 프레드 시겔(Fred Siegel)에서 일하기도 했다. 그녀는 항상 사람들과 잘 어울리며 일했다." 팜이 사업 파트너 겔라와 성공적인 관계를 유지하는 것은 그녀의 사회성 덕분이었다. 일레인은 "그들은 내가 아는 어떤 자매보다 더 가까운 사이"라고 언급했다.

일레인은 팜의 재능(창조성과 사회성)을 잘 알았지만 팜을 특정 방향으로 유도하려고 하지는 않았다. 일레인은 "실제로 우린 팜이 자신의 장래를 스스로 결정하도록 했다. 그녀는 몇 가지를 마음에 두고 있었다. 그 중 하나가 연극이었는데 팜이 스스로 포기했다."라고 설명했다. 팜이 패션 일을 하기로 결정했을 때 첫 사업을 지원한 것은 부모였다. 일레인은 "처음에는 쥬시가 아니라 다른 사업이었다. 그녀가 무슨 일을 하고자 했어도 우린 그녀를 격려했을 것이다."라고 말했다.

일레인은 팜에게는 결정적 기회가 한 번 온 것이 아니라 일련의 기회들이 모두 함께 와서 그녀의 성공을 도왔다고 말했다. "팜은 단지 다른 북에 맞춰 행진했다. 그녀는 특별했으며 모든 것의 유행을 선도했다."

일레인은 팜의 강점에 집중함으로써 그녀가 정상에 오르도록 도왔다. "부모는 자녀가 잘하는 일을 하도록 격려해야만 한다. 그리고 많은, 아주 많은 사랑을 주어라. 그것이 가장 중요하다." 이밖에 그녀는 일이 잘 안 풀릴 때 함께 있어 주는 것이 중요하다고 설명했다. "만약 자녀가 쓰러지면, 일어서도록 도와주고 변함없이 사랑한다고 말해주어야 한다."

일레인은 부모로서 자신의 이미지에 대해 "나는 단지 매우 행복한 사람이며 내 자녀들을 무척 자랑스럽게 생각한다. 나는 내 인생을 사랑한다."라고 말했다.

43

자신을 자녀에게
맞추었다

주디 슬레이터
프로 서퍼 켈리 슬레이터의 엄마

파도타기 역사상 가장 성공한 프로 서퍼인 켈리 슬레이터(Kelly Slater)의 엄마 주디 슬레이터(Judy Slater)는, 항상 아들에게 "선 안에 색칠을 해라. 네가 할 일은 선 안에 머무는 것이다. 그러면 너는 성공할 것이다."라고 말했다. 그리고 그녀는 "나는 승리에 대해서는 언급하지 않았다. 만약 네가 올바르게 행동하면 친구들뿐 아니라, 네게서 삶의 모델을 구하고자 하는 모든 사람의 존경을 얻게 될 것"이라고 부연했다.

오늘날 좋은 이유로 켈리를 본받으려는 사람들이 많다. 켈리는 8번이나 프로서핑협회(Association of Surfing Professionals) 세계 챔피언에 오르는 전례 없는 기록을 세웠다. 그는 여러 자선활동에 적극적이며 자랑스러운 아빠이기도 하다.

켈리는 2005년 5월 빌라봉 타히티 프로(Billabong Tahiti Pro) 컨테스트에서 '10점 만점'을 2번 기록한 첫 선수가 됐다. 그는 엔터테인먼트 분야에도 진출해 〈베이와치〉(Baywatch)에 한 시즌 출연하기도 했다.

2003년에는 자서전 〈파이프 드림스〉(Pipe Dreams)를 출간했다. 켈리는 리프체크(Reefcheck, 산호초 보호단체), 퀵실버 재단(Quiksilver Foundation, 보드 타는 사람들을 위한 단체), 스페이스 코우스트 조기 개입 센터(Space Coast Early Intervention Center, 장애 청소년 지원단체), 서프라이더(Surfrider), 힐 더 베이(Heal the Bay, 환경보호단체)를 포함한 여러 자선단체에 시간을 할애하고 있다.

켈리는 슬하에 외동딸 테일러를 두었다.

켈리는 형제들 중 중간으로, 첫째와 막내에 비해 흔히 무시당한다고 생각되는 샌드위치 서열이다. 그러나 주디는 자녀들에게는 그런 일이 없었다고 했다. "나는 자녀 모두에게 동일한 관심을 쏟았다. 그들은 내가 인생에서 받게 될 최상의 선물이다."

주디는 자녀들의 삶에 대한 관여와 집착 사이에서, 쉽지 않았지만 균형을 취하기 위해 최선을 다했다. 주디는 가장 중요한 자녀교육 원칙은 집착하지 않는 것이라는 점을 빨리 깨달았다. "만약 자녀들을 질식하게 만든다면, 그들은 비밀을 만들려고 할 것이다." 주디는 "결론적으로 내 자녀들이 내게 무엇이든 말할 수 있게 했다. 내 개성을 그들에게 강요하지 않았다. 나는 그들이 자기 본래의 인간이 되기를 원했다."라고 말했다.

　그녀의 자녀교육 방법은 항상 자신을 자녀들에게 맞추려고 노력한 것이었다. "나 자신이 아이였던 시절을 생각했다. 내 역할은 그들을 위해 결정을 내리는 것이 아니라, 자녀들이 좋은 결정을 내릴 수 있도록 도구를 주는 것이라고 생각했다. 또 내가 항상 그들 세계의 모든 것을 알 수 없으며, 그들이 스스로 모든 것을 배워야 한다는 것을 깨달았다."

　하지만 켈리의 어린 시절에는 힘든 시기도 있었다. 켈리는 부모의 결혼이 해체되는 것을 지켜봤다. 살던 집이 저당 잡혔다가 팔리는 것도 목격했다. 주디는 당시가 가족에게 힘든 시기였지만 당황하지 않았다고 말했다. "비록 텐트에 살아야 했지만 모든 일이 잘 풀릴 것이라고 믿었다."

　그러나 주디는 엄마로서 체통을 지키기가 쉽지 않았다고 당시를 회상했다. "당시 나는 정말 두려웠다. 하지만 자녀들에게는 괜찮을 것이라는 생각을 갖게 했다. 하지만 나는 진정으로 좋아했던 소방대원을 그만두고 바텐더 직업을 구했다. 그렇게 해서 하루 35달러를 벌었다."

별거 기간 내내 주디는 자녀들이 고향 플로리다주 코코아 비치에서 계속 살기를 굳게 바랐다. "자녀들이 뿌리를 갖는 것이 무엇보다도 중요했다고 생각했다. 그래서 난 그들이 그곳에서 살도록 무슨 일이든 다 했다." 그러기 위해 주디는 종종 직업을 3개나 갖기도 했다. "내겐 그럴 만한 충분한 가치가 있었다. 그곳에서 자녀들은 행복했으며 그곳에서 사는 것을 좋아했기 때문이다. 그 때문에 자녀들이 자라는 동안 우린 아마 5, 6번 이사했던 것 같다."

주디는 '3살 때 이런 저런 책을 읽어 주었다'며 자랑하는 엄마를 둔 아이들에게 항상 안쓰럽다는 생각을 했다고 말했다. "아이들은 '앞서 나가라'는 압력을 지나치게 받으면, 어떤 면에서는 그것에 분노를 느끼게 된다고 믿었다." 따라서 그녀의 교육법은 '화장실이 있고, 아이들이 준비가 되면, 화장실을 이용하게 된다'는 것이다.

다른 엄마들의 자녀교육법과는 상반된다고 생각했지만, 주디는 켈리를 그 자신의 속도에 따라 성장하게 함으로써 많은 이점을 얻었다. 그녀는 "다시 말하면, 켈리는 기저귀를 찬 채 고등학교를 졸업하지 않았다는 뜻"이라고 설명했다.

주디의 표현대로 슬레이트 가족은 응석받이가 아니었다. 주디는 "우리 집 아이들은 잠잘 시각에 악어가 창밖에서 그들을 질질 끌고 다니지 않는다면 울지 말아야 하며, 배가 고프면 내일 더 많이 먹을 것이라는 것을 알고 있었다."라고 말했다.

자녀를 지나치게 통제하지 않으면서, 그녀가 어떻게 규칙과 한계를 설정했을까. 이를 잘 보여주는 상징적 사례가 있다. 주디는 TV에 대해 엄격하지 않았지만, 결과적으로 켈리는 TV를 별로 많이 보지 않았다는 것이다. 사교적 활동과 체육 활동 때문에 켈리에게 TV 시청은 부수적인 일이 됐다는 설명이다. "켈리는 서핑에 항상 바빴다. 그는 늘 주변에 많은 친구들이 있었다."

주디는 아이들의 놀이를 경험한 일에 대해 설명했다. "아이들은 항상 내게 밖에 나와 스케이트보드를 타자고 했다. 그리고 한 번은 내가 그렇게 했다. 그런데 그렇게 해서는 안 되겠다는 생각이 들었다. 내 속에 극심한 경쟁심이 있다는 사실을 발견하고 깜짝 놀랐기 때문이다. 그래서 그 뒤로는 다시 하지 않았다." 하지만 그녀의 집은 아이들의 천국이 되었다.

주디는 자신의 자녀교육 목표는 무엇보다도 '자녀를 좋은 사람이 되게 하는 것'이었다고 했다. "나는 내 자녀가 다른 사람들이 함께 하기를 원하는 사람이 되기를 원했다. 그래서 자녀들을 데리고 어딜 가도, 나는 그들이 잘못 행동하지 않을까 하고 걱정할 필요가 없었다." 그러나 켈리 형제가 타고날 때부터 그랬던 것은 아니었다. 그녀는 "나는 규율이 엄격한 사람이었다. 그래서 내 자녀들은 행동의 한계를 잘 알았다."라고 설명했다.

어떻게 자녀들을 통제하면서 동시에 아이답게 놀 수 있게 했느냐고 물어 보았다. 주디는 "나는 자녀들에게 많은 여지를 주었다. 또 나는 '무서운 엄마의 눈'이라고 할 만한 것을 가지고 있었다. 그래서 그들은 언제가 일을 맺고 끊어야 할 때인지를 잘 알았다."라고 대답했다.

직업 3개와 자녀 많은 집안일을 병행하면서, 주디는 자녀들의 일에 일일이 관여할 시간이 없었다. 그녀는 "나는 '멀리서' 자녀들의 일에 모두 관여했다. 아이들을 믿었기에 항상 같이 할 필요는 없었다."라고 말했다. 그래서 주디는 항상 자녀들과 함께 하지는 않았다.

주디는 "나는 매우 사회적이었으며 젊은 여성 클럽(Junior Woman's Club) 회장이었다. 그래서 시장에 출마하라는 권유를 받기도 했다."라고 언급했다. 그 기회를 거부한 데 대해 주디는 "나는 자녀들과 더 떨어져 지내고 싶지 않았다. 내게 가장 행복한 시간은 자녀들과 함께 할 때였다."라고 설명했다.

주디는 전면 혹은 측면에서 켈리에게 많은 충고와 조언을 했다. 주디의 자녀교육 슬로건은 책 한 권 분량이 된다. 하지만 특히 주디가 좋아한 것은 "네 자신에 대한 마케팅은 아침 문 밖으로 나서는 순간 시작된다. 운동은 성격을 만들지 못하며 드러낼 뿐이다. 열정 없이는 어떤 위대한 것도 결코 이룰 수 없다. 비전은 보이지 않는 것을 보는 기술이다."라는 것이다.

어떻게 자녀를 성공으로 이끌었을까. 주디는 장래가 촉망되는 재능 많은 한 아이에 대한 얘기로 다른 엄마들에게 충고했다. "한 번은 그 아이의 엄마가 전화를 해 켈리를 어떻게 키웠는가에 대해 물었다. 내가 켈리를 위해 무엇을 했을까? 어떻게 그렇게 경이로운 사람이 되도록 가르쳤을까? 내가 하고 싶은 말은 '부모가 지나치게 간섭하면 오히려 자녀 성장에 방해가 된다' 는 것이다. 엄마로서 우리가 해야 할 일은 자녀를 양육하고, 그들이 힘들 때 도와주고, 좋은 결정을 내리도록 교육하고, 그들이 필요로 하는 것을 돌봐 주는 것이다."

매주 금요일
도서관에 데려갔다

메어리 에이그너
베이비 아인슈타인 설립자 *줄리 에이그너 클라크*의 엄마

줄리 에이그너 클라크(Julie Aigner-Clark)가 설립한 베이비 아인슈타인(Baby Einstein)사는 이제 아주 친숙한 이름이며 완구산업에 혁명을 일으켰다. 엄마 메어리(Mary Aigner)는 줄리가 타고난 행운아라고 말했다. "줄리는 항상 모든 일이 잘 풀렸다."

줄리는 2001년 베이비 아인슈타인사를 월트 디즈니사에 팔았다. 베이비 아인슈타인은 유아 발달 촉진 매체—예술과 인간성에 초점을 맞춘 DVD, CD, 책, 장난감 등—를 생산하는 최초의 회사였다. 또 줄리는 어린이 매체 회사인 세이프 사이드(Safe Side)의 설립자이기도 하다. 이 회사는 세 번이나 에미상을 받은 비디오테이프 〈스트레인저 세이프티〉(Stranger Safety)와 〈인터넷 세이프티〉(Internet Safety)를 만들었다.

줄리와 그녀의 회사는 뉴욕타임스, 월스트리트저널, 잡지 패어런팅(Parenting)뿐 아니라 〈오프라 윈프리 쇼〉, 〈라이브 위드 레지스 앤 켈리〉, 〈엔터테인먼트 투나잇〉에 크게 소개됐다. 줄리는 「어니스트 앤 영(Ernst & Young) 올해의 기업가 상」, 세 개 영역에서 「올해의 일하는 엄마 기업가 상」, 미시간주립대학의 우수동문상(10억 달러짜리 영유아 두뇌 개발 산업을 개척한 공로) 등 많은 상을 받았다.

부시 대통령은 2007년 연두교서에서 특별히 줄리에게 경의를 표했다. 줄리는 많은 단체에 기부를 했다. 특히 실종착취어린이센터를 위해 각별한 활동을 해 왔다. 줄리는 테네시주 호헨왈드에 있는 코끼리 보호 운동, 세계 야생동물 기금, 개더링 플레이스(Gathering Place, 덴버 소재 여성·아동 쉼터) 그리고 로간 창조학습 학교에도 참여하고 있다.

줄리는 중학교 문학을 계속 가르치며 남편, 두 딸과 콜로라도에서 살고 있다.

줄리는 한 자녀만 낳기로 한 메어리의 계획 임신에 의해 태어났다. 자신의 결정에 대해 메어리는 "우린 많은 자녀를 원치 않았다. 하나면 충분하다고 생각했다. 그래야 우리가 자녀를 위해 모든 것을 할 수 있다고 생각했다."라고 말했다.

메어리는 임신 중에도 일정 기간 일했다. 그러나 자녀의 성격 형성기에는 줄곧 집에 머물렀다. "나는 줄리와 함께 집에 있으면서 7년간 줄리를 키웠다. 그것은 내가 스스로 원한 일이었다."

나중에 워킹맘이 된 메어리는 줄리 양육과 직장생활 병행에 일종

의 죄의식을 느꼈다. 그러나 더 큰 미래를 위해 직장생활을 하기로 했다고 말했다. "입학 첫날은 우리 동네에서 큰일이었다. 모든 엄마들이 자녀를 데리고 학교까지 걸어갔다. 나도 줄리를 데리고 학교까지 걸어갔기 때문에 그날 직장에 지각했다."

줄리는 나중에 교육 분야를 집대성한 사람에게 걸맞게, 항상 책을 읽었다고 메어리는 말했다. "아마 줄리가 2살 되던 때부터인가, 우리는 매주 금요일 도서관에 갔다. 줄리는 책을 빌려 와 일주일 내내 읽었다. 그것이 우리의 금요일 일상 행사가 되었다. 도서관에 들렀다가 점심 먹으러 갔다."

메어리는 결코 줄리에게 강요하지 않았다. "나는 줄리가 준비가 돼 있을 때 자연스럽게 다가가는 접근법을 사용했다." 딸과 마찬가지로 메어리도 자신이 사용하는 학습 도구에 대해 혁신적인 생각을 가지고 있었다. "나는 방향성을 가진 TV는 훌륭한 학습 도구가 될 수 있다고 생각했다. 사실 개인적으로 나는 매일 TV에서 뭔가를 배운다."

하지만 메어리는 줄리에게 자신이 좋아하는 것만 시키지는 않았다. 클래식 음악을 좋아하지 않았지만 줄리를 위해 클래식을 연주했다. "나는 줄리가 음악에 대한 폭넓은 이해를 갖는 것이 중요하다고 생각했다." 그러나 이런 교육에 줄리가 항상 자극받는 것은 아니었다. 메어리는 "줄리는 스스로 연주하는 방법을 배웠다. 나는 그것이 중요하다고 생각했다. 줄리가 항상 흥분을 느낄 필요는 없었다."라고 말했다.

메어리는 교육과 학습을 매우 중시했다. 그러나 그것은 줄리를 비싼 학교에 보낸다는 것이 아니었다. "우리는 가장 훌륭한 공교육 시스템을 갖추고 있는 미시간주 그로스 포인트에서 줄리를 키우기로 했다. 나는 줄리가 다른 부류의 사람들과 교류하기를 바랐다. 우리는 줄리를 사립학교에 보낼 경제적 여유가 있었지만 그렇게 하지 않았다."

메어리는 줄리에게 성공의 부담을 주지 않았다. 메어리는 "물론 나는 줄리가 잘 하기를 원했다. 그러나 결코 '네가 이런 사람 혹은 저런 사람이 되기를 원한다'고 말하지는 않았다."라고 말했다.

그럼에도 메어리는 아이들에게는 어느 정도의 통제와 방향성이 필요하다고 믿었다. "나는 항상 내 역할은 안내자라고 생각했다. 교육 문제에서는 더 그랬다. 나는 줄리에게 대학에 가야 한다는 점을 분명히 했다. 스스로 생활비를 벌 수 있으며 부모나 남자에게 의존하지 않고 살 수 있다는 확신을 줄리에게 심어 주려고 했다." 줄리는 이런 충고를 내면화했다.

격려는 메어리의 자녀교육 방식에서 중요한 특징이었다. 메어리는 "우리는 끊임없이 줄리에게 '우리는 네가 매우 자랑스럽다' 고 말해 주었다."라고 말했다. 43년의 결혼생활이 가정의 중심이라고 믿는 메어리는 "강한 가족 유대는 그런 결혼생활 덕분이었다. 우리는 서로를 아주 많이 사랑했다."라고 말했다. 그 사랑은 큰일에서나 사소한 일에서나 두드러지게 드러났다.

메어리는 "우리는 항상 저녁식사를 함께 했다."라고 말했다. "직장 생활을 했지만 나는 늘 퇴근 후 가족과 함께 저녁식사를 했다. 더 중요한 점은 그 날 있었던 일에 대해 대화했다는 것이다. 나는 내 일과 내가 업무 중 만난 사람들에 대해 얘기했다. 내 얘기에 식구들은 웃음을 터뜨리곤 했다."

에이그너 가족은 종교 의식을 갖지는 않았지만 행동으로 종교를 실천했다. 메어리는 "나는 우리가 일상생활에서 서로에 대한 사랑과 이해를 통해 종교를 보여주었다고 생각한다."라고 말했다.

메어리는 높은 이상을 목표로 삼지는 않았다. 그녀의 목표는 구체적으로 흔히 생각하는 것들이었다. "나는 줄리에 대해 내 나름의 목표가 있었다. 나는 줄리가 행복하며, 친구들이 많고, 여러 가지 일을 경험하기를 원했다." 메어리는 줄리가 많은 경험을 하도록 어른들의 행사에 데려가기도 했다.

"나는 '베이비시터를 쓰자' 고 말하는 부모는 아니었다. 줄리는 방학 내내 우리와 함께 지냈다. 나는 줄리를 혼자 내버려 두지 않았다."
그 덕분에 어린 시절 줄리는 다양한 곳을 방문했다. 메어리는 "2년에
한 번씩 우리는 유럽을 여행했다. 인근 지역으로는 디트로이트에 있
는 미술관을 자주 방문했다."라고 말했다.

메어리는 자기통제 면에서 줄리가 중간 정도(엄격함과 지나친 느긋
함 사이)에 있기를 원했다. 이유는 매너 형성 때문이었다. "나는 줄리
가 좋은 매너 갖기를 원했다. 또 '플리즈(please)'와 '땡큐(thank you)'
를 말할 줄 아는 사람이 되기를 원했다."

메어리가 줄리에게서 특별함을 처음 발견한 것은 7살 때였다. "줄
리는 부엌 식탁에 앉아 시를 쓰곤 했다. 그 일로 인해 줄리는 남과 경
쟁하게 됐다. 당시 디트로이트 프리 프레스(Detroit Free Press)라는 신
문이 있었다. 이 신문은 1년에 여러 번 어린이 대상 단편 소설·시 대
회를 개최했다. 줄리는 그 대회에 항상 참가해 상을 받았다."

메어리 부부는 줄리의 글쓰기를 도와주었다. 그러나 메어리는 "글
쓰기는 줄리 자신의 일이었다. 우린 단지 도움을 주었을 뿐이다. 남
편은 문장의 이곳 저곳을 고치면 좋겠다고 말해 주었다. 그러나 절대
강요하지 않았다."라고 강조했다.

부모로서 메어리의 중요한 성과는 줄리가 든든함과 안정감을 가지
게 한 것이다. "단지 나는 줄리가 인생에 대해 안정적이고 좋은 느낌
을 가지기를, 스스로에 대해 행복하기를 원했다. 그리고 '성공해서
네가 원하는 삶을 살아라'고 말해 주었다." 메어리는 이것이 자신이
강조하고픈 핵심이라고 말했다.

"줄리가 아무리 어려운 일을 겪더라도 우리가 도울 것이기 때문에 괜찮다는 점을 나는 분명히 했다. 줄리는 경제적으로 우리 도움을 필요로 하지 않는다. 그러나 지금도 자신이 언제든지 우리에게 기댈 수 있다는 사실을 잘 알고 있다."

'남에게 의존하지 말라' 고
강조했다

사라 제이콥슨
쥬시 꾸뛰르 공동 창업자 *겔라 내쉬 테일러*의 엄마

2005년 비즈니스위크지 기사에 따르면, 우상이 된 운동복 브랜드 쥬시 꾸뛰르(Juicy Couture)의 공동 창업자 겔라 내쉬 테일러(Gela Nash-Taylor)는 "올해 우리는 최고의 명예를 누렸다. 이제는 바비 인형이다!"라고 말했다.

쥬시 꾸뛰르는 2003년 리즈 클레이본(Liz Claiborne, Inc.)사에 무려 5,300만 달러에 팔렸다. 이 브랜드를 만드는 데에는 겔라의 엄마 사라 제이콥슨(Sara Jacobson)이 '겔라의 철저한 독립심' 이라고 말한 것이 관련 있을지도 모른다.

사라는 "아기 때 겔라는 스스로 대소변을 가렸다."라고 말했다. 겔라는 사업 파트너 팜 스카이스트 레비(Pam Skaist-Levy)와 함께 단돈 200달러로 쥬시 꾸뛰르를 시작했다. 그들은 2년간 월급을 가져가지 않았다. 최근 젤리는 자신의 투자가 거대한 수익으로 환원되는 것을 목격했다. 쥬시의 연간 매출액이 3억 달러에 이르는 것이다.

젤라는 로스앤젤레스와 영국에서 거주하며, 듀란듀란(Duran Duran)의 존 테일러(John Taylor)와 결혼해 3자녀를 두었다.

사라는 젤라의 헌신의 원동력은 바로 혈통에서 유래한다고 설명했다. "내 아버지는 이스라엘에서 트럭 운전사를 했다. 나는 항상 아버지의 굳건한 근로윤리를 지켜보았다. 그 결과 나도 굳건한 근로윤리를 갖게 됐다." 사라는 이스라엘에서 자랐지만 비종교적으로 성장했다. 그녀는 "그래서 나는 젤라를 종교와는 무관하게 키웠다. 우리는 휴일을 지켰지만 공개적인 종교 활동은 하지 않았다."라고 부연했다.

전업주부였던 사라는 직장 일을 원하지 않았으며 항상 자녀들과 함께 있었다. 젤라의 어린 시절에는 가족이 새 동네로 이사하는 것이 중요한 일이었기 때문이었다. 그녀는 "남편 직업 때문에 우리는 이사를 많이 다녔다."라고 설명했다. 그래서 사라는 전업주부를 특별히 중시했다. 이처럼 뿌리가 없다는 것은 나쁜 영향을 끼칠 수도 있었지만 젤라에게는 이점이 됐다. 사라는 "그것 때문에 젤라는 새로운 장소에 적응하고 새로운 사람들을 다루는 데 매우 능숙해졌기 때문이다."라고 지적했다.

사라는 21살에 3자녀를 가졌다. 사라에 따르면, 3남매 중 중간인 젤라는 독립심이 매우 강했다. 사라는 "젤라는 매우 빨리 기어 다녔다. 또 너무 겁이 없어 평생 가는 부상을 입었다. 그녀를 여러 번 응급실로 데려가야 했기에, 우리는 젤라가 살아남지 못할 것이라고 생각했다."라고 언급했다.

겔라의 독립심은 우연이 아니다. 그것은 사라가 인생을 통해 키워주려고 애쓴 결과물이다. "나는 겔라에게 항상 두 가지를 말했다. '이 세상 어디에 있든 남자에게 의존하지 마라. 그리고 스스로 먹고 살 수 있어야 한다.' 나는 그녀가 자라서 누구에게든 의존하지 않기를 바랐다." 이 독립성을 강화하기 위해, 사라는 겔라에게 좋아하는 전문성을 찾고 대학교육을 받으라고 말했다.

오늘날 케케묵은 생각처럼 들릴지 모르지만, 사라는 놀이시간을 유기적으로 갖게 했다. "나는 켈리를 스케줄에 따라 교습을 받게 하거나 놀이 그룹에 넣지 않았다. 자연스럽게 놀게 했다." 같은 이유로 친구 교제도 적극 권장하지는 않았다. "나는 내 자녀들이 본연의 자신이 되기를 원했다."

사라는 격려도 아껴서 했다고 했다. "그럴 이유가 있을 때에는 물론 충분히 격려했다. 그렇지 않을 때에는 격려하지 않았다. 그리고 내 의견을 자녀들이 알게 했다."

사라에 따르면 패션은 겔라의 첫 번째, 혹은 명백한 직업 선택이 아니었다. 사라는 "겔라는 배우가 되기를 원했으며 패션 일은 나중에 하게 됐다."라고 말했다. 겔라의 성공 궤적을 되돌아본 사라는, 겔라 인생의 매우 힘든 시기에 쥬시 꾸뛰르의 씨앗이 뿌려졌다고 했다. "그 수년 전에 겔라는 이혼했으며 어린 두 자녀를 키워야 했다. 그 위기의 시기에 그 사업을 시작하기로 결정했다."

사라는 딸의 끈기와 강한 의지에 감탄을 금치 못했다고 했다. "겔라가 그처럼 어려운 시기에 한 일을 설명하기에는 '믿을 수 없다'(incredible)는 단어로는 부족하다. 그녀는 백지 상태에서 그 일을 해냈으며 난 단지 그녀를 칭송할 뿐이다." 겔라가 그렇게 큰일을 하도록 어떻게 가르쳤느냐고 물어 보았다. 사라는 "그녀는 위기에 매우 강하다. 냉정을 되찾아 긍정적인 방향으로 나아가는 데 매우 뛰어나다."라고 대답했다.

사라는 오늘날 겔라의 멈출 수 없는 성공은 내면적인 것의 결과이지 물질적 자극의 결과가 아니라고 했다. "나는 겔라에게 강요하지 않았다. 그녀가 실패했을 때 스스로를 추슬러야 했다. 만약 그녀가 잘하지 못하면 나는 화났을지언정 절대 참견하지 않았다."

겔라의 성공 요인을 한 가지로 꼽는 것은 사라에게 힘든 일이다. 사라는 여러 요인이 복합적으로 작용한 결과라고 말했다. "겔라의 성공에는 여러 요인이 작용했다고 생각한다. 나는 열심히 일했으며 그녀는 그런 나를 항상 지켜보았다. 텍사스주에 내 농장이 있어, 나는 트랙터를 몰면서 소들을 키운다."

사라는 젤라의 근로윤리는 아버지로부터도 나왔다고 생각한다. 그녀는 "남편도 젤라처럼 일중독이었다."라고 말했다. 젤라의 부모는 근면의 모델을 주었을 뿐 아니라 부모로서 안정적인 관계를 보여주었다. 사라는 "우리는 50년 넘게 결혼생활을 유지하고 있다."라고 했다.

사라는 반세기가 넘는 자신의 결혼생활이 젤라에게 삶의 한 원천이 됐다고 지적했다. 그녀는 남편이 여행을 많이 했지만 집에 있을 때에는 가족과 함께 식사하는 것을 최우선으로 삼았다고 했다.

사라의 큰 목표는 젤라가 무슨 일이든 자신이 하는 일에 개인적 만족감을 갖도록 키우는 것이었다. "젤라가 자신이 한 일에 자부심을 가지는 한, 나는 그녀의 졸업 성적에도 신경 쓰지 않았다."

사라의 자녀교육 슬로건은 과거도 지금도 '그들은 스스로 생각해야 한다. 모든 사람은 변하기 때문에 어떤 사람에게도 의존해서는 안 된다'는 것이다. 좀 더 실용적인 차원에서, 사라는 "누구나 요리하고 청소하는 법을 알아야 한다."라고 말했다.

자녀의 관심과
흥분을 공유했다

바바라 테일러
슈퍼모델 *니키테일러*의 엄마

슈퍼모델 니키 테일러(Nikki Taylor)의 엄마 바바라 테일러 (Barbara Taylor)는 항상 딸에게 "사랑과 지지가 있으면 무슨 일이든 극복할 것"이라고 강조했다. 이 조언은 같은 횟수의 역경과 성공을 경험한 딸에게는 확실히 진실처럼 들린다.

니키는 역사상 가장 유명한 모델들 중 한 명이다. 그녀는 16살에 백만장자였으며 자신의 회사 니키(Nikki, Inc.)의 사장이었다. 그녀는 보그, 세븐틴, 엘르, 얼루어(Allure) 등 모든 주요 패션 잡지의 표지에 등장했다. 1992년에 니키는 커버걸(CoverGirl, 화장품 브랜드)과 주요 계약을 체결하기 위해 18살 이하의 첫 모델 대변인이 됐다. 또한 자신의 베스트셀러 달력을 가지고 있다.

1992년에 니키는 사업 아이디어가 있으나 자원이 한정된 여성들을 돕는 「여성의 사업 진출을 위한 비긴 재단」(Begin Foundation for the Advancement of Women in Business)을 설립했다. 그녀는 두 아들과 함께 테네시주에서 살고 있다.

바바라는 자신의 성장에 대해 "어느 날 모든 것을 가질 수 있지만, 다음 날 모든 것이 사라질 수 있다는 것을 깨달은 시기"라고 설명했다. 그녀는 이것이 자신의 자녀교육에 영향을 미쳤다고 했다. "내게는 좋은 시기가 있었으며 나쁜 시기도 있었다. 아버지는 직업이 있었고 우린 정말 잘 살았다. 그리고 아버지가 직업을 잃었으며 우린 힘들어졌다. 그 일을 계기로 나는 사랑이 있는 한 난관을 극복할 수 있다는 것을 깨달았다."

니키의 성장과정은 빠른 편은 아니었지만 정확히 평균은 됐다. 하지만 읽기는 좋아하지 않았다. 바바라는 "니키에게 책을 읽어주려고 무던히 노력했다. 하지만 그녀는 조용히 앉아 있으려고 하지 않았다. 이리저리 다니고 노는 것을 더 좋아했다. 책은 니키의 관심사가 아니었다."라고 말했다.

대신 바바라는 세 딸에게 자전거를 타게 했다. "우린 자전거를 타고 가서 점심을 먹곤 했다. 또 딸들은 수영장에서 살았다. 그러면 딸의 친구들도 와서 함께 수영했다. 사실상 우리 집은 사교 네트워크의 중심이었다. 나는 그것을 좋아했다. 실제로 내 딸들이 친구 집에 놀러 간 것은 거의 기억나지 않는다."

바바라는 테일러 집안의 분위기는 느슨했다고 했다. "아이들은 하고 싶은 대로 했다. 물론 해야 할 일은 있었다. 하지만 할 일을 마치

고 나면 자유롭게 나갈 수 있었다." 바바라는 이와 같은 분위기에서 놀이시간을 통제하지 않았다고 했다. "나는 아이들에게 '블록 놀이 하자, 진흙 놀이 하자'고 말한 적이 없다. 만약 그 장난감들이 있고 아이들이 원하면 그들이 놀이를 했다."

바바라는 또 니키가 어린 소녀였을 때 가게 놀이를 좋아했다고 했다. "나는 그것 때문에 니키가 자신의 부티크를 열었다고 생각한다." 모든 것이 단순했던 과거를 떠올린 바바라는 "요즘 사람들이 가지고 있는 장비는 하나도 없이, 우리가 어떻게 아이들을 키웠는지 그저 놀라울 따름이다. 유아용 좌석을 설치하는 데에도 기술자가 필요했다. 우린 그런 것은 아무 것도 없었다."라고 말했다.

바바라는 자녀에게 단지 행복하고 건강하기를 기대했다. 그녀는

"자녀에게 어찌 많은 것을 기대하겠는가?"라고 반문했다. 13살인 니키가 모델 일을 시작했을 때, 바바라는 운동을 매우 잘하는 아이를 바라보는 기분이었다고 했다. 하지만 곧 자문하게 됐다. "어떻게 우리가 니키의 일을 돕지 않을 수 있는가?" 바바라는 곧 그녀를 지원했으며 가장 나은 사람을 찾아 그녀를 돕게 했다.

바바라는 니키가 모델계에서 '1,000분의 1' 기회를 잡은 것이 얼마나 큰 행운이었는가를 잘 알았다. 그녀는 그것을 마치 바닷물이 갈라진 것과 같다고 표현했다. 바바라는 "그것은 정말 놀라운 일이었다. 니키는 3개월 만에 첫 표지 모델이 되었다."라고 말했다.

어린 아이를 그 같은 성인 산업에 투입한 데 대해, 바바라는 다른 엄마들과 마찬가지로 약간 흥분했다. "니키가 너무 어렸기 때문에 우리는 두려웠다. 우리는 니키가 18살이 될 때까지 항상 어른을 그녀 곁에 붙였다. 그리고 항상 누군가가 니키와 함께 여행하도록 했다."

바바라는 과거의 일에 대해 "니키는 어렸기 때문에 아마 그 일을 원망했을지도 모른다. 그렇지만 그 업계 사람들은 모두 니키를 부러워했다. 우리는 니키가 절대로 균열에 빠지지 않기를 원했다."라고 말했다. 바바라는 메이컵 아티스트, 사진작가, 세트 디자이너 등을 보면서 아이 모델 한 명을 위해 한 마을 전체가 움직인다는 것을 깨달았다고 했다.

그것은 니키가 유명해지고 사랑받는 데 도움을 준 '사소한 사람들'이 많다는 것을 깨우쳐 주는 것이었다. 바바라는 "나는 항상 니키에게 화장해 주고 세트 준비해 준 사람들을 잊지 말라고 말했다."라고 했다. "무대 뒤에는 많은 사람들이 있다. 경우에 따라서는 20~30명이 있었다. 니키는 항상 이런 사람들에게 굿바이 인사를 하고 손을 흔들어 주어야 한다는 것을 알았다. 그것이 그녀의 인기에 도움이 되었다." 바바라는 자신의 생활 속에서 이에 대한 모범을 보였다. "나는 영화 마지막에 나오는 스탭들 자막 보는 것을 좋아했다. 경우에 따라서는 이런 자막이 종종 10분간 지속되기도 했다. 밖으로 드러나 보이지 않는 사람들을 인정하는 것이 중요하다고 생각한다."

가족의 안정성에 대해 물어 보았다. 바바라는 "나는 가장 좋은 남자와 결혼했다. 그 때문에 우리 가족은 늘 함께 할 수 있었다."라고 말했다. 그들 부부의 40년 결혼생활이 이를 증명해 준다.

바바라는 자신의 자녀교육 '비밀'의 하나를 공개했다. "우린 항상 딸들을 바쁘게 만들었다. 그것 때문에 그들은 곤경에 빠지지 않았다. 마이애미에 살 때 우리는 매주 토요일 아침 가족 단위로 스케이트를 타러 갔다. 딸들은 그것을 좋아했으며 남편과 나는 거기서 다른 부모들을 만났다." 바바라는 교회와 주일학교를 강요하지는 않았다. 그녀는 "우리는 일요일 교회에 가지 않으면 가족 단위로 시간을 보낸다는 방침을 가지고 있었다. 요즘 니키는 교회에 깊이 관여하고 있으며 손자들도 교회 가는 것을 즐긴다."라고 말했다.

니키는 다방면에 걸쳐 재능이 우수했지만, 바바라는 그녀가 학구적이지는 않았다고 했다. "니키는 자기 속도에 따라 공부했다. 하지만 그녀의 선생님은 니키가 다른 아이들보다 약간 늦다고 생각했다. 니키에게는 발목을 잡는 기억력 문제가 있었다. 그녀가 평균만 해도 나는 깜짝 놀랐다. 하지만 그녀에게 재능이 있고 그것으로 좋은 생활을 할 수 있어서 나는 너무 행복했다."

니키의 상황을 장기적 안목에서 생각하도록 도움을 준 것은 니키 선생님의 충고였다. 바바라는 "그 선생님은 내게 '목표는 어린이를 스스로 먹고 살 수 있는 위치로 이끄는 것이다. 그것은 그들이 모두 의사나 변호사가 되어야 한다는 의미가 아니다'고 말했다. 그 선생님의 말에서 위안을 받아 니키를 대학에 보내지 않았다."라고 말했다.

그럼에도 바바라는 니키가 사진 촬영 때문에 수업에 빠지는 것을 꺼렸다. "한번은 모델 에이전시에서 내게 전화를 해 니키를 보내 달라고 했다. 처음에 나는 안 된다고 했다. 그런데 보그(Vogue)지의 편집자가 전화를 해, 나는 니키의 상담교사에게 전화를 했다. 상담교사는 '내가 니키와 함께 갈까요? 나도 니키가 수업에 빠지는 것이 싫지만, 니키는 그날 학교에서보다 더 많은 것을 배우게 될 것'이라고 대답했다."

상담교사의 말이 옳았다. 사진 촬영은 사막의 폭풍(Desert Storm, 걸프전) 참전부대를 위한 시가행진 기간 중에 뉴욕시에서 진행됐다. 바바라는 "그날 니키는 해군과 함께 행진했다. 나는 그 기억이 니키에게 평생 가기를 바랐다. 그녀 또래의 아이들은 얼마나 많은 군인들이 해외에서 자유를 위해 싸웠는지 상상하지 못할 것이다. 하지만 니키는 그것을 직접 느꼈다."라고 설명했다.

바바라는 니키에게 허용된 믿기 힘든 경험과 기회에 대해 자신도 열정을 느꼈다고 했다. 그녀는 니키의 흥분을 공유하는 것이 자신의 자녀교육 스타일이라고 말했다. "부모는 자녀가 하는 일에 대해 '눈에 보이는 힘'이 되어 주는 것이 중요하다. 비록 몸은 항상 같이 있을 수 없다고 해도 관심을 보여 주어야 한다."

바바라는 모델계 같은 분야에 들어가는 어린이들에게는 통제가 필요하다고 강조했다. 그녀는 니키가 자신의 행운을 마음대로 하지 못하게 했다. 대신 니키의 돈을 보호하기 위한 신탁을 설정했다. "우리는 니키에게 특정 나이가 될 때까지 돈에 손댈 수 없다고 말했다."

니키가 인생의 상처—여동생 크리시의 비극적 죽음, 거의 죽을 뻔한 교통사고, 이혼 등—를 극복하도록 어떻게 도왔느냐고 물어 보았다. 바바라는 니키가 많은 일을 겪었다는 사실을 회피하지 않았다. 그녀는 "그럼에도 사랑이 있다면 극복할 수 있다."라고 단호히 말했다. "크리시의 죽음, 니키의 교통사고, 이혼을 통해 오늘날 니키는 더 강해졌다. 니키는 그런 특이한 방법으로 인생을 더 가치 있게 만들었다."

바바라는 자신의 역할을 설명하기 위해 등대의 비유를 사용했다. "나는 내 자신을 등대라고 생각한다. 내 불빛은 항상 켜져 있다. 나는 내 자신을 안내하는 힘이라고 생각한다. 나는 엄마다. 그러나 좋은 엄마다."

모든 것에 대해
토론하고 대화했다

네나 서먼
배우 *우마 서먼*의 엄마

배우 겸 모델 우마 서먼(Uma Thurman)의 엄마 네나 서먼 (Nena Thurman)은, 자신은 전형적인 '베이스볼 맘'(baseball mom, 자녀 야구장에 따라 다니는 극성 엄마)이 아니었다고 했다. 우마 서먼도 통념에 맞는 전형적인 배우가 아니다. 우마는 영화 한 편당 1,250만 달러를 요구하는, 할리우드의 가장 성공한 스타들 중 한 사람이 됐다.

그녀는 〈겟 쇼티〉(Get Shorty), 〈펄프 픽션〉(Pulp Fiction), 〈킬 빌〉(Kill Bill) 등 역사상 초대형 블록버스터들에도 출연했다. 2005년 우마는 프랑스 디자이너 루이비통의 대변인이 됐다. 그리고 최근 프랑스 문화예술훈장 슈발리에장(章)을 받았다. 우마는 2자녀를 두었다.

젊었을 때 전 세계적으로 상위 10위권 모델이었던 엄마의 전철을 따라, 우마는 패션계에서도 입지를 확보했다. 그것은 우연이 아니었다. 네나는 "나는 자신이 변호사이기 때문에 자녀가 변호사가 되기를 바라는 부모들과 달랐다. 그 반대였다. 부모는 자녀들이 원하는 것을 성취할 수 있도록 수단을 제공해야 한다고 생각한다."라고 말했다.

네나는 학교 교육이 일류로 꼽히는 스웨덴에서 자랐다. 그 영향으로 4자녀의 교육에서 모두 이 점을 중시했다. "내가 스웨덴에서 성장했기 때문에 부모는 자녀에게 최상의 교육을 제공해야 한다는 생각을 가지게 되었다. 좋은 교육에 대한 가치는 내게 확고했다."

네나는 자녀를 키울 때 외부 도움을 받지 않았다. 대신 남편이 좋은 파트너가 되어 주었다고 했다. "남편은 기저귀를 갈아주고 다른 집안일도 해 주었다. 우린 함께 아이들을 키웠다." 네나의 남편 로버트 서먼은 세계적으로 유명한 종교학자이며 컬럼비아대학 종교연구학과 과장이다. 네나는 "남편의 일 때문에 종종 우리 곁에는 티벳 승려들이 있었다. 그것은 다른 형태의 대가족이었다."라고 말했다.

어떤 면에서 우마는 예외적인 성장과정을 거쳤다. 하지만 네나는 자신들의 가정생활은 대부분 '매우 평범했다'고 했다. "집안 분위기는 생기가 넘쳤고 우리는 자녀들을 자유롭게 키웠지만 규칙은 있었다. 아이들은 정해진 시각에 잠자리에 들어야 했다. 모든 것에서 자유로운 것은 아니었다. 우린 매일 저녁 식사를 함께 했다. 우리 집 사람들은 접시를 씻고, 낙엽을 쓸어 모으고, 다른 잡일도 했다. 모두에게 통금 시각이 있었다."

네나는 모성에 대한 헌신을 강조했다. 그녀는 "나는 이해상충 없이

15년 동안 엄마이기만 했다. 아주 어린 시절 직업을 가졌기에 가능한 일이었다. 나는 행운아였다고 생각한다. 하지만 자녀를 기르면서 직장 일도 하는 워킹맘을 존경한다. 나는 드문 환경에 있었다."라고 말했다.

독실한 불교신자이기도 한 네나는 종교적 신념이 스웨덴식의 배경과 결합해 자신의 자녀교육 방법에 큰 영향을 미쳤다고 했다. "내가 스웨덴식으로 자랐다는 것과 일부 불교사상이 잘 맞아 떨어진다는 것은 흥미로운 일이다. 나는 모든 사람은 자신의 운명이 있다고 믿는다. 운명을 찾는다는 것은 단지 알게 되는 것일 뿐이다."

네나는 아주 어린 시절부터 우마는 자기 운명에 대한 분명한 암시를 보여주었다고 했다. "예를 들어 우마를 가게에 데려가면 그녀는

3, 4살일 때에도 가장 좋은 옷을 들고 왔다. 우마는 자신이 원하는 것에 대한 확신이 있었다. 그리고 영화관 가기를 좋아했다."

네나의 자녀교육 방법은 자녀의 운명이 구현되도록 도와주는 것이다. 우마가 15살이 되어 뉴욕의 특별 연기학교에 다니기를 원했을 때, 네나는 그렇게 하도록 도왔다. "우마가 연기에 재능이 있었지만, 연기를 하도록 제안한 사람은 내가 아니다. 우린 우마를 뉴욕시의 한 학교로 보냈다. 연기나 다른 예술 활동을 하는, 재능 있는 어린이를 위한 학교였다."

자신의 특별한 자녀교육 스타일에 대해, 네나는 우마에게 항상 도전하고 탐구하라고 가르쳤다고 했다. "우리는 항상 TV를 보고 나면 그 내용에 관해 대화를 나눴다. 나는 우마가 TV를 통해 들은 것이 모두 진실이라고 생각하지 않기를 바랐다. 나는 아이들 스스로 모든 것을 알아볼 수 있는 능력을 키워주는 것이 중요하다고 생각했다. 그래야 그들이 좋은 결정을 내릴 수 있기 때문이다. 그것이 내 자녀교육법 중 특별한 것일 것이다."

네나는 노자의 〈도덕경〉을 인용하면서 부모의 역할에 대한 자신의 견해를 요약했다. "이 고전은 '부모는 사거리에 있는 여관 주인'이라고 한다. 그리고 '자식은 그곳에서 2일 정도 머물다가 다시 자신의 길을 떠나는 손님'이라고 한다. 이 말은 부모가 자녀를 소유해서는 안 된다는 비유이다. 나는 항상 그 같은 생각을 해 왔다. 그러나 그것은 자녀와 밀접한 관계를 갖지 말라는 얘기가 아니다."

종교가 삶의 전면에 있었고 삶의 중심이었지만, 네나 부부는 자녀들에게 종교적 믿음을 주입하지는 않았다. 대신 네나는 우마가 스스로 결정을 내릴 수 있도록 정보를 제공했다. "오늘날 자녀들은 절에 다니는 불교신자가 아니다. 또 불교도 집안에서 자란 것과 우마의 성공 사이에 관련성이 있다는 어떤 확신도 가지고 있지 않다."

우마는 세계를 탐구하는 관점으로 종교와 모든 종교 관련 주제들을 사용했다고 했다. "우리는 모든 것에 대해 대화했다. 우리 집안은 지적으로 자극적인 분위기여서 항상 질문이 가능했다." 광범위한 사람들과 장소를 경험하는 것이 우마 양육의 바탕이었다. "우린 외국 여행을 많이 했다. 일본에서는 6개월이나 여행했다. 우마는 6개월 동안 인도에서 학교를 다녔다."

동양 철학과 동양 종교에 뿌리를 둔 자녀교육 스타일로 인해, 네나는 자녀에게 큰 기대를 하지 않았다고 했다. "물론 나는 우마가 성공하기를 원했다. 그러나 성공한다는 것은 매우 힘든 일이다. 아마도 재능 있는 여배우가 1만 명은 있을 것이다. 그들 중 극소수만 성공한다. 그래서 나는 그것이 얼마나 힘든 일인지를 안다. 그러나 정상에 오르면 많은 여유를 갖게 된다." 네나는 성공에는 재능 이상의 것이 관여한다는 것을 깨달았다. 그리고 우마가 영화계에서 성공한 것은 재능과 행운의 결합이라고 생각한다.

네나는 우마를 어떻게 격려했을까. 네나는 실제로 그렇게 할 필요성이 많지 않았다고 했다. "우마는 결심이 강하며 자신이 무엇을 하고 있는지를 잘 알았다. 그녀는 내게 스스로 결정 내리고 싶다고 말했다. 난 단지 '네 자신에게 의지하라'고 말해 주었다. 그리고 '나는 진심으로 너를 사랑하며, 항상 너와 함께 할 것' 이라고 말해 주었다. 우마는 무슨 일이든 우리를 찾아올 수 있다는 사실을 잘 알았다."

이런 얘기들을 종합해 보면, 네나가 자녀에게 강요하지 않았다는 것은 놀랄 일이 아니다. 네나는 "물론 자녀들 중 누군가가 가정교사를 필요로 한다면, 우린 가정교사를 붙여 주었을 것이다. 우린 자녀들이 난관을 극복하기 위해 필요한 모든 일을 다 했다."라고 말했다. 네나는 우마의 성공에 대해 운명론을 언급했다. "부모는 자녀에게 어느 정도 영향을 미칠 수는 있다. 하지만 부모가 모차르트를 만들 수는 없다. 모차르트는 타고나는 것이다."

부모로서 자신이 성취한 모든 것에도 불구하고, 네나는 더 장기적 안목에서 보면 약간의 아쉬움이 남는다고 했다. 자녀를 좀 더 엄하게 훈육했어야 했다는 것이다. "이렇게 말하고 싶다. 만약 항상 매를 아껴 자녀를 망친다면, 자녀는 나약해질 수밖에 없다. 마찬가지로 우리는 항상 쉬운 것만 통해 배울 수 없다. 우리는 난관과 장애물을 통해 배운다."

48

실수를 했을 때
함께 토론했다

마저리 윌리엄스
토크쇼 진행자 *몬텔 윌리엄스*의 엄마

토크쇼 진행자 몬텔 윌리엄스(Montel Williams)의 엄마 마저리 윌리엄스(Marjorie Williams)는, 고등학생 때 이미 몬텔은 인생 문제를 가진 사람들을 돕는 일을 잘할 것 같은 조짐을 보였다고 했다. "그는 항상 문제를 가진 사람들이 찾아오는 아이였다. 만약 학교에서 논쟁이 발생하면 그가 개입해 중단시켰다."

그러나 몬텔은 TV 토크쇼 진행자가 되기까지 약간 우회했다. 그는 1974년 고등학교를 졸업한 뒤 해병대에 입대했다. 입대 6개월 만에 두 차례나 진급했으며, 1975년 해군사관 예비학교(Naval Academy Preparatory School)에 선발된 첫 아프리카계 미국인 해병이 되었다. 몬텔은 원정군 기장(Armed Forces Expeditionary Medal)과 두 차례의 인도적 근무 기장(Humanitarian Service Medal) 등 여러 영예를 안고 해병대를 떠났다.

1991년 몬텔은 자신의 쇼인 〈몬텔 윌리엄스 쇼〉를 진행하기 시작했다. 이후 그는 시리즈물 〈매트 월터스〉(Matt Walters)를 제작하고 ABC의 연속극 〈올 마이 칠드런〉(All My Children)에서 판사로 출연하는 등 TV의 다른 분야로 영역을 확장했다.

몬텔은 성공뿐 아니라 역경도 경험했다. 1999년 그는 다발성 경화증 진단을 받았지만 조금도 삶의 속도를 늦추지 않았다. 〈몬텔 윌리엄스 쇼〉는 2002년 최우수 토크쇼 진행자 상(Outstanding Talk Show Host Award)뿐 아니라 2001년과 2002년에 데이타임 에미상(Daytime Emmy Award) 후보에 올랐다.

몬텔은 4자녀를 두었다.

몬텔의 엄마 마저리는 딸 4자매 중 장녀이다. 마저리는 메릴랜드주 볼티모어에서 홀아버지 슬하에서 자랐다. 그녀는 "성장 과정에서 가장 기억에 남는 것은 매주 일요일 교회에 가야 한다는 것이었다."라고 말했다. 마저리는 어린 시절 공동체 지향적이었던 이웃에 대해 한 블록이 마치 한 가족 같았다고 했다. "내가 자랄 때 '아이 한 명 키우는 데 마을이 동원된다'고 말할 정도로 모든 마을 사람들이 조금씩 도왔다."

1956년 7월 3일 태어난 몬텔은 4남매 중 막내였다. 워킹맘−마저리는 간호사 보조, 남편 허버트는 소방대원이었다−이었던 마저리는 일, 생활, 4남매 사이에서 균형 잡는 것이 매우 힘들었다고 했다. "자녀들은 모두 학교에서 활동적이었다. 나는 자녀들을 차로 학교와 과

외활동에 데려다 주고 데려왔다."

실제로 자녀들을 학교 클럽에 가입시키는 것이 마저리에게 항상 최우선이었다. "클럽에 가입하려면 등록하기 전에 한 번 가봐야 한다는 것이 내 유일한 조건이었다. 그리고 자녀들은 그 클럽에서 1년간은 머물러야 했다. 나는 자녀들이 약속했으면 지켜야 한다는 사실을 이해하기를 바랐다."

이 교육 방법은 몬텔이 앤도버 고등학교(Andover High School)에서 아프리카계 미국인으로서 첫 학생회장이 되는 데 도움이 됐다. 몬텔은 성취력이 강한 학생―반장이었으며 스타 학생이었다―이었으며, 마저리는 몬텔에게 지나친 참견을 삼가려고 각별히 노력했다. "부모가 자녀에게 지나치게 참견하면 종종 역효과를 부르는 것을 보았다.

모든 부모는 자녀들이 학교에서 잘 하기를 원한다. 하지만 종종 그 압력이 자녀들에게 족쇄가 된다."

그러나 독서만큼은 자녀들에게 열심히 하도록 권장했다. "나는 정말 독서를 권장했다. 지역 학교에서 도서전시회가 열리곤 했는데 매번 나는 거의 끝날 무렵에 갔다. 그러면 2, 3달러 하던 책들이 50센트로 떨어져 있었다. 내가 책을 사서 집에 오면 아이들이 내게 그 책을 읽어 주었다. 그러면 내가 아이들에게 읽어 주고, 아이들끼리 서로 읽어 주었다."

조화가 중요하다고 생각한 마저리는 자녀들이 TV를 시청하도록 허용했다. 그녀는 "당시는 오늘날과 같은 TV가 아니었다. 그리고 아이들은 TV를 많이 보지도 않았다."라고 말했다.

윌리엄스 가족은 2주에 한 번씩 일요일을 가족만의 시간으로 정해 엄격히 지켰다. "그날 식구들은 교회에 다녀온 뒤 해변으로 갔다. 아이들이 수영을 좋아했기 때문이다. 그래서 아이들과 놀고 아이들이 수영하는 것을 지켜보면서 종일 해변에서 보냈다."

자신이 사교활동을 즐겼기 때문에 마저리는 이 가족 나들이에 자녀가 친구들을 초대하도록 했다. 그녀는 "다만 자녀 친구들에게 자신의 위치를 부모님에게 확실히 알리도록 했다."라고 말했다.

해변에 가지 않는 주말에 마저리는 자녀들을 데리고 박물관에 가거나 함께 놀았다. "우리 교회든 다른 교회든 항상 자녀들에게 보여 줄 것이 있었다."

몬텔이 성장함에 따라 마저리는 몬텔을 위해 다른 사교 활동 창구를 찾았다. "그를 11학년 때 다른 나라에서 온 학생들을 홈스테이 시키는 「피플 투 피플」(People to People) 프로그램에 가입시켰다. 그 덕분에 몬텔은 교환 방문의 일환으로 프라하를 여행하기도 했다."

격려와 관련해, 마저리는 항상 몬텔에게 그가 원하기만 하면 무엇이든 될 수 있다고 말해 주었다. 몬텔이 해야 할 일은 그것을 향해 나아가는 것이 전부라고 말해 주었다. 그러나 마저리는 두 가지 충고를 잊지 않았다. "그렇게 하기 위해서는 네게 교육이 필요하다. 네가 교육으로 할 수 있는 것에는 한계가 없다. 그리고 모든 사람이 첫 시도에서 성공하는 것은 아니다."

마저리는 대부분의 워킹맘과 마찬가지로 2교대를 했다. 직장 근무와 집안 근무였다. 어떻게 둘 사이에서 균형을 유지했느냐고 물어 보았다. 그녀는 "비록 직장 일을 했지만 나는 자녀들과 함께 하려고 노력했다. 자녀들도 그 점을 잘 알았다."라고 말했다.

마저리는 "어느 해인가, 몬텔의 학교에 크리스마스 프로그램이 있었다. 몬텔이 내게 수십 개의 천사 날개를 만들어 달라고 부탁했다. 나 혼자에게만 그런 부탁을 했다. 나는 '다음에는 다른 사람들과 나눠 이 일을 해야 한다'고 말했다. 그러나 그는 다음 날 그 날개들을 학교로 가져가면서 무척 자랑스러워했다."라고 말했다.

어떻게 그 모든 일을 다 할 수 있었을까. 마저리는 직장 사장의 도움으로 균형을 유지하기가 한결 수월했다고 했다. 그녀는 "내 직장의 사장은 이해심이 매우 많았다. 만약 자녀 한 명에게 문제가 생기면, 나는 언제든지 자리를 뜰 수 있었다. 그리고 학부모·교사 모임에도 매번 참석할 수 있었다."라고 말했다.

마저리는 57년간의 결혼생활이 긴밀한 가족 관계의 바탕이 됐다고 했다. 자신들의 결혼생활은 '존경'과 '적당한 거리'에 바탕을 둔 것이라고 했다. 또 윌리엄스 가족의 가치관은 잘 조율돼 있었다. "남편과 나는 가족 시간을 매우 중시했다. 아이들에게 학교 일이 있지 않으면, 우린 매일 저녁 식사를 함께 했다. 그리고 주말에는 가족 모두가 함께 식사 했다."

마저리 부부는 부모의 의무를 공평하게 분담했다. 하지만 마저리는 자신은 '엄격함과 느긋함의 중간'이었으며 남편은 '약간 엄격한 편'이었다고 했다. "나는 아이들이 실수를 범하는 것을 허용했다. 또 모든 일이 부드럽게 잘 되는 것은 아니라고 생각했다. 하지만 벌 줄 것은 벌을 줬다. 아이들도 합리적이었다."

사람들과 관계를 잘 맺는 몬텔의 능력은 그가 직업 경력을 쌓아 가는 데 자산이 되었다. 그러나 몬텔은 처음 시도한 것은 그런 직업 분야가 아니었다. "몬텔이 문제를 가진 사람에게 상담해 주었던 대로, 우리는 몬텔에게 그렇게 해 주었다. 그가 고등학교를 졸업할 무렵, 전액 대학 장학금을 받기로 돼 있었다. 그런데 몬텔은 자유로운 대학 생활을 할 준비가 돼 있지 않다며 해병대에 가고 싶다고 했다. 우리는 지원서에 사인해 주었다."

마저리는 몬텔과 열린 대화 채널을 유지했으며 몬텔과 그의 결정을 진심으로 신뢰했다.

이밖에도 그녀는 단지 '함께 있어 줌'으로써 오늘날의 몬텔을 만드는 데 기여했다고 믿는다. "몬텔이 나를 필요로 할 때 나는 함께 있었다. 토요일, 일요일뿐 아니라 주중의 어떤 날에도 그렇게 했다. 하지만 항상 그와 함께 있을 수 없었다. 그것은 중요하지도 않다는 것을 알았다. 그러나 몬텔의 질문에 대답하거나, 어려움에 처한 그를 도와야 할 때에는 함께 있었다."

몬텔이 어떻게 마이크로소프트사와의 싸움을 극복했느냐고 물어보았다. 마저리는 "비록 그가 마이크로소프트를 가진다 해도, 마이크로소프트는 자신을 가질 수 없다는 점을 몬텔은 확실히 했을 것"이라고 말했다.

몬텔이 그처럼 적극적인 사고를 할 수 있었던 것은 마저리가 어려운 순간들을 극복한 방법과 관련이 있다. "나는 실수를 했을 때 자녀들이 그것을 알도록 했다. 그리고 항상 '우린 이렇게 혹은 저렇게 했어야만 했다'고 말했다. 내 충고는 '부모는 완벽하지 않으며 자녀가 완벽하기를 기대하지도 않는다는 것을 자녀들이 알게 하라'는 것이다."

부모로서 자신의 이미지에 대해, 마저리는 "자녀를 위해 내 삶을 바치는 데 단 1초도 걸리지 않는 엄마"라고 말했다.

49

가족 유대의 중요성을
보여 주었다

알린 주커
NBC 유니버셜 CEO *제프 주커*의 엄마

NBC 유니버셜 사장 겸 CEO 제프 주커(Jeff Zucker)의 엄마 알린 주커(Arline Zucker)는, 제프의 성장기에 그가 항상 지역 신디케이트 프로그램인 〈스키퍼 척 쇼〉(Skipper Chuck Show)만 틀었기 때문에 〈투데이〉 쇼를 보지 못했다고 말했다. 이율배반적으로 제프는 〈투데이〉 역사상 가장 젊은 책임PD가 됐다. 실제로 제프의 지도력 덕분에 〈투데이〉는 미국서 시청률이 가장 높은 아침 뉴스 프로그램이 됐다.

제프는 책임PD에서 곧 엔터테인먼트 담당 사장으로 승진했으며, 2005년에 CEO가 됐다. 그는 〈라스베가스〉(Las Vegas), 〈로 앤 오더〉(Law & Order), 〈스크럽스〉(Scrubs), 〈피어 팩터〉(Fear Factor), 〈어프렌티스〉(The Apprentice) 등 대히트 작품으로 NBC에 뚜렷한 족적을 남겼다. 5차례 에미상을 수상했으며 슬하에 4자녀를 두었다.

제프가 경이로운 수준의 성공을 거두고 있음에도, 알린은 늘 가진 것에 만족했다고 했다. 더 원한다거나 다른 사람들과 경쟁하겠다는 마음이 없었다는 것이다. "우리는 뭘 가지지 못했다고 생각해 본 적이 없었다. 우리가 필요로 하는 것은 다 가졌기 때문이다." 그러나 이 말은 알린이 현실에 안주했다는 의미가 아니다. "우린 항상 제프에게 스타가 되라고 말했다. 그는 그런 능력이 있었으며 우린 그것을 눈으로 확인했다."

제프의 어린 시절을 통틀어 알린은 그에게 굳건한 근로윤리의 모범을 보여 주었다. 그녀는 거의 임신 기간 내내 일을 했다. "나는 학교에서 가르치는 일을 했다. 2월까지 일했으며 4월에 제프를 낳았다." 알린은 가르치는 일은 단순한 직업 이상이었다고 했다. "난 정말 내 일을 무척 좋아했다."

알린은 공동체에 적극 참여하는 등 모범을 보이는 자녀교육을 했다. "나는 많은 자원봉사를 했다. 플로리다주의 「평등권 수정 조항」(Equal Right Amendment)을 위해 일했다." 이 모든 것들이 제프에게 어떤 영향을 미쳤을까. 알린은 "우리가 열심히 일한다는 것을 제프가 알았을 것이라고 생각한다. 우리는 과시하지 않고 조용하게 사는 사람들이다. 우린 단지 해야 할 일을 했을 뿐"이라고 말했다.

공동체 참여 외에도 알린 부부는 자신들의 결혼생활(40년 이상 지속)을 통해 파트너십의 모범을 보여 주었다. "남편이 도와주었기 때문에 우린 보모를 쓰지 않았다. 나는 남편에게 한밤중에 아기 젖 먹

이려고 일어날 수가 없다고 말했다. 우린 이 문제를 상의했다. 남편은 '보모를 쓰지 않겠다면 밤에는 내가 아기를 돌보겠다'고 했다." 알린 부부의 팀워크는 제프가 자라는 기간 내내 유지됐다. "하루 저녁은 남편이 제프에게 책을 읽어 주고, 그 다음날을 내가 책을 읽어 주곤 했다. 누구든 시간 있는 사람이 그렇게 했다."

자녀의 성장이 느린 부모들이 대부분 그러하듯이, 알린은 제프의 성장이 평균보다 느려 걱정했다. "그는 모든 것이 늦었다. 첫 치아도 늦게 났고, 말은 훨씬 늦게 시작했다. 유아학교(유치원 이전 단계)에 들어간 뒤까지도 말을 하지 않았다. 그러나 그가 말을 시작했을 때에는 사실상 문장을 말했다." 그럼에도 알린은 균형 잡힌 자녀교육법을 사용했다고 했다. "우리는 지나치게 걱정하지는 않았다."

알린은 제프가 자기 나름의 속도에 따라 성장하도록 했다. 동시에 항상 그의 관심을 자극했다. 예를 들면, 제프가 퍼즐 맞추기—나중에 CEO로서 회사 각 조직을 통합해 전체를 창조하는 능력과 일맥상통한다—를 좋아하는 것을 보고는, 퍼즐을 많이 사 주었다. 알린은 "그는 300~500개의 퍼즐 조각들을 빨리 맞추곤 했다."라고 말했다.

알린은 어린 시절 제프에게 많은 것을 가르쳤다. 특히 그의 재능을 인식하고 그 재능을 키워 주려고 했다. "제프는 아침에 밖에 나가 우편배달부를 기다리곤 했다. 그를 보면 흥분했으며 그와 교감하기를 좋아했다. 나는 남편에게 '제프는 사람들과 교감하는 것을 매우 좋아한다. 제프가 학교에 가 있으면 많은 도움이 될 것 같다' 고 말했다. 그래서 제프는 2살 반이 되기 전에 학교에 갔다."

알린은 오늘날 부모들이 가지고 있는, 스스로 문제 해결을 돕는 수백 권의 책과 TV 상의 전문가가 없었기 때문에, 직관을 가지고 자녀 교육을 했다. "당시에는 부모들을 도와주는 책이 없었다. 나는 제프에게 뭔가가 일어나고 있으며 그가 더 많은 자극을 필요로 한다는 것을 깨달았다. 제프는 책을 좋아했으며 색칠하기를 좋아했다. 그는 손과 눈의 공조 능력이 탁월했다."

제프를 강하게 만들기 위해 알린은 그를 어른처럼 대했다고 했다. 이 방법을 통해 제프가 자신의 한계를 극복하도록 격려했다. "나는 제프에게 '이제 기저귀를 차지 말아야 한다' 고 말했다. 실제로 제프가 그렇게 하는 데 채 이틀이 걸리지 않았던 것 같다." 알린은 사회성과 관련해, 제프는 비록 아이였지만 나이에 비해 성숙함이 넘쳤다고 말했다. 항상 성인 대접을 받았기 때문이라는 것이다. "제프는 어린 아이였지만 어른 같았다. 우리가 '제프야, 인사를 잘 해야 한다'와 같은 말을 할 필요가 없었다."

알린에 따르면, 제프의 경우 동기 부여와 재능 발달이 유기적으로 이루어졌다. 그래서 그녀가 적극적으로 키우려고 한 것은 독립심이었다. "남편과 내가 유일하게 신경을 많이 쓴 것이 바로 독립심이다. 우린 매우 독립심이 강한 사람들이다. 그래서 자녀를 독립심 강한 아이로 키우기로 한 것은 매우 의도적인 결정이었다."

아주 어린 시절부터 제프는 자만심의 기미를 보였다. 이는 NBC에서 아주 야심찬 목표를 실현하기 위해 나중에 그가 사용한 독립심 같은 것이다. "한번은 내가 독감으로 아팠을 때, 제프가 빵 두 조각을 가지고 2층으로 올라왔다. 그리고 '제 점심을 챙겼어요'라고 말했다. 그는 스스로 챙길 수 있었다. 매우 독립심이 강했다."

알린은 제프가 테니스에 재능이 있다는 것을 발견하고 그가 테니스를 하도록 격려했다. "제프는 테니스에 재능이 있었으며 우리는 그 사실을 깨달았다. 우리는 좋은 코치를 구하기 위해 먼 거리를 여행하기도 했다. 6, 7세 이후 제프는 매 주말 토너먼트 경기가 있었다." 알린은 제프를 격려하고 그를 이곳저곳 데려다 주었다. 한 걸음 더 나아가 온가족이 테니스를 했다고 했다. "우리는 자주 테니스 코트에 있었다. 자녀들은 그들의 친구들과, 우리는 우리 친구들과 테니스를 했다."

알린은 제프가 학교에서 스스로 동기 부여가 잘 되어 있었다고 했다. 그렇다고 해서 알린은 뒷짐만 지고 있지는 않았다. "우리는 자녀들의 학교 일에 많이 관여했다. 학부모·교사 회의뿐 아니라, 교사들의 활동에 전부 참석했다. 남편은 사무실에서 출발해 배구 경기에 참석하기도 했다. 그래서 제프는 우리가 항상 자기 일에 관여한다고 생각했다."

제프의 동기 부여와 성취 욕구는 가끔 자신의 성격 때문에 흔들렸다. 알린은 "제프는 성공할 수 없을 때 몹시 화를 냈다."고 말했다. 비록 제프를 진정시키는 것이 힘들었고 자녀를 사랑하는 부모였지만, 알린 부부는 추한 행동에는 참지 않았다고 했다. 제프가 좌절하거나 잘못 행동할 때마다, 알린은 이 원칙을 확실히 적용했다.

종교는 제프의 삶에서 최소한의 역할만 했다. 그러나 알린은 자녀들이 주일학교에 가야 한다고 항상 주장했다. 그녀의 생각은 '만약 뭔가를 거부하려면, 그것에 대해 알고 나서 거부해야 한다. 그것이 뭔지 알지도 못한 채 그렇게 해서는 안 된다'는 것이었다. "그것은 마치 냄새도 맡아보지 않고 음식을 싫어하는 것과 같다."

알린은 자녀들이 유대교를 받아들일 것인가, 거부할 것인가를 결정하는 데 이 방법을 사용했다. 그런데 이 방법은 결과적으로 자녀들이 유대교를 받아들이는 데 도움이 되었다. "나의 두 자녀가 모두 유대교 성인식을 했다는 것은 매우 흥미로운 일이다. 둘 다 자신들이 원했기 때문에 스스로 선택했다. 지금 제프는 우리가 했던 방식대로 자기 자녀들에게 한다."

알린은 긴밀한 가족 유대가 제프 양육에서 핵심적인 요소였다고 말했다. "우린 가족으로서 저녁 식사를 함께 했다. 남편은 병원에 다시 가야 하는 경우에도, 집에서 식사를 한 다음 다시 병원으로 가곤 했다. 주말에는 테니스 토너먼트 경기장에서 시간을 함께 보냈다."

알린은 그처럼 굳건한 가족 기반이 역경 극복의 중요한 힘이 됐다고 말했다. "나는 45세에 유방암을 걸렸지만 극복했다. 우리는 가족으로 함께 대처했었다." 수년 뒤 제프가 대장암 진단을 받았을 때에도 동일한 가족 연대가 힘을 발휘했다. "제프는 우리가 이런 종류의 위기를 극복하는 것을 이미 지켜보았다."

제프는 자신의 결혼에서도 부모의 헌신적인 파트너십 모델을 본받았다. 알린은 "제프가 아팠을 때, 그의 처 카린은 결혼한 지 겨우 6개월밖에 되지 않았음에도 정말 훌륭했다. 그런 시기에는 가정 파탄이 흔히 발생한다. 그러나 그런 일은 결코 생기지 않았다."라고 말했다.

제프가 자기 분야의 정상에 오른 데 대해, 알린은 제프가 독립심을 갖게 하는 한편 재능을 찾아 계발하게 했기 때문이라고 했다. 이 두 가지를 조심스럽게 균형 잡아가면서 했기 때문이라는 것이다. "나는 내 자녀들이 나를 견디며 살기를 원하지 않았다. 그들이 하는 일을 사랑하기를 원했다. 한 가지 분명한 것은 자신의 두 발로 설 수 있는 자녀를 원했다는 것이다."

50

자녀와 함께 있는 것이
가장 중요하다

맺음말

나는 세상에서 가장 많은 것을 성취했으며, 재능이 탁월한 유명인사들 중 50여 명을 골라 그들의 엄마를 인터뷰했다. 그런 다음 자녀교육의 난제―팝스타들이 자연 재해만큼 많은 미디어의 관심을 받는 세상에서, 어떻게 하면 정서적으로 안정되고, 친절하며, 관대하고, 성취력이 강한 아이로 키울 수 있을까―를 풀기를 열망했다.

지난 2년간 나는 "아하, 그렇구나!" 하는 순간이 있기를 간절히 원했다. 마치 "아침은 시리얼 형태였다." 혹은 "숙제 하는 동안 그녀가 들은 음악은 모차르트다."라는 식의 명쾌한 해답이 있을 것이라고 예상했다. 유감스럽게도 그런 식으로 딱 부러지는 것은 없었다.

역설적으로 나는 그런 애매함 속에서 분명한 답을 찾을 수 있었다.

내가 거창한 자녀교육 이론을 찾는 동안, 핵심을 놓치고 있었다. 그 것은 큰 그림 속에 있지 않았다. 내가 찾으려고 한 것은 믿을 수 없을 정도로 간단한 생각이었다.

그것은 '함께 있는 것'이었다. 티볼을 치든, 자녀를 차로 노래 교습장에 데려다 주든, 주말의 하루를 함께 하든, 엄마들은 함께 있었다. 엄마들은 각자의 방식에 따라 자녀의 마음에, 육체에, 정신에 함께 있었다.

얼마나 많은 부모들이 공부가 아닌 과외 활동을 중시했는가. 나는 그 사실을 알고 깜짝 놀랐다. NBC CEO 제프 주커의 엄마 알린 주커는 내게 말했다. "제프가 테니스에 관심을 가졌을 때, 우리는 그 일을 계기로 매 주말 복식 테니스를 집안의 전통으로 삼았다." 이 말로 인해, 나는 부모들이 흔히 얼버무리는 것(나도 분명히 그랬다)을 생생하게 떠올렸다.

우리는 자녀들이 우리 관심사에 흥미를 갖게 하기 위해 많은 노력을 한다. 그 결과 우리는, 말 그대로 혹은 비유적으로, 자녀들 편에서 그들을 대해야 한다는 사실을 망각한다. 실제로 성경도 이 점에 대해 부모인 우리에게 이야기하고, 주의를 환기시킨다.

《부모의 역할은 자녀를 키워서 떠나보내는 것이다. 자녀의 역할은 삶에서 그들 자신의 길을 찾는 것이다.》

이 말은 자녀교육처럼 복잡한 알고리듬에 대한 해답이 아닌 것처럼 들릴 지도 모른다. 그러나 그것이 핵심이다. 어떤 면에서 자녀교육은 복잡하고 걱정스러운 축제–자녀들의 영양, 장난감, 교육적 발달에 관한 축제-가 되었다. 그래서 우리는 그에 관한 기본적인 것들의 상당 부분을 잊고 있다. 이런 생각에서 나는 이 책을 쓴 2년 동안 떠오른 '기본적인 것들'을 여기에 제시했다.

비록 일주일에 한 번 저녁식사를 함께 하는 것일지라도, 가족의 전통을 만들어라.

당신이 사랑한다는 사실을 항상 자녀들이 알게 하라.

자녀를 있는 그대로 바라봐라.

나타나서 책임을 져라.

무엇보다도 중요한 것은 함께 있는 것이다.

또 나는 다른 기본 개념으로 돌아가고자 한다. 그 개념은 「이전의 아이」가 쓴 〈내가 보지 않는다고 당신이 생각할 때〉라는 시에 잘 표현돼 있다. 이 시는 내가 이 훌륭한 엄마들로부터 얻은 지혜의 상당 부분을 담고 있다. 자녀는 우리의 말이 아닌 우리의 행동을 주시하고 그대로 행동한다는 사실을, 「이전의 아이」는 환기시켜 주었다.

《내가 보지 않는다고 당신이 생각할 때, 나는 당신이 음식을 만들어 아픈 사람에게 주는 것을 보았습니다. 그리고 우리 모두는 서로를 돕고 보살펴야 한다는 사실을 깨달았습니다.》

최종적으로 여러분에게 알려 주고 싶다. 내가 인터뷰한 대부분의 엄마들은 유치원생용 프랑스어, 유아용 비발디, 어린이용 플래시 카드, 글루텐이 첨가되지 않은 빵 등이 없이도 잘 했다는 사실이다.

아마도 이 책의 가장 큰 교훈은 '모성은 완벽하지 않다. 다만 함께 있는 것'이라고 요약할 수 있을 것 같다.

My Story

- 나는 어떤 엄마가 될 것인가

내 엄마는 어떤 엄마였는가

내 엄마는 어떻게 나를 키웠는가를 생각해 봅니다. 그것이 내 인격 형성에, 내 삶에 어떤 영향을 미치고 있는가를 생각해 봅니다. 생각한 바를 중요한 것 순으로 여기에 차분히 적어 봅니다.

나는 어떤 엄마가 될 것인가

내 자녀에게 진정으로 중요하고 필요한 것이 무엇인가를 생각해 봅니다. 그리고 나는 내 자녀를 어떻게 키울 것인가를 여기에 차분히 적어 봅니다.

스필버그 엄마처럼
비욘세 엄마처럼

자녀를 성공시킨 엄마들의 비밀

초판 1쇄 발행　　2010년 1월 5일
초판 4쇄 발행　　2012년 7월 25일

지은이　　　　　스테파니 허쉬
옮긴이　　　　　김창기

발행인　　　　　김창기
편집 · 교정　　　홍성우
디자인　　　　　최지유

펴낸 곳　　　　　행복포럼
신고번호　　　　제25100-2007-25호
주소　　　　　　서울 광진구 구의3동 199-23 현대 13차 폴라트리움 215호
전화　　　　　　02-2201-2350
팩스　　　　　　02-2201-2326
메일　　　　　　somt2401@naver.com

인쇄　　　　　　평화당인쇄㈜

ISBN　978-89-959949-4-8　23370